品味经典

徐飞 主编

第五辑

复旦大学出版社

序 言
Preface

　　"立身以立学为先，立学以读书为本。"读书是门槛最低的知识获取方式，也是人类以手、眼、脑相配合进行学习的方式。因此，无论是在个体层面还是在家庭、学校、社会层面，倡导阅读对开阔眼界、完善能力、提升素养，乃至提高全社会整体道德水平都意义非凡。2012 年，党的十八大报告首次提出"开展全民阅读活动"，将其作为丰富人民精神文化生活的重要路径，为扎实推进社会主义文化强国建设助力。之后，党和国家各级政府的重要文件多次提到全民阅读。现在推进全民阅读已进入国家战略层面，是政府的重要工作之一。

　　威尔逊称："书籍是通过心灵观察世界的窗口。"弥尔顿说："书籍并不是没有生命的东西，它包藏着一种生命的潜力，与作者同样活跃，不仅如此，它还像一个宝瓶，把作者生机勃勃的智慧中最纯净的精华保存起来。"黄庭坚直言："士大夫三日不读书，则义理不交于胸中，对镜觉面目可憎，向人亦语言无味。"狄德罗则进一步指出："不读书的人，思想就会停止。"诚然，书籍是屹立在时间汪洋大海中的灯塔、培植智慧的温床，书房是文人精神的巢穴、生命的禅堂，而阅读的价值在于，读者能从书中邂逅高贵的灵魂，感受高超的智慧，学习深邃的思想，得到深刻的启迪。阅读当触及性灵，促进对现实人生的反思和关怀，进而有所行动，去创造美好幸福的人生，并唤醒关心他人、关心社会的自觉。

经典是书籍中的瑰宝，但凡称得上"经"和"典"的，都代表了其所在时代的最高智慧，甚或是迄今为止人类思想所能够达到的最高峰。经典之所以是经典，是因为它蕴藏了天地之心、修齐之道、治平之方，呈现出科学之真、人文之善、艺术之美。经典之所以被赋予崇高价值，还在于其思想的深邃性、思维的宏阔性和思绪的灵动性，以及精神的永恒性和意义的无限可阐释性。经典历久弥新，常读常新，永远光耀和烛照读者的精神和灵魂。庄子曰："吾生也有涯，而知也无涯，以有涯随无涯，殆已。"面对当今海量的出版物，以有限生命面对无限阅读资源，阅读经典当是最佳选择。

大学生是国家未来建设和发展的生力军，其综合素养和创造能力决定国之未来。然而，受到基础教育阶段的应试教育、高等教育学程的专业教育，特别是社会转型下人心浮躁等因素的影响，当代大学生的阅读存在功利化倾向，流行"浅"阅读与"快餐化"阅读。尤其是专业教育带来的阅读结构性缺失，十分不利于大学生个人综合能力的提升和全面发展。在这样的背景下，高校开展经典阅读活动具有重要意义。

开展经典阅读，有助于提升高校立德树人工作实效，培育时代新人。大学的根本任务是立德树人，阅读经典则对塑造崇高人格、铸就高贵灵魂、助力"精神成人"具有不可替代的育人价值。李白认为"立德贵清真"。子路推崇："楚兰生于深林，不以无人而不芳；君子修道立德，不以穷困而变节。"曾国藩强调："士人读书，第一要有志，第二要有识，第三要有恒。有志，则断不甘为下流；有识，则知学问无尽，不敢以一得自足，如河伯之观海，如井蛙之窥天，皆无见识也；有恒，则断无不成之事，此三者缺一不可。"英国著名作家威廉·梅克比斯·萨克雷在《纽克姆一家》中，则借用印度古谚如是说："播种一种行为，收获一种习惯；播种一种习惯，收获一种性格；播种一种性格，收获一种命运。"诸如此类的经典言论，无不是教我们如何立德树人。

开展经典阅读，有助于经典的当代传承，增强大学生的文化自觉、文化自信意识。经典是一个民族文化的载体和历史精神的浓缩，阅读经典无疑是将人们的心灵与上下古今一切民族的伟大智慧相结合的过程。通过诵读"四书五经"，感悟《中庸》中"致广大而尽精微，极高明而道中庸"的辩证；捧读费孝通的《乡土中国》，领略"各美其美，美人之美，美美与共，天下大同"之胸襟；阅读维特根斯坦的《文化与价值》，感怀"有光方有影，有前人的积累才有后人的传承"之洞见。当代中国大学生借助阅读古今中外的经典，既可以培育厚重的民族爱国情怀，又可以培养开放的世界公民意识。将经典阅读与大学生思想政治教育相结合，当是引导大学生积极弘扬和践行社会主义核心价值观的有效途径。

开展经典阅读，有助于高校通识教育的开展，营造校园书香文化。通识教育以培养"完整的人"为目的，以培养学生健全人格为根本的价值取向。经典作为书中之上品和极品，更应反复吟读，仔细品味。王国维在《人间词话》中阐述了古今之成大事业、大学问者必经的三重境界："'昨夜西风凋碧树，独上高楼，望尽天涯路。'此第一境也。'衣带渐宽终不悔，为伊消得人憔悴。'此第二境也。'众里寻他千百度，蓦然回首，那人却在灯火阑珊处。'此第三境也。"同样，康德在《论优美感和崇高感》中，对优美和崇高这两个美学范畴做了精当的分析，他不仅细腻温情地比较了崇高的动人和优美的醉人，更是深刻犀利地指出：崇高必定伟大，优美可能渺小；崇高必定纯朴，优美则可能装扮和修饰。在大学推广经典阅读，就是要让大学生透过经典的字里行间，品味和体悟境界与格局、深刻与通透。毋庸置疑，阅读经典是开展通识教育的绝佳途径。初读经典，可有似懂非懂、囫囵吞枣之小成；用心品味，方得深入浅出、知行合一之大就。

开展经典阅读，有助于大学生个人综合能力提升和全面发展。罗曼·罗兰有言："从来没有人为读书而读书，只有在书中读自己，在书中发现自己或检查自己。"英国伟大的思想家培根在《论读书》中说道："读史使人明智，读诗使人聪慧，演算使人精密，哲理使人深刻，伦理使人有修养，逻辑修辞使人善辩。"孔子曰："温故而知新。"阅读经典不仅可以丰富精神世界，而且能帮助提升获取新知的能力。阅读经典文本，不但能实在地提高阅读能力、书面表达和口头表达能力，更为重要的是，通过与先贤对话，与圣哲神交，可全方位为自身赋能。在世界观、人生观和价值观形成的最重要时期，青年学子要有意识地尽可能选择阅读经典，这对一生的发展都大有裨益。

作为一所历史悠久的财经类高校，上海财经大学素来重视通识教育。学校创设伊始，获得哥伦比亚大学教育学博士学位的郭秉文校长即"用世界眼光办教育"，提出了"三育并举""四个平衡"等影响深远的教育理念。20世纪30年代，学校将"以精神训练，培养健全之人格，建立忠实之学风"确定为学校使命。自2011年起，学校以全球视野遴选通识师资，聘请国际名校和国内985高校名师开设优质通识课程，培养学生的广阔学术见识和典雅方正人格。2015年学校成立通识教育中心，遵循"德育为先、育人为本、通专结合"的通识教育改革路径，致力于"培养健全人格，促进均衡发展"的育人目标，构建了"三大类七模块"通识课程体系，构筑了多层次、个性化、全覆盖的第二课堂成长培养方案。

为进一步营造学校浓郁的书香氛围和强化求真求知的学风，引导和鼓励学生与经典为伴，涵养阅读习惯，培养自觉读书意识，在读书实践活动中陶冶情操、获取真知、提高自我修养，2019年底学校组织校通识教育中心、宣传部、图书馆、团委、学生处、人文学院等部门通力协作，多次召开研讨会，数次易稿，最终形成《上海财经大学2020年经典阅读书目》并于2020年元旦发布。在此基础上，2021年元旦又发布了《上海财经大学2021年度经典阅读书目》，调整少量书目以呼应时代热点，吸引更多人参与经典阅读，将经典阅读常态化。

有鉴于读经典之不易，自2020年起，校通识教育中心精选与百本经典书目相关的通识课程，将阅读经典与学习课程紧密结合，邀请通识名师开设"一师一课一本书"通识经典书目导读讲座，深入发掘文本的更多价值，以达到既要读好书又能读懂书的目标。同时校内多个部门组织各类与经典阅读相关的活动，或写作，或朗诵，形式各异，精彩纷呈，将教学—阅读—写作—反馈连贯起来，引起了热烈的反响。如校图书馆组织举办的"SUFE领读者"通识经典征文比赛，使学生们通过对经典著作的深度阅读对生命、历史、社会的思考变得更加凝重、厚实；校通识教育中心组织举办的"育衡杯"通识课程论文大赛则致力于展现学校通识教育成果，进一步促进通识课程教学改革，提升学生对通识学习的积极性，强化学生的写作与表达能力；校宣传部组织举办"阅读之星·悦读达人"活动，旨在提升校园文化中的人文气质和超拔精神，培养学生和校友多读书、好读书、读好书的习惯，深入推进全民阅读，积极建设书香校园。

《品味经典》的第一辑与第二辑以名师导读为主，第三辑则选取了与前两辑导读书目对应的在校学生优秀文章，均来源于校内获奖文章和教师推荐，包含读书报告、学术论文、读后感等多种体裁。这些文章对经典进行了深入的学习、思考和解读。第四辑则回归名师导读，并吸纳了少量优秀的校友文章。本次出版的第五辑主题聚焦于校园赛事"阅读达人·悦读之星"的优秀参赛文章，收录了第一届与第二届大赛获奖的25篇文章，体裁包含导读、读书笔记、研究论文、读后感、散文等，反映我校学生在经典阅读上的积极热情和多样收获，凸显校园推进人文素养提升和校园文化建设的成果。

名师对于经典的导读，拓展了教学育人的广度和深度，点燃了学生的阅读热情，帮助学生学会阅读经典，引导学生走出专业思维，以更宽广的视野、更多元的角度领悟书中思想内涵，力求厚德博学、经济匡时。在校生、校友通过深入阅读，探讨经典与当下的联系，思考生活的意义，叩问生命的价值，进而重新审视与塑造自身的思维方式，提升眼界格局。

徜徉经典，品味经典，生命不止，读书不止，学习不止。"读书之法无他，惟是笃志虚心，反复详玩，为有功耳"，让我们以朱熹的这句话共勉。

徐　飞

上海财经大学　常务副校长

2023 年 1 月

目　录

Table of Contents

壹
第一届
"阅读之星·悦读达人"
优秀作品选

《平凡的世界》是一部全景式地表现中国当代城乡社会生活的现实主义长篇小说，也是小说化的家族史。作家高度浓缩了中国西北农村的历史变迁过程，特别是主人公面对困境艰苦奋斗的精神，对今天的大学生仍有启迪。《平凡的世界》共三部。作者在近十年的广阔背景上，通过复杂的矛盾纠葛，刻画了社会各阶层众多普通人的形象。劳动与爱情、挫折与追求、痛苦与欢乐、日常生活与巨大社会冲突，纷繁地交织在一起，深刻地展示了普通人在大时代历史进程中所走过的艰难曲折的道路，达到了思想性与艺术性的高度统一。

《平凡的世界》，路遥著，北京十月文艺出版社 2012 年

作 者 自 述

　　任俊宇，女，上海财经大学信息管理与工程学院数据科学与大数据技术（工学）专业 2020 级本科生。

　　初读《平凡的世界》是初二的时候，把全书三卷读完时已是一名在上海读书的大学生了。作为一名陕西人，翻开《平凡的世界》，映入眼帘的第一句话也是此刻身处上海的我最想说的话——"谨以此书献给我生活过的土地和岁月"。在书中我看到了苦难、妥协和守旧，也感受到了不屈、坚韧与热情，这确实是一个再平凡不过的世界，可是这世界中的每一个人都以自己最平凡的样子留下了各自伟大的人生轨迹。如果可以，我想再次回到那片土地，回到初二，在那个时候遇见那些不平凡的灵魂，在那个时候改变那平凡的世界。

　　平凡未必平庸，卓越未必独特，生活在那片黄土地上的父辈是艰苦的，而我，是幸福的。

虽轻渺如尘埃，亦可灿烂如星云

这是一个最平凡的世界，黄发垂髫，共居一室，却并不怡然自乐；艰难困苦，鹑衣鷇食，却从未放弃热情与劳作。这里是陕西的农村，是路遥穷尽一生描述其生活之质朴的地方，是单薄也厚实、温柔也粗犷、贫穷也富饶的陕北。这里是最最平凡的世界，但这里孕育着最不平凡的人。这里的每一个人都像是一粒尘埃，他们穿越时光，筑成了我们眼前的星辰大海。

一、"乌鸟私情，愿乞终养"

第一次感受到亲情在书中的分量，是孙少平初到黄原城寄宿于舅舅家却遭白眼的片段。少平不甘于祖孙世代困居双水村务农的命运，渴望能够到双水村外面的世界开启一段不同的人生，受苦也好，受累也罢，只要能"闹一闹世事"，才不枉来这人间一趟。于是高中毕业的少平只身来到黄原城，寄宿于舅舅家，但与他有血缘之亲的舅舅却让他感受到了这份亲情的虚无与缥缈。舅舅的白眼、舅妈的冷嘲热讽，都让他无心再寄人篱下。与之形成鲜明对比的，竟是与少平素未谋面的曹书记一家人。他们深切地同情这个书生，给少平这个读书人安排相对轻松的活，在少平最困难的时候施以援手，让少平在每天严酷的工作环境和繁重的体力劳动中感受到了人性的善良与温存。

路遥在其中穿插的一段论述让我深感震撼，我第一次感受到与四十多年前的人们产生共振是何等奇妙。"人和人之间的友爱并不在于是否是亲戚。是的，小时候，我们常把亲戚这两个字看得多么美好和重要，一旦长大成人，开始独立生活，我们便很快知道，亲戚常常是庸俗的；互相设法沾光，沾不上光就翻白眼；甚至你生活中最大的困难也常常是亲戚们造成的；生活同样会告诉你，亲戚往往不如朋友对你真诚。"这句话令我印象深刻，它不仅让我看到孙少平外出独立谋生的艰辛，更让我体会到在双水村这个平凡的世界当中，孙玉厚庞大家族体系中的温暖友善何其不易，更加丰富了孙家两弟兄虽是农民出身但始终保有"对亲人最诚挚真切之爱"的可贵品质。书中无论是孙少平对老祖母体贴照料，拿着润叶姐的钱买来了那盒陪伴老祖母十几年的止疼片；还是孙家两弟兄在困难中互相帮扶、于风浪后共同为父母修建起双水村最富丽的窑洞；抑或是孙兰香从小就体谅父母与兄长的含辛茹苦，总是在家中鸡飞狗跳之时默默做着力所能及的事，都体现出"亲情"在全书中举足轻重的地位。

孙兰香作为家里排行老三的女儿，身上也具有大哥少安、二哥少平的懂事与坚韧。她天资聪慧，老师在黑板上刚写完题，她的答案便脱口而出；却因家中条件困难、兄长终日艰辛劳作，想要辍学以缓解兄长的经济压力。但是两位兄长从未因家里揭不开锅而有让兰香辍学的想法，他们深知知识对于改变命运的巨大作用，希望自己的妹妹能够将她的天赋"物尽其用"，因此竭尽全力支持妹妹的学业;而这个懂事的女孩也从心底为兄长着想,尽最大努力减轻兄长的负担,放学后去捡牛粪、拾柴火,在家里忙乱慌张的时候默默做着自己力所能及的一切事。凭借着自己的努力,背负着两位哥哥坚定的支持与期盼,这个懂事坚强的女孩最终考上了大学,靠知识改变了命运。兄妹三人的相互理解与真挚温暖的爱,常让我感受到家的温度,更让我看到自己生活的环境是何等珍贵与幸福。

在这个于我而言无法团圆的春节寒假,路遥对亲情的重新定位更是带给了我前所未有的思考。在双水村这个平凡的世界里,金俊武家两弟兄曾经坚不可摧的情谊因老大发不义之财却认为老二嫉妒他而逐渐崩溃;金光亮家两弟兄因媳妇之间的口角和日益加大的贫富差距终于产生了隔阂;孙玉厚家两弟兄因弟媳的蛮横跋扈,只得由大哥带着老母亲搬离故居……不同家庭的悲欢离合是那么真实,置身其中,仿佛看见许多家庭的缩影,姐妹可以因贫富而互相嫉妒,兄弟可以为农田而剑拔弩张,但孙家两弟兄的团结互助以及孙家这个大家庭的相互友爱却让我看见不一样的亲情。

这个世界真的很平凡,平凡到我们每个人都正在经历类似的生活,周而复始,循规蹈矩。这个世界也真的很艰苦,许多人食不果腹、家徒四壁。可是最困难的日子里,总能映射出最绚烂的星云,那是最纯洁璀璨的尘埃共同筑建的星云。

二、"艰难困苦,玉汝于成"

苦难,存在于这个世界的角角落落,推动着这个世界的昼夜交替。在那个时代背景下,公社集体大生产始终被人们奉为圭臬,可是集体劳作却未能带领双水村的人们走向共同富裕,取而代之的是贫下中农始终被饥饿包围、被贫穷拷打。

令我印象深刻的是小说开篇孙少平在学校食堂买饭的情景。食堂的馒头有三类，白米面的、玉米面的、荞麦面的，路遥先生打趣地称之为"欧洲、亚洲、非洲"。孙少平这个正值青春壮年的大小伙每天只能吃黑面馒头，这个刚上高中的少年，脸上没有饱含阳光的笑靥，有的只是饥饿笼罩下的面黄肌瘦与骨瘦如柴；身上没有干净整洁的白衬衫，裤脚也吊得老高。但他从未因吃不饱穿不暖而放弃对上学的热爱，反而与保尔·柯察金成为精神上的朋友，从书报中洞察世界上正在发生的一切。

作者对于贫困和饥饿的刻画渗透于全书。孙少安一家人每天的晚饭是稀得不能再稀的米粥。终日下地劳作，一个健壮的青年小伙却只能靠可以见底的稀饭来填充自己的肚子，稠一点的稀饭要给卧病在床、已经瘫痪的老祖母喝。可是家里唯一的壮劳力也需要吃饱饭才不至于累垮，因此新婚的孙少安两口子曾因家里人都吃不饱的时候到底应不应该给全家唯一的劳动力少安盛稠一点的稀饭而争执不下。

这样的世界是平凡而艰苦的，但其中的人之所以不凡，是因为天道酬勤，力耕不欺，倘若苦难摧毁不了你，那你必将因此变得强大。孙少安便是农民里于苦难中涅槃的典范。

从磨难中奋起，于逆境中前行。其初次涅槃，是家庭联产承包责任制首次实践之时。作为倡议者，孙少安险些受害，但时隔一年，改革开放的大浪潮将机会再次送到孙少安的手中。这一次他紧抓机会，不仅一改家中半个世纪以来食不果腹的悲苦局面，更成为村中能及时向处于绝境者施以援手的"救世主"，开办砖厂并雇用渴求改变家庭贫困面貌的村民，以帮助他们同自己一起走上致富的道路。其再次涅槃，是砖厂扩大后的首次倒闭之时，经历半年的沉沦萧条，孙少安也屡次想要放弃，沉重的债务和村民的冷言冷语无数次直击他千疮百孔的内心，但是他始终抱有希望，最终重整旗鼓、奋起直追，成为双水村首个"万元户"，圆了自己在成为家里顶梁柱时便立下的志向——为孙家箍一口砖窑。

中国知识分子多把"达则兼济天下，穷则独善其身"奉为座右铭。孙少安亦如斯。穷困时期，他放弃自己的学业，将孙家老老小小的衣食住行全部肩负在自己的肩头，勉强供养弟弟念高中、妹妹念初中，帮助姐姐种地出山。这是作为孙家长子的担当，他也曾为这个选择感到无奈和委屈，也曾有过想要放弃的念头，他也是一个平凡的人，他不是圣人。他天资聪慧，却因家中还有要读书吃饭的弟弟妹妹、瘫痪在床的奶奶，不得不丢下书本，扛起锄头，从此开始以农民的身份度过余生。当看到即便自己拼尽全力下地种田，每天晚上回到家里累到根本没有力气吃饭，家里一穷二白的局面仍然毫无改善，终于有一天委屈和不甘将他淹没，他跑到村外的白杨树下，想到自己为了这个大家庭所做的种种牺牲，泪水夺眶而出。不甘、委屈、绝望将这个一向懂事忍耐、无私付出的少年包围。但是当他抬起头，透过朦胧的泪眼望向黑乎乎的远山，看见双水村星星点点的灯火时，滚烫的额头和汹涌澎湃的情绪便逐渐凉了下来。这个懂事的少年想到了亲人们的面容，想到了一家老老少少，想到了自己作为长子的担当，于是头脑中迷茫的云雾便在亲人的笑靥里消散了。书中曾多次用这样的句子描写孙少安："孙少安精神抖擞地跳上生活的马车，坐在驾辕的位置上，绷紧全身的肌肉和神经，吆喝着、呐喊着，继续走向前去。"穷困时为了这个大家庭能吃饱肚子，他没有独善其身，而是扛起了全家老老少少的生活，成了家里最坚挺的顶梁柱。富贵以后，他不光想着自己富裕，还雇用村中困难人家以解决他人的吃饭问题，希望能够靠自己的砖厂带动村里其他人家致富；他兴建小学，为双水村的教育事业做出首屈一指的贡献，弥补了自己因过早承担家庭重担而未能完成学业的遗憾，成了双水村最笔直的顶梁柱。这样平凡的人与经历存在于这个世界的角角落落，值得所有人为之肃然起敬。

穷困时，他是懂事的星光，照亮着全家人的前路；发达后，他是璀璨的尘埃，指引着平凡的世界里其他尘埃的前行。

三、"为者常成，行者常至"

奋斗，让有志者脱离这穷苦的世界，也让无志者沉沦其间。学之愈深，知之愈明，行之愈笃。高中时期博览群书、手不释卷的孙少平，知道平凡的世界之外存在着更加广阔的世界，不顾哥哥和嫂子劝说阻拦，也要闯一闯。少平在黄原城露宿于大桥上、背石头、打小工，在高强度体力劳作的终日拷打下脊背溃烂不堪，只能趴着入睡，即便如此，他也要在工地每晚点一盏灯看书，对知识的热爱从未因外部环境的变化而消减。在大亚湾煤矿艰辛劳作、与死神共舞，每天在井下不见天日的世界争分夺秒地开展工作，即便工作环境如此恶劣危险，他也时刻做一个正直善良的人，在井下冒着生命危险救下他人性命，结交了挚友王班长，并在王班长为救安锁子而牺牲后担负起照顾王班长家人的责任。我由衷地敬佩孙少平，因为他的正直善良，因为他为了成为书中"有胸怀而知天下"的人竭尽所能、不顾一切，因为他是一个普普通通的平凡人却书写了波澜壮阔的人生经历。

他是值得所有人敬重的有志者，也是奋不顾身、正直善良的劳动者，最终收获了平凡的世界以外的家的温暖，也获得了对劳动的深刻见解，更激励着妹妹考取了顶尖大学。与之相反的是他的二爸孙玉亭，从年轻到暮年都始终忙于"闹革命"，吃不下苦便从山西钢厂出逃，终其一生都沉沦在这平凡的世界里，当其他人家因改革红利都衣暖食饱时，他的一家老少仍处于夜晚点不起灯的暗夜之中。这是有志与无志的差别，也是奋斗与颓唐的不同。

"人处在一种默默奋斗的状态，精神就会从琐碎生活中得到升华。"路遥是这样评述孙少平以劳动掩盖失去恋人的痛苦的。这句话也是在我的初高中学习生活中支撑了我六年的至理名言。过去，当我把某所大学当作自己的唯一目标时，总能鲜活地领会到这句话的分量；如今，真的来到大学时，也更加怀恋高三时把这句话贴在桌角上的感动。抱定宗旨，矢志不渝，无论是对 40 年前那个平凡的世界里不凡的人们来讲，还是对 40 年后沿着求学之路苦苦追寻的我而言，默默的奋斗永远都是最值得赞扬与珍重的品质。时光错过了，就再也回不来了。

《平凡的世界》带给我史无前例的震撼，不仅在于他让我看到了奋斗的意义，更在于他让我理解了何为"遗憾"。

路遥先生在《平凡的世界》的后记中写道："所有人的生命历程在人类历史的长河中都是一个小小的段落，因此，每一代人都有自己的命中注定的遗憾。遗憾，深深的遗憾。唯一能自慰的是，我们曾真诚而充满激情地在这个世界上生活过，竭尽全力地劳动过，并不计代价地将自己的血汗献给了不死的人类之树。"

孙少安初中毕业便承担起家庭的重担，从此成为一名地地道道、本本分分的双水村农民，他遇到了善良美丽、不计较彩礼的秀莲，最终秀莲却在小学的开学典礼上因长期劳累罹患肺癌而当场去世，这是勤劳的孙少安、善良的秀莲的遗憾；勤劳正直的孙少平在高中遇到了一生挚爱田晓霞，两人相约在黄原城杜梨树下相见，但晓霞却因在洪灾中抢救一个落水小女孩而丧生，这场约定最终以少平只身前往而告终，少平最终没能和这个善良大方的毕生挚爱牵手，省委书记田福军也因此失去了唯一的女儿，这是少平和田福军的遗憾；田润叶在年轻时爱上了孙少安，而孙少安始终认为自己的家庭环境配不上润叶，两个人之间的情感从未说明，互相之间的误解最终让两个人成为陌生人，这是少安和润叶的遗憾……书中的人物很伟大，他们用最平凡的双手创造出令人钦佩的世界；书中的人物也很平凡，他们身上都带有各样的遗憾。但他们都真诚而充满激情地在这个世界上活过，留下了最不平凡的印记，汇成了我们眼前壮阔的星辰大海。

无论是书中的主人公，还是书外的我们，都真诚而竭尽全力地活着，但也都有着独特的、难以忘怀的遗憾。"尽吾志而不能至者，可以无悔矣。"那些遗憾是我们独一无二的经历，当我们始终满怀热爱地活着、坚定地向前走去，便是对遗憾最高的敬意。

"每个人的生活同样也是一个世界。即是最平凡的人，也得要为他那个世界的存在而战斗。"祝愿这平凡的世界里，每一个战斗者，虽轻渺如尘埃，亦可灿烂如星云；固短暂如一粟，仍能千古如磐石；似平凡若草芥，终能不凡传千古！

学 者 点 评

在接受美学理论家们看来，一部作品的历史意义在于其价值被一代代读者理解接受并充实丰富。读者能动的认同与批评解读是作品审美意义彰显与生命力延续的重要路径。在同时期作家接受外来思潮影响进行各种"实验""先锋"写作，只获得少数评论家好评的时候，路遥坚守人民本位、读者本位的写作立场，扎根现实、仰望星空，以生命写就史诗之作《平凡的世界》，赢得了不同时代广大读者受众的好评与追捧，引导、激励甚至塑造了芸芸众生的奋斗之路。同时，一代代读者也以自身的体悟与智慧诠释着《平凡的世界》，使这部作品的生命历久弥新。

任俊宇同学对这部作品的精彩感言正说明了新一代大学生在继续参与《平凡的世界》的意义解读，参与经典的构建与永恒流传。任俊宇以三个中国典籍中的名句作小标题来总结该书的三个主题，确切精到且富有诗意，与文章大标题形成呼应，也能很好地反映这部作品蕴含的中国传统文化情味。任俊宇对这部作品的解读融会贯通了诸多自身的成长体验与感喟，是共情式、代入式的阅读，是读者生命体验与作家生命体验、文本与文本之间在异时空的互动对话与彼此成就。任俊宇的这篇读后感也体现了《平凡的世界》具有梁启超所言的小说"熏、浸、刺、提"的审美功能。

上海财经大学国际文化交流学院教授　韩元

阿尔贝·加缪（1913—1960）是法国声名卓著的小说家、散文家和剧作家，存在主义文学的大师。1957年因"热情而冷静地阐明了当代向人类良知提出的种种问题"而获诺贝尔文学奖，是有史以来最年轻的诺奖获奖作家之一。

加缪在他的小说、戏剧、随笔和论著中深刻地揭示出人在异己世界中的孤独、个人与自身的日益异化，以及罪恶和死亡的不可避免，但他在揭示出世界的荒诞的同时并不绝望和颓丧，反而主张要在荒诞中奋起反抗，在绝望中坚持真理和正义，为世人指出了一条基督教和马克思主义以外的自由人道主义道路。他直面惨淡人生

《鼠疫》，〔法〕阿尔贝·加缪著，刘方译，上海译文出版社2013年

的勇气、他"知其不可而为之"的大无畏精神使他在第二次世界大战之后不仅在法国，而且在欧洲，并最终在全世界，成为他那一代人的代言人和下一代人的精神导师。

作 者 自 述

　　王菁菁，女，上海财经大学数学学院数学与应用数学专业 2021 级本科生。

　　当我阅读时，我是最自由的风。而写作，好像可以让那年的风一次又一次吹过我，我可以看到清风的颜色，嗅到清风的味道，抓住风，拥有风。这样的感受是我的秘密花园，是习惯，更是宝藏，我甘之如饴。《鼠疫》的读后感是琐碎的，记录的时候也并非一帆风顺，文字还是太轻，任那些絮絮叨叨的情绪再吹一会儿吧。

孤勇者：敬所有被流放的神

依稀记得，我先是被那如预言般的"现实倒放"所震撼，然后我试着一点一点嚼烂每一个字，像无根的浮萍不肯放弃去抓那一方宝贵泥土中的养分……感谢《鼠疫》，在那段动荡不安的日子里曾给予我勇气和平静，让我在当下包括往后的每一刻都充满力量。

认 识 荒 谬

如果黑夜看不到尽头，如果末日的降临无法抗拒，如果上帝已死、人间如炼狱，它是否也有另一个名字——鼠疫？

我不知道。但这样的至暗时刻也许并非空前绝后。

加缪笔下的奥兰是一座带着某种"自以为是的平静"的小城，然而，它似乎又成了这"荒谬"的一切的主谋：那个坚称没有老鼠光临的门房成为第一位受害者；那场所谓已然绝迹的令人闻风丧胆的鼠疫在毫无防备的平静之中卷土重来；那些看上去在摇旗呐喊直击时事的报纸只在看得见的苦难里喋喋不休，对没有被看见的死亡却只字不提；那些铺天盖地的抱怨、焦虑和惊慌失措在政府对鼠害结束的突然通报后就戛然而止；那些早已习惯于平静生活的人，开始被迫在生存的无助中寻找生活的希望……奥兰的城门被加缪关上了——瘟疫在肆虐，这扇门关上了所有逃避现实的可能性。

"荒谬"的最初意义是"悖理"，是违背理性和无法预见的，而灾难给我们的第一堂课也许正是认识这个荒谬的世界，或者说重拾对荒诞的某种察觉。当里厄医生提出把新发现的病人隔离起来时，却收到质疑的回复："你怎么知道这就是传染病呢？"当他一再强调争取时间与生命赛跑，却只换来在最不起眼的地方发了一条措辞轻浮、因果暧昧的布告；哪怕每出诊一次心里的忧虑就增加一分，哪怕医学素养和专业的敏锐在警醒着他，自大无知的人却"坚信这只是一场虚惊"，精明高傲的人告诉他"不应当向恐慌让步"。犹豫的官员们依然举棋不定，官方公报持续表现出盲目的乐观，丰富着无关痛痒的举措。

多么可笑，拿生命与恐慌衡量，拿措辞、归责等一切形式主义与转瞬即逝的时间衡量，哪怕它早已吹响鼠疫的哨子。

但这样直面荒谬的人也许不是"前无古人，后无来者"的。

至少在那个原本缺少思考的地方，人们也许开始被迫思考：面对荒谬，我该怎么办？

被流放的囚徒百态

所谓"世界的荒诞性"，是人类的呼唤与世界非理性的沉默之间的对峙，人的存在被一种无可名状的异己力量左右。鼠疫扑灭了一切色彩，城市被肢解为孤岛，人们沦为鼠疫的囚徒，身在牢笼，心被放逐。大部分人从一开始的惊异逐渐转为恐慌、疑惧，再到后来的痛苦、麻木，他们"低着头"数日子，照着鼠疫的样子过活，小心翼翼，悲观情绪和精神危机在肆意蔓延。

但，哪有绝对的绝境？

有的人拼命抓住一些可以相信的东西"息事宁人"，于是，可笑的谣言开始出现，许多人虔诚地跪拜在神圣的"宗教"下，在"这一切都是罪有应得"的极地里苟且偷生。

有的人企图以特殊者的漏洞逃离出城，他们揪着该死的平静和空虚，屡屡爆发斗殴事件，甚至揭竿而起，进行情绪化的无济于事的"反抗"。

并非只有自甘堕落的懦夫。

有的人选择躬身入局，义无反顾地斗争：里厄医生奔忙于医院与病患家中，卡斯特尔医师坚持试验血清疗效，塔鲁志愿者组建起民间防疫组织，奥东法官自告奋勇进入隔离营……没有从天而降的英雄，只有选择挺身而出的凡人。"与鼠疫斗争的唯一方式是诚实"，唯有正视猝不及防的鼠疫，也唯有直面风雨飘摇的内心。

这一幕幕来得缓慢却愈发坚定。

正如书中写道："从当地居民有可能怀抱最微小的希望那一刻起，鼠疫的实际淫威也已结束。"当哪怕怀抱着不同的生活态度的"小人物们"都开始选择反抗的时候，不知不觉拯救了大多数人的苦难。用神甫的话说，鼠疫，以及像鼠疫一样的其他灾难，都是对人类的一场救赎。

在《小说的艺术》中，米兰·昆德拉亦言："小说考察的不是现实，而是存在；而存在不是既成的东西，它是人类可能性的领域，是人可能成为的一切，是人可能做的一切。"浮生百态，是人可能成为的一切；全力以赴，是人可能做的一切。与其蜷缩在舒适区内自欺欺人，将铺天盖地的情绪伪装成利器，或是期待一位从天而降的英雄，抓住存在却不关注存在，不如问问自己：历史流经我，我该打上怎样的印记？

看着这一幕幕"现实"，我比任何时候都要相信，责任与价值感终会互相找到。这是《鼠疫》的引理，更是防疫抗疫实践得出的真理。每个人都在"牢中"流放，何来局外人？奋起反抗即是责任，不要放任荒诞抹去你我在局中存在的痕迹。

从集体事件照见个体孤独

孤独，在劫难逃。

鼠疫的席卷始料未及，奥兰这座小城，经贸隔绝，人流横断，几乎成了与世隔绝的孤城。出行被限制，通信遭拒绝，亲友咫尺天涯，与日俱增的离情与放逐感，以及掺杂其中的恐惧和愤慨，无一例外地在每个人的心中暗潮涌动。活人的世界一天到晚都在害怕被迫向死人的世界让步——活着，是孤独的存在；死亡，是绝对的孤独。每个人都像是得了患得患失的孤独症。

作为鼠疫吹哨人和见证者的里厄医生，他的孤独是显而易见的。无论是疫情初期上级们在"听'不同的声音'和听'听不懂的声音'"中咬文嚼字，他"好像自己变成在荒野上一个喃喃自语的怪物"；还是疫情暴发期他在沉沦的大众中保持智慧的清醒，却又在不同的患者间目睹着注定的死亡。众生的孤独来自未知的无限大，他的孤独却源于自身倍感无力的渺小。

象征着宗教权威的帕纳卢神父，一位信仰动摇的殉道者，他的孤独一开始是"迷恋自己年轻时的洁癖，并且深信不疑"，后来是面对鼠疫残杀了一个无辜的孩童，对自己的"灾难是集体惩罚"的观念产生了怀疑，他无法高高在上地面对信徒，更不能直视自己内心，他被上帝抛弃，他被信仰孤立。他的孤独来自神甫的荒诞，隐秘、撕裂而颠覆。

而来自城外的记者朗贝尔，在封城之后不断通过各种渠道试图离开，不属于他的责任和归属感构筑了这位局外人的孤独；畏罪自杀未遂的科塔尔，灾难给了他侥幸的自由，最后却不堪精神压力而发疯，他的孤独令人可怜而鄙薄；主动反抗鼠疫的塔鲁，却在鼠疫即将结束时染病而死，他的孤独既深刻又浪漫……

我不知道"芸芸众生"究竟数以何计，我不知道谁能成为击穿这摊死水的利剑，没有一瞬天明的奇迹，没有普度众生的救世主，囚者自囚，何能自渡。也许，在那些失了分寸的日子里，在那些重复漫长的日子里，被抛在那个异己世界中的每个人，都攒着破碎的孤独感数着日子。

"孤独没有什么不好。使孤独变得不好，是因为你害怕孤独。"鼠疫将每一个不堪孤独的人培育成了同谋，却也打破了朗贝尔的孤独感，让他放弃难得的出城机会，肩负起新的职责；染上鼠疫的塔鲁在临死前找到了生命的意义，他不信上帝，却成为圣人。

孤独，使人涅槃重生。

在荒诞中寻找安宁

且看"别样的监禁生活"，颠覆了原有的城市生态，把人物放入特定的情境，用一场突如其来的鼠疫，将"既狂热，又心不在焉"，既"感到厌倦，又努力让自己养成习惯"，既"缺乏时间也缺少思考"，既"不得不相爱而又不知道在相爱"的"静止模型"

打破、拆解、倾覆，一步步由表及里地冲击着肉眼可见的日常生活和隐秘的内心世界，加缪试图在激荡与变化中找寻关于荒诞性的内在答案。

"鼠疫"作为本来"不存在的故事"，为何又如此用力地表现所谓的"真事"？从起初的恐慌与挣扎，到失去记忆力和感受力，甚至是在鼠疫中完全适应而别无他法，"不再有人满怀豪情，谁的感觉都同样平淡"，让人不禁怀疑，鼠疫的"监禁"究竟是死亡的悲剧，还是在接受中又一次被格式化的悲哀？

染上鼠疫无疑是生理健康的对立面，但是，适应了恐惧的麻木和习惯了死亡的病态接踵而至，才真正敲响了鼠疫的丧钟。我想，这或许是现实世界中无数被无意义生活裹挟着跟跄前行的人的潜意识。就像塔鲁说的："人人身上都潜伏着鼠疫，世界上没有任何人能免受其害。健康、廉正、纯洁，可以说是意志作用的结果，而这种意志作用是永远不该停止的。"当无法坚守住意志鼠疫就会卷土重来时，当这场瘟疫来临之前"鼠疫"已经不止一次地存在和肆虐时，在周而复始的荒诞生活中，在静如死水的放逐感和被选择的浑噩感中，我们该如何与内心握手言和？

塔鲁说："要有同情心。"这里的同情并非怜悯，而是对生活、对生命的同理心与共情力，或者说赋予意义。就像加缪提出的"荒诞激情"——"明知无用仍充满激情：明明知道自由已到尽头，前途无望，为反抗绝望而不断冒险。"就像受诸神惩罚的西西弗斯的"出路"：把巨石推上山顶，石头又重新从山上滚下，一次次重复。西西弗斯的存在本身就是荒诞的，但加缪却固执地认为西西弗斯是幸福的：当他一次次地走向巨石的时候，他主宰着自己，反抗着荒诞，在无止境的责罚中找到价值，感受幸福，收获安宁。

我们每个人都是西西弗斯，承担着无意义的世界，而西西弗斯的幸福让我相信，内心的安宁必然有解——在荒诞中，用伟大而强大的同情心找到自己的存在，用坚毅而坚定的意志力找到被流放的安宁。

三月的上海本该光彩夺目，外滩的郁金香在微博上常开不败，我却只能在校园甚至寝室里用想象力去填充这份美丽。可疫情没有夺去我的视野——一树树禁不住春之诱惑的白粉玉兰，草坪上荡漾的碎花裙和书页声，天空下蹦来蹦去的羽毛球和棒球，变身"大白"和"小蓝"的可爱志愿者们……浪漫不死，我们不会为"情"所困。

至少此刻我回答得坚定。

在感同身受的情感里、在设身处地的思考下、在意味悠长的警醒中，文学与心灵共鸣，与灵魂共振，虚构与非虚构的壁垒被打破。我想，鼠疫的本质是教训，而不是灭亡的武器，每次翻看《鼠疫》，我都在赴一场心灵的洗礼、精神的涤荡，它教我如何认识灾难、刻录灾难、铭记灾难和反思灾难，它提醒着我不要忘记，更不要傲慢。

在加缪笔下，"即使世界荒芜如瘟疫笼罩下的小城奥兰，只要有一丝温情尚在，绝望就不至于吞噬人心"，悲凉之外总是维系着希望。而"如果在这个故事中，非得有个英雄不可，那么叙述者恰恰要推荐这个微不足道、不显山露水的英雄：他只有那么一点善良之心，还有一种看似可笑的理想"。

"谁说对弈平凡的不算英雄？"

无论是战"疫"还是战山火，总有一些人选择众志成城。武汉封城了，于是举国上下驰援共赴；有女子被铁链束缚，于是所有女性站出来了。

孤勇者也许会是孤胆英雄，但绝不会是孤军奋战。

所以，哪怕我们都在被世界流放，但不妨，也试着为自己戴上冠冕。

学 者 点 评

　　王菁菁同学在疫情期间读了加缪的名著《鼠疫》，这也是疫情期间被讨论最多的一部小说。加缪在创作这部小说时，虚构了一个足够荒诞的背景。他肯定没有想到，数十年之后，这个荒诞的小说背景却与现实环境发生了契合，在全世界范围内引发强烈的共鸣。

　　《鼠疫》中令人印象最深的一句话是："全国人民在忍受着一种处于绝望之中的沉默的生活，可是仍然在期待……"这句话触动了很多人。

　　从《局外人》到《鼠疫》，加缪充分展示了他的存在主义基本立场，即世界是荒谬的，现实本身是不可认识的，人的存在缺乏理性，人生孤独，活着没有意义。在他看来，毫无疑问，个人应该将自己置于一切的首位，但是个人又难以在当下的环境中找到出路，这就是存在主义的悲剧底色。

　　《鼠疫》的主人公里厄医生在与那不知从何而来的瘟疫搏斗时，虽然时感孤单，处处绝望，但他清晰认识到自己的责任就是与那吞噬千万无辜者的病菌作斗争。而且在艰苦的搏斗过程中，他也看到了爱情、友谊和母爱给人生带来的幸福。王菁菁同学同样读出了《鼠疫》里的这一丝温暖，可谓加缪的知音。

上海财经大学马克思主义学院讲师　梁捷

《知识分子》详尽地展示和评说了卢梭、雪莱、易卜生、托尔斯泰、海明威、布莱希特、罗素、萨特、埃德蒙·威尔逊、维克多·高兰茨、莉莲·赫尔曼等十多位人文知识分子不为人知的私生活，作者抽丝剥茧，将这些知识分子放在聚光灯下探照，富于戏剧性地表现出他们的表里不一、利欲熏心、欺世盗名、爱慕虚荣，以及眼花缭乱的两性关系、错综复杂的亲友问题。他们总是居高临下指导别人，私下的生活却自相矛盾。

《知识分子》，［英］保罗·约翰逊著，杨正润译，台海出版社2017 年

作 者 自 述

魏柯，女，上海财经大学人文学院经济社会学系 2019 级本科生，现任上海财经大学第 25 届研究生支教团团长、第 25 届研支团临时党支部书记。2023 年 7 月赴贵州道真玉溪中学支教，2024 年 9 月将返校继续攻读人文学院经济新闻系硕士学位。

"追风赶月莫停留，平芜尽处是春山。"作为上财人，我步履不停、奋斗不止，力求让"经济匡时"成为我青春里最璀璨的注脚；作为一名中共党员，我始终葆有踔厉奋发不懈怠、立志争先不停步的拳拳之心，积极参与疫情防控、社区服务等社会实践活动；作为研究生支教团的一员，我毕业后将去祖国西部，把一年的青春献给三尺讲台，为当地的孩子们浇筑初心梦想、播撒真理火种。我深信，人生的意义在于不断拓展，我愿一直向前，如一点星火，可以燎原。

论知识分子的前台和后台

——基于约翰逊《知识分子》一书及 戈夫曼"剧场理论"的分析

什么是"知识分子"？对此，人们众说纷纭：有人说知识分子是人类探索真理的武器，有人说他们是脱离了功利和低级趣味的高雅群体，还有人为他们冠以有着独立人格的"社会的良心"的标签……"知识分子"这一群体仿佛因"知识"二字，被人为地罩上了一层梦幻的滤镜，人们对知识分子好像总是抱着一种敬畏和景仰的态度，甚至连他们的外在形象都会被自动美化，完美无瑕得宛若天降。

在中国大量的文艺作品中，知识分子又与"君子"这样德行高尚的形象密不可分，只有这样才符合大众对知识分子的期待和幻想。

然而，当我们去掉这些加在知识分子身上的重重滤镜，不带偏见地认真审视知识分子的真面目，又会是怎样的呢？

一、《知识分子》：让知识分子的劣迹暴露在阳光之下

保罗·约翰逊于1998年写下《知识分子》一书，诸如卢梭、

雪莱、易卜生、托尔斯泰、海明威、布莱希特、罗素、萨特等十多位人文领域的佼佼者，毋庸置疑的标准的知识分子，便是书中的主角。但这些知识分子并没有获得作者热烈的高歌和深情的赞颂，他们那些曾被反复品读、分析的作品也没有获得更新颖的解读、研究；与此相反，保罗·约翰逊在他们光鲜亮丽的学术外表之下认真检视，发现了这些知识分子在真实生活中的"赤裸形象"，并将这些知识分子不为人知的私生活详尽地展露在大众面前。

此书一经出版，不知有多少人心中的"白月光"从此黯淡无光，又不知有多少人的精神大厦轰然倒塌，只剩残砖片瓦。约翰逊将这些人真实生活中的斑斑劣迹用文字一一列举出来，将他们的利欲熏心、虚伪、荒淫无度、欺世盗名、令人瞠目结舌的两性关系等诸如此类被他们的学术光辉掩盖的丑陋部分毫不遮掩地摆在读者面前，让我们得以看见这些思想家与自己公开发表的思想、观点、态度背道而驰甚至自相矛盾的私生活。

以法国 18 世纪启蒙运动的代表人物之一——卢梭为例。在《知识分子》中，卢梭是一个"有趣的疯子"，约翰逊对他这样评价道："卢梭是一位天才作家，但他的生活和思想都致命地不健全。"精神上的失常、心理上的病态、人格上的缺陷，卢梭在现实生活中的这些异常表现无一不在为约翰逊对他的这句评价提供例证。

萨特作为存在主义的主要代表人物，他的一生波澜壮阔、放浪不羁，曾参加反法西斯斗争，支持法国革命群众运动，连他与波伏娃的爱情都被百年后的人津津乐道。但是，在《知识分子》这本书的无情揭示下，他却有着让人难以想象的、不堪的嘴脸：他在妻子

（或许可以称之为"情人"）波伏娃的帮助下无耻地勾引、追求着正值花样年华的少女，俨然将自己视作拥有庞大"后宫"的君王。

在保罗·约翰逊笔下，诸如此类的知识分子还有很多：自诩坦诚的罗素的恶劣行径与萨特相似，甚至有过之而无不及——他处在那样的高龄，仍然乐此不疲地追求着他遇到的每一位身着裙子的女性。布莱希特与海明威同样也利用他们写作名家的身份，欺骗、引诱着女性，将两性关系演绎成一场又一场不堪入目的闹剧。雪莱大肆污蔑宠爱他的父母，他的言语和行为与他那些温馨的诗简直天差地别——冷酷无情到让人不寒而栗。与自己所信奉的"博爱"不同，托尔斯泰是个"罕见的利己主义者"，他与妻子之间的互动充斥着猜忌、怨怼、背叛、狂躁、歇斯底里以及褊狭卑劣的行径……

除此之外，他们还有各种缺点，或因为不幸的童年造成了他们不健全的心理，或因为家庭的压力滋生了他们的暴力，或因为复杂的成长环境让他们的人格逐渐扭曲……这些知识分子的种种恶行，真正印证了中国的那句古话："文人无行"——越有才华的人，品行越是不端——尽管这样的因果关系看起来是如此牵强和荒谬。

在读《知识分子》这本书之前，我曾被书中多位知识分子的惊世骇俗的学术作品深深打动，也曾为他们独具一格、发人深省的思想拍案叫绝，甚至还因拜读了他们的作品而影响了我对人生、对社会、对世界的认知和态度。然而，当我读到约翰逊对这些学术巨匠毫无保留的指责和揭发后，我的内心感受到了强烈的冲击和矛盾：为什么他们的真实生活可以与他们的文字、思想大相径庭甚至自相矛盾？为什么他们传达给读者的形象与其真实的形象迥然不同？这些知识分子的私生活可能配不上他们头顶的光环。

约翰逊认为，这些知识分子中的领袖人物通常宣称他们热爱人类，或许真的是如此，但他们爱的是抽象的人，而不是现实生活中具体的人。他们可以为人类设想出种种美妙的图景，但在实际生活中，在同家人或朋友相处时，他们大多是极端的个人主义者和自我中心主义者。这种巨大的反差让我招架不住，但我从未怀疑过他们的思想或是作品的价值——毕竟这是经过历史的沉淀和选择后留下的仍可以在现代社会闪光的思想珍珠。

《知识分子》呈现出了如此真实又残酷的知识分子的现实生活，但值得思考的是：为何他们人前人后的反差会如此之大？这种反差究竟是少数知识分子群体中的"特有标签"，还是社会中层出不穷的普遍现象？带着这样的疑问，我选择用社会学的视角来解读。

二、知识分子的舞台：在前台表演，在后台生活

社会学家戈夫曼在其著作《日常生活中的自我呈现》中，有一个非常经典的理论——剧场理论，亦称为"拟剧论"。所谓剧场理论，就是将社会生活视为与舞台演出类似的一连串戏剧表演。就像出演一场话剧一样，一个完整的人生就是在前台和后台不断切换的过程。我们在人生的前台，用最好的状态和最佳的表演为观众呈现一个符合他们期待的形象；而当我们回到后台，离开了舞台的聚光灯、失去了观众的注视、卸下一件件外在的"伪装"，我们才是真实的自己。而话剧表演光鲜亮丽的前台与堆满杂物、道具的昏暗混乱的后台，本身就是一对有着强烈的视觉对比性的存在，更不用说在"生活"这个大舞台上，我们台前台后的反差有多大了。

对于知识分子而言，深奥的思想、过人的智慧、独到的观念、

精妙的文笔……这些是他们在自己的前台为所有观众呈现出来的"表演",甚至对自己的真实形象进行了美化。"美化"这一行为无可厚非,但是这些知识分子的自我美化中最危险的地方,是他们用惊人的坦率来麻痹读者,比如托尔斯泰的日记,好像是诚实的,实际上隐瞒的比披露的要多得多。在知识分子的后台充塞着光环褪去后的柴米油盐的琐碎、卸下"知识分子"这一身份后的无所顾忌的"放肆"行径、极端个人主义的偏执与残忍、对身边之人的冷酷和伤害……仿佛堆满杂物的房间,仔细清理,还能惊讶地发现藏匿于潮湿纸板下的"蛇虫鼠蚁",让人心有余悸,又让人嗤之以鼻。

这些知识分子的前台与后台有着如此强烈的反差,以至于让许多人不得不重新审视、思考他们是否配得上自己所拥有的光环。但我们不得不承认,每个人的前台和后台都有不可避免的反差:你想让别人看到的只是经过你挑选、练习后扮演出的"你的一个侧面",而不是完整的"你"。在我们与他人的互动中,甚至在亲密关系的相处中,我们都会有所保留,不会和盘托出,只是越亲近的人越容易看到我们未曾展现给公众的其他的形象罢了。而知识分子的这种反差如此强烈,是因为他们在自己的前台获得了足够高的声誉和评价,观众的喝彩、追捧让他们在前台更加熠熠生辉,甚至被人捧上神坛,成为一些观众精神上的指引和信仰。前台的表演越是精彩夺目,回到沉寂的后台后,当他们想真正做回自己时,就越容易面临来自他人的诟病。

有趣的是,在约翰逊《知识分子》这本书中,揭露这些知识分子种种丑恶行径的人,大多是他们的妻子、爱人、情妇或是与其有亲密关系的人。这些人看到了知识分子们在前台的完美表演,又看到了他们回到后台后被"打回原形"的真实状态,或许他们也同我们一样对导致这种巨大落差的具体原因表示疑惑，也为洞察了知识分子的表里不一而感到失望和沮丧。我们必须接受这样的现实：诸如卢梭、萨特、托尔斯泰、雪莱等知识分子，他们首先是作为一个完整的"人"而存在，再是以贴着"知识分子"标签的身份呈现在大众面前。我们需要像接受生物多样性一样，接受每个人在前台与后台的或多或少、或大或小的反差。

三、我们为何失望：前台与后台的区分

随着互联网的发展和普及，不知何时起，我们对"名人"的敬仰和喜爱变成对他们的约束和道德监视：好像他们不应该做出任何出格的事，一旦越线，就将受千夫所指，接受舆论的批判，被打入"冷宫"，永远尘封、不见天日。在互联网时代，信息的更新速度甚至难以计量，一则新闻、一条信息的扩散范围和可能面临的被过度解读的危险和影响力的大小，都像一个又一个定时炸弹，又像无形的镣铐，让"名人"在危机四伏的环境中谨小慎微地生活。他们像被放置在聚光灯下，时刻面临着长枪短炮的扫射，片刻不敢松懈。然而，越来越多的名人、明星的人设崩塌，经过大众舆论的声讨、辩论、攻击和反思这一系列流程后，网友由最初的惊诧到现在的习以为常，仿佛将名人的后台赤裸裸地揭露给大众检视已是家常便饭。

在《知识分子》一书中，约翰逊为我们揭开了这些知识分子人生后台的遮羞布，里面的景象一览无遗，让闻者叹息、观者默然，在一阵唏嘘和愤慨后只剩下对他们无尽的失望。

我们为何失望？除了他们本身的恶行之外，还有一个原因是，

我们混淆了他们的前台与后台。因为他们在前台的出色表现，于是我们自然而然地认为，他们在自己生活的后台也同样保持着这样的优秀形象，从而对他们抱以过高的期望。以至于当我们得知真相、了解这些人的真实为人后，一时间难以接受现实。这是否印证了一些人的评价："知识分子正在退化，知识不再是他们探索真理的武器，而是买卖的资本，他们失去了使命感，变成了追名逐利的庸人？"①

但其实，我们大可不必对他们的人生后台投以如此多的关注。不论是对于这些"聚光灯下"的知识分子、名人，还是对待我们身边的人，都需要将他们的前台与后台区分开，让他们能安心地扮演好各自的角色，我们也扮演好合格的观众。

我们接受前台与后台的落差，并不意味着我们可以容忍个体在后台做出的违背道德或法律要求的行为——后台绝不是法外之地，而是划清前台与后台之间的界限：他人在前台上表演，我们为之鼓掌；回到后台，他人的私生活，我们不过多关注与干涉。如此这般，既是对他人舞台和表演的尊重，也是对自己的一种减负和解压。

① 杨正润.《知识分子》译序. 引自：［英］保罗·约翰逊著. 知识分子［M］. 杨正润等译，南京：江苏人民出版社，1999.

学 者 点 评

　　约翰逊在《知识分子》一书中把一个个思想大家"撕得粉碎",展现了这些大思想家不为人知的另外一面,为读者提供了更加立体的形象。该书出版之后引发众多争议。魏柯同学运用社会学的"剧场理论"解读这本书,提出知识分子前台与后台落差的机制。从这一理论来看,任何人都具有两面性:公共领域的"前台"一面和私人生活中的"后台"一面。只不过这些大思想家的思想光环太亮,与不堪的私生活形成了巨大的落差。针对知识分子身上巨大的落差,有人因其私德而否定其思想,也有人主张思想与私德应该截然分开。一张白纸滴上墨水,到底算白纸还是黑纸,的确值得我们思考。一方面,对这些大思想家不能用完美主义的眼光看待;另一方面,大思想家更应该注重私德,思想的伟大不能遮蔽私德的亏欠。无论如何,知识分子还是要符合社会公众的期许——"铁肩担道义,妙手著文章"。最后需要提醒各位读者的是,尽信书不如无书,这本书的一些材料来源并不可信,甚至有的是道听途说。

上海财经大学人文学院教授　刘长喜

王弼《周易注》是义理派易学方面的代表作，也是历代学者研究易学的常备书。王弼注多引老子思想释义，重视对义理的阐释，文字简约精当。北京大学楼宇烈教授所作校释，考证文字准确，对字义、字音多有阐发。《周易略例》阐述解易方法，对易学研究者及爱好者有指导意义。书末附有韩康伯对《系辞传》以下各传的注解。

《易经》，王弼注，楼宇烈校释，中华书局 2012 年

作者自述

　　秦为可，男，辽宁人，上海财经大学公共经济与管理学院公共政策专业2021级硕博连读生。

　　我并不能算是好读书的人，只是冥想之后仍被思绪所扰，便找来些书解惑。我始终认为语言与文字是人类的无上珍宝，读一些书，写一些心得，哪怕只是简单的摘抄都是极好的，总会有些收获，亦无愧于上苍馈赠。

　　福至心灵，鄙人偶得醍醐灌顶，赞叹先贤无上智慧，修省自身；琐事纷扰，便无须在乎所得，只是读些文字，或誊抄经书，寻求一方安静聊以慰藉。

　　但鄙人愚笨，希望我的浅见不会误导各位读者。若能借此机会让你对《易经》感兴趣，也算是一桩好事。我也同样十分推荐荣格与卫礼贤的《金花的秘密》和卡洛斯·卡斯塔尼达的《巫师唐望的教诲》，在其中能感受心理学者和人类学者在研究神秘文化过程中的美妙碰撞。

　　最后，敬天爱人，共勉。

《易经》与我，从历史走向未来

一、《易》于血脉

《易经》，易即变化。

"太极生两仪，两仪生四象，四象生八卦。"八卦由三个爻组成，八卦成列，象在其中。这种基本而又古老的辩证哲学符号，涵盖了大自然阴阳交替、刚柔变换的近乎所有形式。万物初创，变化元始，卦与爻展示了事物变化的过程。

八卦相叠便有重卦（也有说由数字直接演化而来），一卦有六爻，在不同位置上阴阳爻的爻变，形成了《易经》中的六十四卦。三百八十四爻的每一爻都代表着不同事物发展的不同阶段，而其中更细微的变化更是无穷无尽。

毕达哥拉斯的神秘数字学派在数字的层面上像极了易理，但《易经》字里行间的阴阳相合、君臣礼乐深植于中华传统的文化血脉。我以为，没有一本书能像《易经》一样，永葆生命活力，经过从春秋到宋明多位先贤的补注，它见证了数千年的历史，仍能预见数千年的未来。

《易经》，"群经之首""大道之源"，其爻辞卦辞晦涩艰深，其卜筮算法玄奥变通，一直披着神秘的面纱。但若纵览全书，则可发现其对世界和人生的综合体悟渗透着"仁义礼智信"的儒家精髓和君子之道。事实上，《易经》的精髓始终流淌在我们的血脉之中，其用词之精练贯穿文学的发展，其哲理之精髓已刻入我们的基因。

我是一位金庸小说的爱好者，这就更好解释《易经》带给我的熟悉感了。降龙十八掌的招式在我阅读《易经》的时候重现在我的脑海里，从飞龙在天（乾卦九五）、亢龙有悔（乾卦上九）到利涉大川（需卦卦辞）、密云不雨（小蓄卦卦辞），从履霜冰至（坤卦初六）、龙战于野（坤卦上六）到损则有孚（损卦卦辞）、羝羊触藩（大壮卦九三），每一招式玄妙无穷，又颇有几分哲理韵味。若再仔细观察，则金庸著作中的人名、地名也都渗透着易学的影子。金庸的故事流淌着醇厚的传统文化，映射着对社会的深刻洞察，展现着潇洒的英豪侠气。这许是其作品深得读者喜爱的原因之一。

除了文学作品，《易经》的词汇也一直是我们日常用语的重要部分。三羊开泰、物极必反、否极泰来皆来自否卦与泰卦这对互卦；还有匪夷所思（涣卦六四）、不速之客（需卦上六）、谦谦君子（谦卦卦辞）等成语也都来自《易经》。易理中的哲学精髓与为人之道深埋于我们的基因，于此便择《易经》第一、第二卦——乾与坤，重温藏于华夏血脉的君子精神。

● 卦一　乾为天

乾，"元亨利贞"。天为万物初始，通达顺利，端正稳固。乾卦有六个阳爻，为天、为君、为首、为父。国不离君，人不离首，家不离父，正如万物不离天。天的运转永不停歇，是以"天行健，君子以自强不息"（《大象传》）。乾卦六爻似六条龙，六爻的爻辞讲述了君子从"潜龙勿用"（初九）和见龙离隐（九二）的韬光养晦，到九三九四的谨慎小心、进退有度，最终到九五的"飞龙在天"、功成名就。乾卦于此勉励君子应抱守本心、不卑不亢、不气不馁、静待时机、一跃而上，君子有龙德而德备天下。

此卦并未结束，"上九，亢龙有悔"是本卦的最后一卦。龙飞到了极致，再无可求，忧郁悔闷。若君子一味追求高位不加以节制，则高亦不高，终将导致祸患，物极必反。天行有度，为君为父亦应有度。君子力求进取，但须刚柔并济，过分不得。人生每个阶段皆应如此，沉着稳健，自强不息。

- 卦二　坤为地

"地势坤，君子以厚德载物。"（《大象传》）坤卦有六个阴爻，为臣，为子，为母。坤卦最为柔顺，是广阔无边的大地，"含万物而化光"。但同时，大地亦有其刚健的力量，所谓"坤至柔而动也刚"。如何厚德？坤卦的六个爻辞给了我们建议。初六，"履霜，坚冰至"。德行的教导应从小开始，不得犹豫马虎。而后，"直方大"。《文言传》曰，"敬以直内，义以方外"，依靠真诚与正直，而"德不孤"。六三六四处于上下卦的交界，上有天，下有地，修行自身亦要顺应天道，顺应天的创造，承担地的角色。再继续修行，美在其中，是为"黄裳元吉"（六五）。"上六，龙战于野，其血玄黄"。阴爻走到了最上，坤为大地，大地如何能够走上天呢？终究是迎来了灾祸。人不可能是万事万物的主导者，君子纵然自身再强大，终究不能突破规则的限制，不能超过身份的约束，此亦是物极必反的道理。

二、《易》于今时

《易经》的无穷变幻是如何也不能叙说穷尽的，也正是其变化之道使这本七千字左右的著作不断被赋予新的时代内涵，无论何时何事何种境遇，读者都能从中获得启示。

　　庚子年始的疫情牵动人心，那时我重读《易经》，有了新的收获。疫情持续至今，我反复阅读，愈加明晓其中哲理。古代水患为极端天灾，故水在《易》中常代指灾祸，我择取了《易经》中有水的八个卦，跟随每个卦从初（第一爻）一直走到上（第六爻），并记录分享一些体悟。

　　● 卦三　水雷屯

　　震下坎上，刚柔始交。屯卦为全书第三卦，是乾坤之后的第一卦。屯，即开始，这一卦描述闪电劈入水中的场景，这与蛋白质起源的一个学说十分类似。乾坤过后，万物初成，前进的过程中危险常伴左右，但新生事物终将得到蓬勃发展（《象》曰：动乎险中，大亨贞）。"初九，磐桓"，艰难困苦，需要稳住阵脚，避免慌乱，随后会经历一段时间的回旋不前（六二，乘马班如；六四，乘马班如），最后需要积蓄力量，方能破土向阳（《象》曰：泣血涟如，何可长也）。如卦辞所说，"屯，元亨利贞"。事物初始注定是苦难重重的，需要稳住阵脚、坚定信念。而万物终成之时，便云开雾散、豁然开朗。

　　● 卦四　山水蒙

　　坎下艮上，从卦相看，水从山间流下，万物出生，正是童蒙之时。初六与九二分别为"发蒙""包蒙"，事物初生可予以包容但需要善用规矩以晓示（初六，发蒙，利用刑人，用说桎梏）。这个阶段有两个爻，可见时间不短。但若是长期困于蒙昧的状态中便会固步自封，久困原地（六四，困蒙）。如久不脱困，最终一定有外力将蒙昧之人打醒（上九，击蒙。不利为寇，利御寇）。

蒙卦告诉我们在遇到未知的事物时需要首先寻求智者的引导和启发（匪我求童蒙，童蒙求我）。对于正确的事情要坚持遵守而不要怀疑，当面临未知时不要盲目冒进。要具备辨别信息真伪的能力，更要坚守知识的分寸，不能造谣传谣，否则定有灾祸。

● 卦五 水天需

乾下坎上，需字的甲骨文形似人身上有水滴，与该卦对应。初九、九二、九三，下卦三个阳爻象征着刚强与力量，这三爻的爻辞分别为"需于郊""需于沙""需于泥"，此为水下三层，喻示智者需待时而行，"需"即等待。等到积蓄足够，便可一战而胜。需卦的最后提到，攻克难关后更需要休养生息，才能事情圆满（九五，需于酒食，贞吉。上六，入于穴，有不速之客三人来，敬之终吉）。

近日阴雨连绵，不若等等再走吧。唯有最耐心的等待，才有机会见证最美丽的盛开。

需，下力上险，需要刚健中正的态度，不得恃勇冒进。"需，利涉大川。"千百年来祖先用智慧阻挡了无数次水灾，现在虽面对疫情，相信阴霾散开就在不远处。

● 卦八 水地比

坤下坎上，地上有水，象征着亲近、信任、依附。《象》曰："比，下顺从也。"比卦初六、六二在坤内，凭借大地（坤）的真诚和坚持，"贞吉"。而六三紧邻坎卦，如本应坚实的大地遇到了流动的水，遇人不淑，追随了错误的领导（六三，比之匪人）。六四进入水坎，真正的水追随唯一的阳爻九五，无咎。上六没有了九五的领导，无人可比，昧于时事，误入歧途（上六，比之无首，凶）。

比卦警示我们遇到了困难，"有孚，比之"，所有人要紧密地靠在一起，君臣亲友之间相互信任、相互支持、相互鼓励。六三更是提醒我们要坚持本心、保持理智，不能无人可比，更不能比之非人。唯有"以刚中也""上下应也"，方能平安渡过险关。

- 卦二十九　坎为水

坎下坎上，坎坎相叠，更是险阻重重。初六、九二水底被困，深陷坎中，只能有一些小的作为。再往上走，六三、六四、九五形成互艮（山），形若水中小山，象征一个困难可能有重重阻碍，但定有关键症结，这亦是破局之点。九五于上卦（坎）的中间、于互艮（山）最上，水不过满且山被翻越，化解了凶祸（九五，坎不盈，祗既平，无咎）。

从爻的位置看，九五是习坎卦的主爻，位于上卦正中，象征人若能保持中正，终能化解灾祸。若现在面临的情景让人不知所措（九二），习坎卦说只要不离中道，一直行进到九五，困难便可以得到化解（《象》曰：行有尚，往有功也）。困阻乃人生常态，但我们不要迷失方向，怀中正之心继续前行，便会"柳暗花明又一村"。

- 卦三十九　水山蹇

艮下坎上，翻山越岭、横江跨海，路途十分艰辛，但从未停下过脚步。六二和九五当位且正应，六二臣子为解决君王困境而奔走，九五君王遇到困难需要贤臣相助渡过难关（六二，王臣蹇蹇。九五，大蹇朋来）。九三之上为坎，若走入六四就遭遇困难，于是选择退回原地停滞不前。六四步入困难之中，他选择与前三爻联合共同走出险境（六四，往蹇来连）。在九五的领导和其他爻的帮助下，"上六，利见大人，贞吉"。

此卦虽为难卦之一，却全卦不见凶字。《象》曰："当位贞吉，以正邦也。"九五之君，六二之臣，各当其位，众擎易举，难亦不难。

- 卦四十七　泽水困

坎下兑上，泽中之水向下流出，泽中缺水为困。水为刚，泽为柔，坎为险，兑为悦，以柔掩刚，险而悦，唯有君子才能在此等困境中走向亨通（《象》曰：困而不失其所，亨，其唯君子乎）。初六于水下昏暗不明，六三、上六欲以柔掩刚又是两重阻碍，但只要志在突破、主动出击，终会迎来吉祥（上六，曰动悔有悔，征吉）。

《象》曰："泽无水，困。君子以致命遂志。"此次疫情来临，许多奋战在一线的医护人员、各行业的精英、身边的志愿者们选择在一线守护人们的健康与安全，他们将自己置于被感染的危险中，与疫情决战。正是因为有他们的努力与付出，疫病防控才能在短时间内屡次有所突破。我们在心怀感激、为他们祈福的同时，更有了战胜疫情的决心。

- 卦六十三　水火既济

离下坎上，以水救火，注定会走向成功。本卦经历了初九和六二的坚持正道，六三和九四的水火相接、祸患将临，而正因为全卦六爻阴阳当位（《象》曰：刚柔正而位当也），并未造成严重的后果。可也是全卦皆正，有些僵化，到了上六以为灾祸已解、内心懈怠，便可能迎来灾祸了（《象》曰：终止则乱，其道穷也）。

《象》曰："水在火上，既济。君子以思患而豫防之。"但是在攻克问题的时候不能松懈，要保持警惕直到最后一刻。在疫情完全消灭之前，我们要时刻做好防护，任何懈怠都有可能让病毒有可乘之机。

三、《易》于明朝

　　易理是揭示事情发展规律的深刻哲理。易理亦是义理，处处有儒学"五常"仁义礼智信的影子。易经的另一个重要部分是象术，也就是卜筮。因为易理与卜筮的密切联系，所以《易经》常被人误解成迷信与算命。实际上，我们深知古人所言，"人算不如天算"，事物发展的规律是既定的。而正是因为先贤对世事发展规律的精准洞悉和对人与自然关系的深刻感悟，加之以阴阳为基础符号的精练语言表达、以爻和卦为发展阶段和整体的归纳概括，《易经》才能成为一本预测未来之书。在阅读了邵康节先生的《梅花易数》之后，我更加感受到了其中的无穷奥秘。我很想去解释象术的精妙，但这些内容并不在《易经》的义理之中，而且我也很难将象术与易理之间的密切关联解释清楚。现代心理学家荣格将其解释成"共时性原则"，他猜测时间的发展很可能不是线性的，故这一时刻的"偶然"会与未来某一时刻的事实相呼应。

　　既然如此，便抛开象术不谈，《易经》的易理仍是有其预见性和普适性的。为人应为君子，《易经》的每一卦都有一些勉词来勉励人们提升德行、能力与智慧。若是熟悉《易经》，且对其有着准确客观的认知，我们甚至可以不借助象术就能找到我们所在的卦、所处的爻，进而为未来的决策提供建议与帮助。换一种更加朴素的表达方式，只要我们能明白世间所有的道理，合适的决策不过是信手拈来。

　　我也阅读了一些其他神秘文化的著作，不难发现每一个神秘文化的背后都有着一套支撑它的完整且宏大的哲学体系，它们对世界本原、天人关系、此岸彼岸都有着自己的表达与阐释。唯物主义哲学视角中的世界也是一样的。我以为,每一个哲学家都是一位预言家,正因为他们对发展规律的完整架构与独特洞悉,所以能通过现有信息推演出未来的走势。也正是那些架构体系化的、具有更强解释性(预见性)的流派流传至今,为我们所熟知。是谓,"世间圣贤皆以无为法而有差别"。虽说事在人为,但人仍在天地间,既然未来已然确定,我们是否要就此躺平呢?这是脱离推演预测本身的另一个问题。

再回首前文提到的十个卦,本文的解释也不过是我的浅见,对《易经》的解释至今也是千人千面。但这并没有关系,历史的长河会将模棱两可、偏离事实的,将离经叛道、有违德行的,将妖化神化、夸大其词的外延涤荡干净,同时又会有新的贤人结合时代与自己的感悟添加新的内容。可以预言,《易经》将永远流传、历久弥新。

因为《易经》,易即变化。

若有兴趣一读《易经》,则愿我们都能在其中找到自己心中所求的答案。

补记

2020 年疫情袭来,我于当年 4 月占得泽地萃卦,象征荟萃聚集,正是天下贤才聚萃一堂之时。我便选择八个卦象写下本文的第二部分,一来自勉,二来想在精神上与亲友相互支持。2022 年 4 月,我加入疫情防控志愿者队伍,"君子以致命遂志"偶然出现在我脑海里。又赶上阅读之星的活动,我便写下了本文的第一与第三部分，想与读者再多分享一些我的体悟。

2022 年 10 月，我十分荣幸得到机会在校公众号上分享我对《易经》的浅见，便又起一卦，风地观。风行地上，教德遍施。我惶恐不已，深觉难堪重任，只得临渴掘井。从荣格、坎贝尔读到《常清静经》《心经》，确有新的领悟，但难以言表、更感无力，只得于细微之处缝缝补补。

2023 年 5 月，是我最后提交这篇文章的时间。囿于鄙人"学艺不精"且言辞匮乏，我放弃了成段的义理以增强第二部分的可读性，只保留了我最真实的感受。你可能在阅读过程中有着和我截然不同的体悟，这可能是我理解出现了偏误，也可能是我们都沉浸在《易》的无穷魅力中。

感谢《易经》让我们相遇。

学 者 点 评

孔子说《易》的作者在忧患中作《易》（"作易者，其有忧患乎！"），本文的作者也是在忧患（疫情）中读《易》以构思这篇文章。一般来说，《周易》分为经传两部分；易学分为义理派和象数派。易有三义，文章选择从变易的角度讨论《易经》的思想，简要地分析了《易经》中的十卦：乾坤两卦中所蕴含的刚柔相济、物极必反的思想，是深入我们文化血脉之中的思想基因；另外八个作者特意选取的与水相关的卦所体现的是我们面对困境、克服困难的方法。作者认为《易经》蕴含的哲学思想是人类面临未来风险社会挑战的法宝。这种理解的确表现了作者对《易经》所体现的忧患意识有一定的把握。

作者对于《易经》的理解是感悟式的，这种理解方式的好处是避免了学究式的烦琐，但也带来一些理解上和理论上的问题。比如，作者选择了八个带有"水"（坎）的卦来讨论人的生存智慧，但何以是这个八卦而不是其他卦象（既济是水在火上，而未济是火在水上，两者都含水，为何选择既济而不选择未济）？又如，作者把《易经》所蕴含的易理（义理）和象数的关系称为"有意义的偶然"，但没有说明原因。诸如此类的问题还有很多，这无疑需要作者更进一步说明、论证和对《易经》更为全面地研读。

上海财经大学人文学院副教授　吴晓番

《撒哈拉的故事》主要描写了三毛和荷西在撒哈拉沙漠生活时的所见所闻，与在当地相识的朋友的故事，每个故事都透露出这个隐忍女子对生活的热爱和面对困难的坚定。该书由十几篇精彩动人的散文结合而成，其中《沙漠中的饭店》，是三毛适应荒凉单调的沙漠生活后，重新拾笔的第一篇文章，从此之后，三毛便写出一系列以沙漠为背景的故事。

三毛用自己的心去适应、关怀这片大沙漠，在她的笔下，那些撒哈拉沙漠的人和物变得丰富多彩。三毛以一个流浪者的口吻，轻松地讲述着她在撒哈拉沙漠零散的生活细节和生活经历：沙漠的新奇、生活的乐趣，千疮百孔的大帐篷、铁皮做的小屋、单峰骆驼和成群的山羊。书中无论是荷西把粉丝当作雨来吃，还是他们简单得不能再简单的婚礼、去海边打鱼、白手起家建立他们沙漠上最美丽的房子，都渗透着彼此间浓浓的、温馨的爱意。

《撒哈拉的故事》，三毛著，北京十月文艺出版社 2009 年

作者自述

李星航，男，广东顺德人，上海财经大学金融学院 2023 届本科生。

千禧年独生子，且自幼寄宿，闲来无事便读书。年稍长，又沉迷于将书中内容反复倒腾，弹成絮，切成丁，然后制些"狗皮膏药"。就读书习作一事，私以为本人有三大恶习：一为好故弄玄虚、不讲章法，如明明写书评，却非要硬扯些没有逻辑的"读前观感"，所谓"构思"常令人大跌眼镜；二为出尔反尔、言而无信，如本人大一曾谈"只读纸质书、反对电子书"，然而自从拿到"啃兜"一物，迅速上瘾，便对纸质书再也不理，真是自打自脸；三为不思进取、好逸恶劳，如曾莫名其妙地说作者或任何一个写字者的目的仅在于"提出问题而不是解决问题"，并将这句暴论粗鲁地推己及人，直接将书评任务量砍到了原来的半数以下，看书也是晒网更比打鱼积极。落得如此田地，本人常打趣无可奈何，但实为自作自受——戒之慎勿忘！

容我执拗转身，回到异域

本文原为读《撒哈拉的故事》一书之前与之后所写的两篇阅读笔记，原名分别为《你不执拗，谈何浪漫》（作于 2019 年 10 月）与《回到异域》（作于 2019 年 12 月），两者一前一后互为呼应。2022 年，本人将上述两篇文章稍作整理、绳愆纠谬，又添语句衔接，算是记录了一段时光、一种心境，或许还别有番趣味，故作此：

读后感常有，而读前感却鲜见。

写一篇读前感，若火力全开，释放所有想象力，企图贪婪地将作者的意图或作品的含义搜刮干净，再洋洋洒洒地大谈心得体会，给出"这书好"或"这书不好"一类的总结，那不仅先入为主、作茧自缚，更是惹火烧身，书倒也不用读了，到最后，思想反而来得更狭隘，想象力面临着愈用愈少的命运。若仅是简单整理书籍的背景信息、作者资讯、文学地位，则又未免太过单纯，毕竟这不是有感而发，也并未引发哪怕是一圈涟漪大小的思考。而无论读后感还是读前感，其核心就在于有益的思考。无思考，不感悟。

浪漫主义的信徒告诉我，爱丽丝是一不小心掉进兔子洞，才闯进了仙境，倘使姑娘她打小就知道兔子洞下头连接着一个异世界，梦幻的邂逅就会被刻意的侵略所替代,看她带齐装备人马,轰轰烈烈地在洞壁上设起绳梯,一大队人马恶狠狠地踏上异世界的领地,甚至还会插上日不落的旗帜以宣扬国威嘞!而现实主义的拥趸们则对我说,要捍卫作品的现实性,就必须让可怜的冉阿让一次又一次地蒙在鼓里,任他用单薄的身躯一次又一次地迎击这个宏大且悲惨的世界,并一次又一次地"将人生的有价值的东西毁灭给人看"。他们是想告诉我:若事事皆知,则温柔将会变成暴戾,喜怒哀惧和酸甜苦辣将全部泯灭,世界也将变得无趣。

全知全能并无乐趣和美学可言,一知半解之上用想象将其余的墙壁涂成白花花的一片,便拥有无尽的延展和无限的可能,川端康成歌颂白是"最丰富的颜色"。无知也是一种知道,在某种层面上,无知能转化为更深刻的一种知道。

沿着波浪滔天的无知之河,我顺势得出了读前感的最优解:保持无知,发挥想象。由此,跟着感觉走,读前感可以这样徐徐展开。

三毛笔下的沙漠,我未曾了解过,更未游历过。她的大作《撒哈拉的故事》虽然是我这篇文章理应探讨的主题,但我也仅识个书名、懂个简介、对三毛其人略显传奇的经历有所耳闻罢了。准确来说,我正处在"预备阅读"的阶段——其主要原因还是我假期颇为慵懒,书籍费脑,电视轻松,现代人欢喜着日复一日地以荒诞且无结尾的画面搪塞度日、娱乐至死。当然,也因我当时还是倔犟地不肯读电子书——对于这样一部人人皆知的名作,本人以为怎么还能找得到比上图书馆去,从书海里淘一本有重量、有厚度、有褶皱、会发黄的纸质版读更恰当的方法呢?只管到时候再读个尽兴吧!

所以，对于该书，我是只知其表面而不知其内在——无知得很！不过也巧了，催稿步步逼近，也决心写写吧！或臆造，或遐想，都来自我的无知，无知者无畏，大无畏便又是一种浪漫。好，我便写写。

"执拗"与"浪漫"，是我对三毛这本成名作的初印象。火辣辣的天、黄蒙蒙的路、轰隆隆的风和沙……在我想象中的撒哈拉，任何一滴水都会在顷刻间灰飞烟灭，这片无土之地上容纳不了任何的人性与情感、憧憬与愿望。埋葬，埋葬在这九百多万平方千米的地狱中。身为岭南人，山水树木环绕家乡，我对不毛的"炼狱"惯于退避不提。无数的漫画、图片、电视节目告诉我，在那不可理喻的地方、我从未谋面的秘境，旅人身上布满流着脓的伤疤、唇上的肌肤已经渴到裂开……撒哈拉，这个有着美妙名字的恶魔，毫无疑问被我的先入为主挤到印象最差、好感最低的位置。

可是，三毛说：我在这里找到了浪漫。这是她与荷西传奇爱情故事的见证，是她穿行于黄沙白日的见闻，是她从无水的荒野中央一点一滴地挤出奇妙文字的甘泉……"每想你一次，天上飘落一粒沙，从此形成了撒哈拉"——这句金句我早有耳闻，我常想，那个居住在风沙肆虐的妖地心脏的奇女子，到底要在沙漠的地表往下挖多深，才能偶得这样浑然天成的妙语金句？

搜集完书籍和作者的基本信息，我简单地浏览书评：览，却绝不尽览。看到网上简单的书评间，夹着这么一句：因为一本地理杂志的吸引，三毛背着行囊，走进了荒凉单调的撒哈拉。

或许，稍微想象一下这句话背后的故事：知情者冷眼相对，亲人百般阻拦，身体的羸弱，技能的缺乏，设备的简陋，资源的稀少……从沐浴在太平洋甘霖中的亚热带都市出发，横跨千里，抵达在浩瀚的寂寥中一无所有的热带沙漠村子,其困难可想而知。可是,这些都没有被记录下来,"天上飘落一粒沙"却被无数人铭记,只是因为这样的一个人,因为这样的一个理由,做出了这样的一件事。

"沙漠中本没有什么浪漫,浪漫的人来了,遍地黄沙都化成了浪漫。"三毛凿开沙漠寻觅雨露,凿开自己的心寻觅浪漫——这是内生的、自发的人格魅力,也是作品历久弥新的魅力所在。因为这样,她才能捧起一堆黄沙变成一部作品。从宝岛的翠绿的清雨密林中说走就走,追逐沙漠的荒芜与绮丽、冷清与神圣,她执拗得很!

执拗便是浪漫的源头,不执拗,谈何浪漫呢?生活在沙漠是如此,写写读前感是如此,看看纸质书也是如此。

到这里,读前感就写完了,请原谅这满地鸡毛。两个月后,《撒哈拉的故事》读完了,但我和书本的故事还没完。了结一段感情的箴言是"祝你以后幸福",了结一段阅读经历的妙方则是结合自身经历来抒发评论。私以为这样才能真正地将故事打散,从而像将可可粉溶解在热油中般,把故事的精神融会于心、贯通于行。待到可可酱凝固,巧克力蛋糕大功告成,读后感作为一篇独立的文章终于面世,满足感便油然而生。

两个月前,在广州开往上海的高铁上:家乡的风景被路边一根根灯柱隔成长方形,如一幕幕影像飞驰着退到眼角后。把自己从国庆节短暂的回乡经历中脱离出来,面前又是千里之外的那个摩登都市——熟悉而陌生,热情又冷漠。入夜,手机中传来声响,组长催稿——需要定期完成的写作读书笔记。我们选择的是三毛的《撒哈拉的故事》,本想着回到学校再去图书馆借一本回来,没想到催促却早早到来，真杀我个措手不及！本着对三毛这个别人口中的奇女子、我眼中的陌生人的一点点幻想，又照着书名捏造出一些自以为是的观点来，我便坐在深夜灯光已经暗了一半的餐饮车厢里，把一本从未谋面的书的读书笔记造了出来。

题目是《你不执拗，谈何浪漫》。那会儿，我天真地认为三毛远涉非洲是一种潇洒——被日常的煎熬淹没之前，释放内心对浪漫的狂野追逐，所以执拗地说走就走。

浪漫的方式不止一种，三毛却直截了当地选择了最原始的、最粗犷的方式——不顾家庭的反对，决然走到沙漠里去；寻块不毛地，铺茅草，修墙头，整内饰，便有了家；狭小天地，三尺厨房，爱人在旁，便有了生活最初的模样；悬壶为医，沙丘穿行，海边观浴，便有了跌宕的故事。执拗的开端，只是因为一本地理杂志的吸引。"九曲黄河万里沙，浪淘风簸自天涯。如今直上银河去，同到牵牛织女家。"脑海中恰好浮现刘禹锡的诗——如果《撒哈拉的故事》还需要后人来加个引子，如果我能得到这个机会，那么狂生定会把刘禹锡的诗誊写在书的页眉，再附上一句：随着"浪"（romantic），踏过沙，寻天涯！

美妙的牛郎织女——三毛执拗而浪漫的故事，就是风沙交汇的空间中，无拘无束的一首灵魂狂想曲。

古今奇女子，黄月英以智慧闻名，武则天以经历笑傲，而三毛，阅其书，能触碰到她的神奇灵魂：明明物资匮乏，等了很久才等到家人寄来的粉丝，却随性乐观地美其名曰山上面一根根被冻住的"雨"；明明备受困扰，却倾其所有、不计补偿地帮助所谓的"芳邻"；一无所有、远赴心中圣地的她落得只能在墓地区白手起家的境地，却用东拼西凑、补墙添瓦的方式，活它个有滋有味，甚至还当起了吟游诗人，感叹大漠中生命的欣欣向荣；明明爱得深沉，却又称对荷西"放他一马"地"下嫁"；一面说着"痛恨"柴米油盐酱醋茶，一面又把日常打理得神采飞扬……这种全体皆浪漫化、感性化的精神，在打江山的年代被称为"革命乐观主义"，在和平年代却会被扣上"白受苦"与"幼稚"的帽子——可就是这样一个奇女子，在他人眼里的"白受苦"中淘得令人羡慕的甜蜜蜜的生活。

曹雪芹曾写下这么一句："女儿是水做的骨肉。"用在三毛身上，恰到好处。水流溢不定、飘摇回雪、多变而柔和。

浪漫是出自内心的，发自本心便不求于外物，自然而生便不惹尘埃。内心有着对远方、对未知的呼求，感觉那一片未曾谋面的大漠召唤着自己；这种近乎野性的呼唤，看似发自身外，实则生于心底。"在没有春天的沙漠，经历人生冷暖，走过悲欢离合。"心里装载着四季，便不怕漫天黄沙；装满感情，便不畏生活的无聊，并创造出自己的新世界来。这点让我联想到的是佛法，佛家讲的是"心性"，要知晓万相，先要做的是"悟"——是种把灵魂安放在躯壳之外的求知与升华，从而在心和形体之上"涅槃"，便达到最高境界。虽然三毛的浪漫情怀并不能和佛法简单地牵上线挂上钩，三毛个人和佛家的关联无从考究，对个体灵魂的满足也不能粗暴直接地归在佛的管辖范围内——但这种超越肉身，（甚至从某种意义上）抛离俗世的对灵魂的探索，却和佛法的高境界有相似之处——这点也是无数后人敬仰、模仿三毛的关键原因。

一个半月之前，上海，读书活动讨论会。

"读过三毛的《撒哈拉的故事》，你觉得自己是走还是停下？"

　　记得当时，我十分卖力地叙说自己的经历：走？我就是一直在走的人！停？我又按捺不住！便一直向前走，离开故土，走向心中相似的那片未知罢！大学报考，我倒是很是决然地"走"，纵使父母稍有不悦，省内学校的顶尖学科也在挥手——熟悉的风景虽好，却无法填满异乡人心中那一块萧然——便向北走，到这个未知的地方来，自己倒庆幸能在执拗地走下去这点上，能和三毛这般人物有相似之处。

　　珠江在北、长江在北、黄河在北。北，只是一个远方的拟像，甭管长江口还是黄河源。说起来也好笑，当时的我，全然没有"dream school"的概念，哪儿是目的地也并非我想讨论的问题，因为我已经有了最为珍贵的方向感，向北，向北，寒愈，则进之。杰克·伦敦笔下迷失荒原的淘金者也是如此，在奄奄一息之际，向南，哪管终点是河滨县还是圣伯纳汀诺县？找到炊烟——拼了命活下去就好。

　　要我想，如何评估自己的所作所为呢？国人向来是不大愿意走的，走得太远了也还得落叶归根：首先是源于人与人黏密的联系，费孝通的《乡土中国》对这种心态背后的分析尤为精确——如"一块石头丢在水面上所发生的一圈圈推出去的波纹"，熟人建构的乡土社会上诞生了现在的中国的基层社会，一个个小家潜移默化地接受这种初始的特色的文明形态，以团聚为福，十分容易在"走"和"停"的选择中倾向后者；其次就是"黏在土地上"的乡土情怀，"生于斯长于斯"的认同虽然渐渐被现代文明磨蚀，却未曾消失，便有了"comfort zone"（舒适区）的专有词。

　　三毛走得倒是很彻底，不留一丝对巢穴和温室的挂念，拥抱远方、迎接未知。当她终于把自己的心融化在沙漠的烈日之下，便和这里的一切都完美地合为一体了。

那么，我离开故乡走那么远，为了什么呢？

一个月之前，同样在上海，忐忑的口语考场。

我抽到的话题是描述"dream work"。彼时彼景，我迫不及待地展现了我不知羞涩的大说特说的功力。那我的梦想是什么呢？不无聊，要颠簸，要煎熬，也要惊喜……

初到上海的夏已经褪色成昏昏的秋，红叶飘零，天高云淡。空气安静无比，内心却一直躁动——战战兢兢，如临深渊，如履薄冰：在这几个月里，我第一次远离家乡独自生活，每一件事的起承转合都是我的主意，这种"脱离监管的自由"滋味不得与人说。

颠簸，是用来形容我在上海生活现状的最合适不过的一个词语。岁月长，衣裳薄。繁华的大都会，颠簸和变化是其唯一不变的底色，有些时刻，就且容我躺在空中风里稍事歇息吧！

我岂能天才般地预测到风能把我吹向哪里？但我一直向前飘吧，目的地就定在未知的异域，方向就是背对着"comfort zone"，别无他求。从三毛的文字中得到启示，或者说，是利用她的文字来进行自我意识的强化：向北的意义曾告诉我，追问有时并无意义，目的有时并非必需品，方向感有时会比目的地更重要，勉强有时是一种能跨越困难的顽强，而异域——有时候——才是我的家，我心灵的归宿。

在读后感写完之后，我想，这篇文章的标题虽正好和鲁迅先生的"故乡"背道而驰，却有相似的思想，不妨容许我化用先生的名句来结束：

"我在朦胧中，眼前展开一片无垠的沙地来，起伏的沙丘像浪花般一层一层从天际处铺到眼角下。希望——希望是本无所谓有，无所谓无的，这正如地上的路；其实地上本没有路，走的人多了，也便成了路。"

三毛背对着故乡，朝着沙漠中走下去，恐怕故乡的彼岸才是故乡。要是有一天，这里的一草一木一花一树都变成熟悉的模样，那么我会再次拾起背囊，容我转身，不妨继续走罢！

学 者 点 评

　　文学批评从某种意义上说也是一种文学创作。这句话的意思有两个：其一，它需要文学批评的写作者投入其中，在评价他人的文学作品中，显出一个"我"来；其二，它是批评者与作品创作者心灵的交汇、碰撞，闪出的思想、感受的火花。李星航的这篇批评可以说就是一篇很好的、带有文学创造性的作品。

　　他在读前感中所表达的是一种比较自觉的阅读期待视野：他认为读书不是一种被动的行为，而是一种主动的自我投入；读书的"核心就在于有益的思考"。是的，读书不是为了单纯的稻粱谋，虽然为稻粱谋的读书也并不是什么恶行。但是，如果读书人成了"书"和"读书"的奴隶，那么读书就是一种异化。李星航的读前感给我们提示了一种有"我"的读书观。

　　在读后感中，李星航实践了他的理念："了结一段阅读经历的妙方则是结合自身经历来抒发评论。私以为这样才能真正地将故事打散，从而像将可可粉溶解在热油中般，把故事的精神融会于心、贯通于行。待到可可酱凝固，巧克力蛋糕大功告成，读后感作为一篇独立的文章终于面世，满足感便油然而生。"他对《撒哈拉的故事》的解读没有一般学院派文学批评的呆板，而是以个人的生命体验与《撒哈拉的故事》中的三毛进行对话。他紧紧抓住三毛在《撒哈拉的故事》中所流露出的浪漫、孤独与对生命的喜悦，将自我真切地贴上去。因此，那个从南国流浪到魔都的学子与为了爱自我流放到撒哈拉的三毛就有了精神的共振。虽然，李星航不是三毛，但是他真的抓住了三毛，完成了自我的表达。

　　别林斯基说，文学批评"表达优秀读者的意见，促使这种意见在人群中继续传布"。《容我执拗转身，回到异域》基本上达到了这一点。当然，如果文字再平实一点就更好了。

上海财经大学人文学院教授　徐仲佳

《百年孤独》是哥伦比亚作家加西亚·马尔克斯创作的长篇小说，是其代表作，也是拉丁美洲魔幻现实主义文学的代表作，被誉为"再现拉丁美洲历史社会图景的鸿篇巨著"。

　　作品描写了布恩迪亚家族七代人的传奇故事，以及加勒比海沿岸小镇马孔多的百年兴衰，反映了拉丁美洲一个世纪以来风云变幻的历史。作品融入神话传说、民间故事、宗教典故等神秘因素，巧妙地糅合了现实与虚幻，展现出一个瑰丽的想象世界，成为20世纪重要的经典文学巨著之一。

《百年孤独》，〔哥伦比亚〕加西亚·马尔克斯著，黄锦炎译，浙江文艺出版社1991年

作 者 自 述

　　赵艺源，女，上海财经大学公共经济与管理学院劳动与社会保障专业2019级本科生。

　　阅读使人充实。在短短的字里行间，或飘逸或缜密，或童真或沉重，我们就收获了他人穷尽一生的智慧。

孤独中的"呐喊"

"家族中的第一人被绑在树上,家族中的最后一人被蚂蚁吃掉。"这是《百年孤独》开篇便存在的预言,也终在故事的结尾得到了印证。"眼见他起高楼,眼见他宴宾客,眼见他楼塌了。"跟随着马尔克斯的笔触,我们看见了布恩迪亚家族七代人的传奇故事,从开拓到繁荣再到衰败,最终被飓风抹去。

那么,我们该用什么样的眼光来看待布恩迪亚家族呢?

个体孤独的循环往复

何塞·阿卡迪奥·布恩迪亚的晚年在重复制作和熔化小金鱼中度过,年老的奥雷良诺上校则不停地缝制着裹尸布,奥雷良诺第二反复修理门窗,雷梅苔丝每日洗澡……

正如晚年的乌尔苏拉所见:家里的每个人都在同样地度过每天。家族中的每个人都深陷于过去、现在与将来的重复之中。尽管他们的性格与人生轨迹都全然不同,但最终也都没能逃出在孤独中循环往复、落寞退场的怪圈。

我们又何尝不是这样呢?孤独地出生到这世间,恍惚中度过这不算漫长的几十年，再孤独地死去。孤独是人一生的修行，是我们生命中无法抵抗、无法遗忘的存在，与愉悦、痛苦、闲暇、忙碌、挣扎、追求一样填补着我们的灵魂。在我们的年纪，更多的人却慌忙选择了简单的二元对立，视孤独为极端的耻辱，将孤独当作假想的劲敌，佯装"忙碌"来武装自己的每分每秒，以为这样便可以逃离孤独的"魔爪"。殊不知在"忙碌"中，哪怕一隅的安静就会让孤独变得更加深邃乃至无法承受。

事实上，各种各样的人生情绪和体验都只是我们生命的一部分，绝不应当作洪水猛兽以至于提防杀戮。孤独绝不是什么残酷冷血的敌人。正相反，我们更应当与孤独和解，承认孤独的形影不离，在成长中学会与孤独共存。学会观赏上课路上眯着眼睛蜷缩着、睡在青绿草坪上和温暖阳光里的橘色小猫，学会欣赏蔚蓝天空中形态万千、纯洁蓬松的云朵；学会拒绝不想参加的活动，学会停止为了融入人群而对无趣笑话、低俗玩梗的"开怀大笑"。

加缪说他愿用千金来享受孤独，阿多尼斯则把孤独形容为一座壮丽的花园。"就好像我知道人终将衰老死亡，但在照耀到阳光的瞬间，仍然忍不住微笑"一样，孤独永远长伴，抵抗只会带来无边无际的崩溃和疲劳，那我们为何不享受孤独呢，享受它带来的困惑与欢愉、迷茫和顿悟，把孤独当作永不背叛的同伴，在它的提醒下更好地体验人生种种。

时间和历史的循环往复

家族中的姓名与秉性在重复，象征着命运周而复始的循环。乌尔苏拉一语道破这本质：所有叫奥雷里亚诺的人性格都孤僻，但有敏锐的头脑和洞察力；所有叫阿尔卡蒂奥的人性格都比较冲动，富于事业心，但悲剧色彩浓厚。从家族建立之前第一个乱伦产物"猪尾巴"的诞生再跨越百年到最后一个乱伦产物"猪尾巴"被蚂蚁吃掉，也不过是家族史的再次循环。几乎贯穿整个家族史的乌尔苏拉，在晚年失明后依旧能"看见"，无非也是因为当下家族中发生的一切都是对过去的重复。于是她惊呼历史和时间的循环，并永远沉湎于对过去的回忆之中。

人类的车轮滚滚向前，历史好像一直在不停重复。正如布恩迪亚家族，家族成员个人的命运在过去、现在和将来中不断重复着，而各自的行为又与其他人互成因果、相互对照、构成循环，最终整个家族的命运也随着时间循环往复。布恩迪亚家族的结局从最开始就在吉卜赛人梅尔基阿德斯的羊皮密码中定格。因此，无论这个家族中的成员如何苦苦挣扎，终究逃脱不了衰亡的命运。

那是什么决定了家族命运的轮回重复？在回答这个问题前，我们需要明确，布恩迪亚家族的经历其实也是整个马孔多发展历史的缩影。所以与其说是家族的命运，不如说是整个马孔多的命运。从书中我们不难总结，是人们对科学的疏离，是战争带来的社会的动荡不安，是殖民引发的经济的贫困落后，也是思想观念的陈旧与不思进取引起了这一切。面对现实的破旧，他们没有反思和反叛，只是在时间的流逝中回顾着过去的美好与光鲜，在家中麻木地重复循环做着一件又一件无关紧要的事情。社会在混乱动荡，时空在折叠变化，但他们只是麻木地旁观着这一切的发生。他们没有能力，也没有走向未来的自觉。马孔多的悲剧由此上演。

那作者又为什么要设计一个这样"光怪陆离"的魔幻大陆？答案就在现实之中，在作者出生成长的拉美大陆之上。自 15 世纪哥伦布发现美洲大陆开始,拉丁美洲就逐渐成为一块"血管被切开"的大陆,和马孔多一样,是停滞且孤独的,是一种过去、现在和未来的循环往复。在这片土地上,西班牙人、葡萄牙人、英国人、美国人接连登场;黄金白银、香蕉蔗糖、橡胶石油、咖啡可可源源不断地被生产出来并运送出去;屠杀、殖民、军事独裁交替上演,殖民者牢牢控制着这个国家的物质发展和人民的思想演变。至此,一切都是压迫,一直无法翻身,一代又一代,都处在这样循环的命运中。大陆的富饶成为原罪,人们陷入思想和物质的双重贫困,没有人是例外。

这段历史正是导致拉丁美洲长期处于贫穷落后的最大原因。被西方国家掏空后的拉丁美洲,面临着的是被"消音"的历史,是不被承认的暴行和侵略,是不被理解的落后,是丰富资源被消耗殆尽并导致自身无法再发展的孤独。① 一切的一切,改变、冲突就像是历史上不断的重复,人们变得麻木不仁,贫穷与绝望的大网似乎永远笼罩着这片被现代文明孤立的大陆。

所以本书的重复循环,象征整个拉丁美洲在那个年代的社会现实。漫长的战争、残酷的资本入侵、封建统治下的专制愚昧,整个拉美大陆经历着持续几百年的沧桑。② 而马孔多人民的现状,也是拉美当下的民族精神的体现:民族压迫导致人民漂泊不定,他们抱残守缺、麻木不仁。长期低廉的重复劳作让他们无法适应当代社会的快速变革。于是,拉美社会和这片大陆上的所有人都陷入了时间

---

① 刘秋.《百年孤独》中民族身份认同研究 [J]. 长春师范大学学报,2016,35(7):117—119.
② 谢文兴,蒋承勇. 魔幻现实主义文学的"现实"究竟是什么 [J]. 浙江师范大学学报(社会科学版),2019,44(5):30—36.

的暂停中，处于缓慢发展甚至停滞状态中。

这也就解释了丽贝卡吃泥土的癖好：大量富饶的土地被用来种植出口的甘蔗和香蕉，普通百姓食物短缺，只能以土饱腹。拉美经济长期被本国考迪罗主义者和外国资本家占领，工人权利遭到全然无视，引发了国家经济、政治上的动乱；那场连下四年的大雨和会传染的健忘症都象征着英美资本入场引发的新殖民危机还在拉美大陆持续，并不断改变着其民族的生活习惯。很难想象，我们眼中的令人惊奇的魔幻世界正是拉丁美洲所经历过且正在经历的残酷现实。

无独有偶，于1971年出版的、一度被拉美数国独裁政府列为禁书的《拉丁美洲：被切开的血管》也传达了同样的控诉。加莱亚诺在书中则是更为直接地"解剖"了拉丁美洲的病体，向我们展现了那些构成拉美大陆"血管"的金银、可可、棉花、橡胶、咖啡、水果、石油、铁、镍、锰、铜、锡……是如何流入了欧洲和美国的宝库，成为现代资本社会的原始积累的。正如他在总结时所说的那样，"拉丁美洲的失败总是意味着他人的胜利，拉丁美洲的财富哺育了帝国和当地首领的繁荣，却给自己留下了贫困"①。历史是回首往事的先知，根据赞成和反对的往事来预告未来。罪行触目惊心，所以警醒显得更为迫切。于是在同一时代同处一片大陆的他们，同时开始反思这一切，并积极探寻这片土地的未来……

历史是在循环和重复的，因此以上的故事我们并不陌生。我想

---

① ［乌拉圭］爱德华多·加莱亚诺（Eduardo Galeano）著. 拉丁美洲：被切开的血管［M］. 北京：人民文学出版社，2001：2.

到被入侵的波兰楼宇坍塌，来自集中营的黑烟连绵不断地升入空中；我想到卢旺达内战中那一双双清澈无辜的眼睛，以及整个国家1/8人口的缩减；我想起更多的是那个同样处于黑暗时代的，被侵略、被压迫的"我们"。感谢民族火把的耀眼光芒，指引我们走出了那片阴暗的沼泽。

人类的灾难总是纷至沓来。但在时代的滔天巨浪下，总是会有许许多多的"马尔克斯"和"加莱亚诺"挺身而出，他们跳出舆论的肤浅和现实的局限，指点江山，挥斥方遒，为人类发展点亮了前进的点点光芒。每个时代都需要这样的闪光人物，他们践行着心中的正义和信仰，代表着真正的英雄主义。

历史是循环往复的，那些让我们感动和敬仰的人物也是。我想，其实在时间的长河里，让我们引以为傲、触动我们心弦的并不是从意识形态出发的服从和宣扬，更多的是那些闪光人物的优良品质，比如马尔克斯和加莱亚诺的勇敢与坚守、鲁迅和钱锺书的直率与敢言、保罗·萨缪尔森和约翰·拉贝的关怀与怜悯。如同罗尔斯对"原初状态"的假设，这是抛却社会准则和历史背景，抛却私人财富和原生天赋，让作为同质的"人"的我们也认同的崇高与伟大的存在。

马尔克斯和加莱亚诺都是拉丁美洲的英雄，他们敢于在那个被"禁言"的时代挺身而出，用文字记录真实，坚定自己的信念并绝对地践行着。他们是孤独的，在经历知识和财富的积累后看到了民族面临的危机和陷阱，于是单枪匹马，挑笔而战；他们是勇敢的，为了窥见真相，为了正义延续，选择针对时弊，振聋发聩，企图唤醒在各种意义上"沉睡失忆的人们"。正如马尔克斯在接受诺贝尔文学奖时发表的演讲中谈到，"团结是解决孤独的最好方式"。于是，在这无尽的孤独中，他们期望通过自己的呐喊团结整个民族，唤醒沉睡的同胞们，以史为鉴，向着更好的未来前进。

鲁迅先生在《呐喊》中也表达了自己的观点，"凡有一人的主张，得了赞和，是促其前进的，得了反对，是促其奋斗的"①。我很受震撼。现实的苟且零零碎碎，当随波逐流成为主流，当绝对的沉默与服从被视为美德，我不知道他们是如何做到对自己信念的坚持和对失败的轻视的。而在我的观察和理解中，内心的信仰会随年龄的增长而消亡。体验了生命的馈赠和现实的蹉跎后，对于未来的期待与向往因为众多可能性的尘埃落定而逐渐消退，同时欲望和担忧开始累加：期待阳光，梦想好运；害怕生病，担心匮竭；追求权力，享受自由。所以我们逐渐变成乌合之众，响应社会时钟，走上平庸但似乎得到前人重复验证的"幸福"的人生之路。大人说，这是成长。

但我想，这更像是一场"灭亡"：承认自己的平凡渺小从而美化动机，面对自己的失败却选择挖洞逃避。信仰在破碎，追求被燃烧。我脑海中总会回想起史铁生说过的这句话："'不可能'惟消损着实际，并不能泯灭人的另一种存在。"② 现实的尘埃在高空中无尽盘旋着，但人类的理想、信念与正义应当永存不朽。命定的局限性也尽可永存，但不屈的挑战和坚定的信念须臾不可或缺。

便顺着现实的尘埃联想起自己的所见所闻：

在上海疫情逐渐变得严重时，人们为了正义或是利益吵得热火朝天，管理的混乱、地区之间的矛盾、资源分配的不平等、政策的

---

① 鲁迅著. 鲁迅全集（第一卷）[M]. 北京：人民文学出版社，1981：1.
② 史铁生著. 我与地坛 [M]. 北京：人民文学出版社，2011：75.

有效性……众多话题肆然生长着，无数声音交互回荡着。有令人悲痛的消息，也有鼓舞士气的声音存在。当我将两者结合，蓦然回首，更体会到了人类美德留下的更为深邃的触动。

人类的群星总是闪耀着，教导我们通往正确的方向。在这样的氛围下，我开始反思这物质至上的时代，个人主义领先的思潮；我开始反思自己囿于自身利益、忽略宏观格局的局限性。越思考，我就越为他们崇高的灵魂而感到颤栗，也为自己对平庸的接纳和生活中的盲目感到惭愧。我向这些伟人致敬，希望在自己人生的道路上永远向他们靠齐：坚守心中正义，坚定所持信仰。请不要忽略来自心底的摇摆和向往，也不要因为害怕孤独而去汲取他人的体温。世界上只有一种英雄主义，那就是看清生活的真相之后依然坚守自己的信仰，发出自己的呐喊。

在小说的尾声，作者讲到"这遭受百年孤独的家族，不会在大地上第二次出现"。看似十分悲观，实际上却表达了他相信国民会觉醒，相信那个孤独的拉丁美洲会走向终结，一个美好的未来必将存在。我也这样深信着，在无数"马尔克斯"的带领下，在无数人的反思和觉醒下，一切都能够变得更好。最后，我想引用作者的演讲《拉丁美洲的孤独》中的话语来结束本文："爱真的存在，幸福真的可能，那些注定经受百年孤独的家族，也终于永远地享有了在大地上重生的机会。"我也期待着这样的未来。

学 者 点 评

古今中外，不少文学名著以文学之镜透视历史之真，其中的魅力与生命力相得益彰，进而成为永恒的经典。

《百年孤独》就是这样的一部经典！

当赵艺源同学走进马尔克斯魔幻现实主义的文学殿堂时，能够用自己的笔触去解读拉丁美洲近代历史发展进程中民族"原始性"与国家"现代化"之间的冲突，以"呐喊"为题来回应这部小说的"孤独"主题，我以为这是非常贴切的。

小说以穿越开始，以魔咒终结。于此之间，布恩迪亚家族七代人无论如何尝试改变自己的人生，但终究无法摆脱循环重复的命运。马尔克斯的叙事能力与技巧令人叹为观止。赵艺源同学在阅读过程中以历史发展的眼光探究民族的精神，表现出强烈的人文关怀，实乃可贵。

带着阅读中所体会到的震撼，结合自己的历史认知，赵艺源同学从马尔克斯联想到加莱亚诺、鲁迅、史铁生等文学家，在钦佩他们为文化把脉、为民族呐喊之余，认真地反思自己的人生定位，坚定自己的人生信念，充分表现出当代青年敢于担当、奋勇向前的精神面貌。

作为经典，《百年孤独》虽是言说几代人的孤独命运，但其所饱含的强大精神动力必将感召一代又一代奋发图强的人！

上海财经大学人文学院副教授　张谦

《飞鸟集》是泰戈尔的代表作之一，也是世界上最杰出的诗集之一。白昼和黑夜、溪流和海洋、自由和背叛，都在泰戈尔的笔下合而为一，短小的语句道出了深刻的人生哲理，引领世人探寻真理和智慧的源泉。初读这些诗篇，如同在暴风雨过后的初夏清晨，推开卧室的窗户，看到一个淡泊清透的世界，一切都是那样清新、亮丽，可是其中的韵味却很厚实，耐人寻味。

《飞鸟集》在世界各地被译为多种文字版本，对于中国的"小诗运动"的产生与发展具有推动作用。

《飞鸟集》，［印］泰戈尔著，郑振铎译，上海译文出版社 1981 年

作 者 自 述

　　赵莎莎，女，上海财经大学公共经济与管理学院本科生。

　　幼年时爱读书，爱的是书页间夹杂着的淡淡油墨气味和纸上工整洁净的方块字；少年时爱读书，爱的是书里跌宕起伏的故事情节和"终不似，少年游"的那份惆怅；青年时爱读书，爱的是书中传达出的哲思智慧和作者对人生现实的观照体悟。在人生的每个阶段，因为有书为伴，所以少了孤单和不安，多了开阔和从容。"吾生也有涯，而知也无涯。"以有限之生命投入无限之书海，就好像以渺小之身躯亲临光年之外的无垠宇宙。

去往名为"诗"的"应许之地"

再次翻开《飞鸟集》，是在一个晴日里。彼时天已有了回暖的迹象，春光虽迟，但毕竟还是以一种明媚的面目出现了。下午日头最好，便有人围坐在草坪上，肆意谈天说地。洁净的光透过薄薄的云层，不遮不掩地落在那些人的脸上，将那些年轻的面孔晒得粉红。"太阳是明亮的，草在结它的种子，风在摇它的叶子"①，旁边传来同学的欢声笑语，我翻开了《飞鸟集》。

《飞鸟集》是印度诗人拉宾德拉纳特·泰戈尔创作的诗集，它首次出版于1916年，之后多次再版，传播甚广。评论家李敖称其为"壮丽的日出"，直言"书中散发的哲思，有如醍醐灌顶，令人茅塞顿开"。不同于《荷马史诗》等长篇巨著，《飞鸟集》中收录的诗歌皆短小精悍、清新优美、趣味盎然，其中自然不乏让人深思顿悟的哲理箴言，但因为其诗意的语言，所以全无晦涩沉郁之感，甚至潜藏着一种平和的激情，如同清晨时分海面上的粼粼波光，明亮而慷慨。我几乎可以想见泰戈尔在创作这些诗歌时候的神情——一定是沉静的、神圣的，眉目中透出一种豁达和宽容。他仿佛一位

---

① 顾城著. 顾城的诗［M］. 北京：人民文学出版社，2012：289.

古时候的先知，向倾听者低吟着世界的真相和秘密，他的声音虽不大，但那不大的声音却越过了所有的喧嚣和嘈杂，在今时今日变成了一种遥远的回响。注目于那些诗歌的时刻里，诗人的低吟从字里行间流泻而出，引我去远无人烟的山谷和广阔无垠的恒河边。传说泰戈尔曾主动中断自己忙碌的生活，因为那时他感到必须按照本民族古老的传统，过一段隐遁沉思的生活，于是他坐船漂浮在"圣河"恒河的支流，求索于自然①。这位不可不被称为"伟大"的诗人在那段日子里究竟看到了什么呢？他又想到了什么呢？

"大海啊，你说的是什么？是永恒的质疑。天空啊，你回答的是什么？是永恒的沉默。"② 在《飞鸟集》一书中，天空、大海、小草、飞鸟、云朵、繁星、瀑布、河流……这些人们司空见惯的事物都被赋予了某种意义，它们在泰戈尔的笔下生动鲜活起来，成了拟人的具象。我看到了沉默不语的天空，看到了辽阔苍茫的大海，看到了随风舞动的小草，看到了披着晚霞的云彩；我看到了生死，看到了悲欢，看到了年轻的爱恋，看到了伟大的牺牲；我看到了光明与黑暗，我看到了白昼与夜晚；我看到了无数个瞬间和刹那，我看到了永恒。在那方诗歌的天地里，泉水汩汩涌出，林木向上生长，潺潺溪流淌过鹅卵石，簌簌山风摇动起花草，白昼静静地同万物告别，而夜色从天际涌出。那"降临在寂静山林中的夜色"啊，正如诗人心里终于"沉静下来的忧伤"③。

---

① ［印］泰戈尔著. 新月集·飞鸟集［M］. 郑振铎译，南京：江苏凤凰文艺出版社，2020：296—311.
② ［印］泰戈尔著. 飞鸟集［M］. 徐翰林译，长春：北方妇女儿童出版社，2015：18—19.
③ ［印］泰戈尔著. 飞鸟集［M］. 徐翰林译，长春：北方妇女儿童出版社，2015：17.

瑞典学院诺贝尔奖委员会主席哈拉德·雅恩曾这样评价泰戈尔以及他的诗作:"……拉宾德拉纳特·泰戈尔写出了具有'理想主义倾向'的最优美的诗歌……他用自己真实温暖的情感以及含义深刻的语言来阐释自己的观点,带给人无尽的信仰与思想的力量,在富有想象力、富有张力的文学领域,很少有人能够像他这样,将文字运用得如此自如,既富有诗意,又寓意深刻,将灵魂中对于永恒的渴望、纯洁的孩童时期的欢悦等各种不同的情境刻画得活灵活现……我们不会对泰戈尔的诗产生距离感,是因为他的创作是真正出于普通的人性。"①

无论是生死、别离、牺牲、流浪还是欢愉与爱恋,在泰戈尔的笔下,都显得纯净空灵、轻盈饱满,就好像是天上浮云、山涧小溪。生之欢愉与死之悲哀都回归到了其最本初的状态,遥远却亲切、生动而明亮,如同一捧清冽的泉水,不掺任何杂质,不染一片尘埃。"让我们生时犹如夏花一般辉煌绚烂,死时犹如秋叶一般宁和静美。"②"世界以痛吻我,我要报之以歌。"③"大地的泪珠,使她的微笑如鲜花般盛开。"④ ……这些珍珠般闪耀着的诗句虽然短小,却字字给人启迪,读之无有不动容者。

低吟浅诵那些诗歌,每读完一首,总要先停一停,或是回味,或是思索,否则就好像辜负了那些晶莹剔透的小诗似的。读到"休

---

① [印]泰戈尔著. 新月集·飞鸟集 [M]. 郑振铎译,北京:北京理工大学出版社,2015:12.
② [印]泰戈尔著. 飞鸟集 [M]. 徐翰林译,长春:北方妇女儿童出版社,2015:53.
③ [印]泰戈尔著. 飞鸟集 [M]. 徐翰林译,长春:北方妇女儿童出版社,2015:99.
④ [印]泰戈尔著. 飞鸟集 [M]. 徐翰林译,长春:北方妇女儿童出版社,2015:14.

憩之于工作，正如眼睑之于眼睛"① 一句，我不由反思起自己的学习状态，是否太懈怠，是否太功利，是否达到了平衡状态；读到"群星毫不畏惧自己会看似萤火虫"②，我意识到生命的自信自尊和丰饶实则是由自己赋予的，它该是一种内化的力量，静水流深，一个人只要内心足够笃定，就可以摒除所有流言蜚语的干扰，一往无前地奔跑；读到"玻璃灯责备瓦灯叫他表兄。但月亮出来时，玻璃灯却温柔一笑：叫月亮，'我亲爱的，亲爱的姐姐'"③，我会心一笑，为这幽默的嘲讽；读到"我们看错了世界，反而说它欺骗了我们"④，我忍不住疑惑起这世上到底有多少"真相"实则不过是世人自欺欺人编造出来的谎言，我暗暗猜想，也许大多数人是"掩耳盗铃者"，只是在世界面前，我们都不够诚实；读到"小草啊，你的足迹虽小，但你拥有脚下的土地"⑤，我像是被什么东西击中了，既为自己的顾影自怜感到羞愧，又深感振奋和安慰。

《飞鸟集》中没有一首诗会让人感到绝望，即使泰戈尔多次提到生与死，但他这种不避讳不忌谈的坦然态度本身已然足够构成一种激励——你看，生也好，死也罢，这并不是什么神秘的东西。他甚至说："死之烙印将价值赋予生之硬币，使其可以用生命来购买

---

① ［印］泰戈尔著. 飞鸟集［M］. 徐翰林译，长春：北方妇女儿童出版社，2015：24.
② ［印］泰戈尔著. 飞鸟集［M］. 徐翰林译，长春：北方妇女儿童出版社，2015：36.
③ ［印］泰戈尔著. 飞鸟集［M］. 徐翰林译，长春：北方妇女儿童出版社，2015：40.
④ ［印］泰戈尔著. 飞鸟集［M］. 徐翰林译，长春：北方妇女儿童出版社，2015：58.
⑤ ［印］泰戈尔著. 飞鸟集［M］. 徐翰林译，长春：北方妇女儿童出版社，2015：46.

那些真正宝贵的东西。"① 这种豁达的生死观与我国传统道家思想有共通之处，但比之主张"无为"的道家思想，泰戈尔的生死观又是积极向上、底色明亮的。在诗集里，泰戈尔总是肯定生的价值与意义。他表示，只有"在生命中，'一'化为'众多'"②。

　　然而生命到底是什么呢？尽管古往今来，无数哲人文士都对这一命题做出过自己的阐释，但相较于那些抽象的定义，我更爱泰戈尔笔下的那些具体形象。它们往往以不同的面目出现，但毫无疑问都展现出了某种生命的特质，因此极富生机与活力。除了肯定生命本身的价值，泰戈尔还肯定了生活的价值，"让我们生时犹如夏花一般辉煌绚烂……"——多么壮美的祝福，多么壮美的祈祷！同时又是多么宽容，多么体谅。他又如是写道："尽管走过去，不必为了采集花朵而徘徊，因为美丽的花儿会一路开放。"③ 这让我想起我国古代的一位大文豪苏轼在其文章《赤壁赋》里写的一段话："且夫天地之间，物各有主，苟非吾之所有，虽一毫而莫取。惟江上之清风，与山间之明月，耳得之而为声，目遇之而成色，取之无禁，用之不竭，是造物者之无尽藏也，而吾与子之所共适。"如果说人生就是一场加减法，那施加于皮囊肉身的尽可减去，而能充盈灵魂的尽可补足。万物皆非我之所有，但那又如何？看到过、欣赏过已是我之所得。在泰戈尔眼里，人实在不必为了一事一物徒增灵魂负累，沿路风景千重万

---

① ［印］泰戈尔著. 飞鸟集［M］. 徐翰林译，长春：北方妇女儿童出版社，2015：62.

② ［印］泰戈尔著. 飞鸟集［M］. 徐翰林译，长春：北方妇女儿童出版社，2015：55.

③ ［印］泰戈尔著. 飞鸟集［M］. 徐翰林译，长春：北方妇女儿童出版社，2015：65.

重，尽可大步往前走，前路自有前路的景色。泰戈尔之洒脱精神由此可见一斑。

泰戈尔不仅是诗人，也是哲人。在《飞鸟集》中，他也表达了自己对许多问题的见解。譬如谈及虚伪与真实，泰戈尔说："虚伪永远不会因为生长在权力中而变成真实。"① 他批判了权力为虚伪背书这一社会现象，戳破了虚伪构建出的假象，认为真实是不可被虚伪所掩盖的。谈到战争，泰戈尔的反战立场可从这首诗中窥见："他把自己的武器当作他的神。当武器胜利之时，他自己却失败了。"② 泰戈尔成长于动乱的时代，亲历了两次世界大战，即便如此，他依然说，"我曾伤痛过，也曾失望过，还曾体会过'死亡'，我很高兴生长在这个伟大的世界里。"③ 谈到谦卑，泰戈尔直言："我们最谦卑时，才最接近伟大。"④ 谈到真理与谬误，泰戈尔如此将这两者作对比："谬误经不起失败，但真理却不怕失败。"⑤ 谈到欲望，他的语言又是如此富有想象力和创作力："我们的欲望把彩虹的颜色借给那不过是浮云的人生。"⑥

总体观之，泰戈尔的思想带有东方哲学的意味。他主张热爱

---

① ［印］泰戈尔著. 飞鸟集［M］. 徐翰林译，长春：北方妇女儿童出版社，2015：145.

② ［印］泰戈尔著. 飞鸟集［M］. 徐翰林译，长春：北方妇女儿童出版社，2015：35.

③ ［印］泰戈尔著. 飞鸟集［M］. 徐翰林译，长春：北方妇女儿童出版社，2015：179.

④ ［印］泰戈尔著. 飞鸟集［M］. 徐翰林译，长春：北方妇女儿童出版社，2015：43.

⑤ ［印］泰戈尔著. 飞鸟集［M］. 徐翰林译，长春：北方妇女儿童出版社，2015：48.

⑥ ［印］泰戈尔著. 飞鸟集［M］. 徐翰林译，长春：北方妇女儿童出版社，2015：124.

生命，求索生命的本质而不为浮华喧嚣所扰，他追求心灵的安静平和，提倡人与自然的和谐，赞美平凡朴素，热爱智慧与自由，认为人的精神与灵魂上的圆满高于物质上的富裕与世俗意义上的成功。而这与他的成长环境和成长经历是分不开的。他出身于印度的一个名门望族，幼年和青年生活在一个较为开明的成长环境中，这让他的思想可以自由地成长。少年时，他和父亲一起在国内广泛游历，甚至远行至喜马拉雅山。他从小便开始了文学创作，用孟加拉语写了大量的散文、诗、抒情诗与戏剧。他创作的内容很广泛，除了对本国的普通民众做过描写，还在不同的著作中探讨过文学批评、哲学与社会学的种种问题。长大后，他还去了欧洲旅行和求学。这些旅行经历大大扩充了泰戈尔的视野，使得泰戈尔能够不偏狭地看待问题和观察世界，他的观点尽管都立场鲜明，却少有那种尖锐感和割裂感，反而显出一种广阔和宽厚。泰戈尔思想的形成也受益于他的家族。据说他的家族艺术素养极高，家族成员都高度尊敬祖先的智慧和探索精神，并将祖先留下的经文当成家庭崇拜，在家庭仪式中经常诵读。除此之外，泰戈尔也从印度民族的宗教思想中汲取了非常多的养分。他是"婆罗门娑摩"宗教团体的成员之一。这个宗教团体不同于古印度形态的教派，并不提倡对某个神的特别崇拜进而视之为超乎其他众神之上。它的创始者是19世纪一位颇具启蒙思想和影响力的人，致力于为自古沿传下来的印度传统赋予一种解释，使此种解释跟他所领会的基督教精神与含义相吻合。由于这个社团主要以具有高度文化修养的人士为主，因此对教育和文学都产生了相当可观的影响。身为社团成员之一的泰戈尔也深受其影响，无论是在社交生活还是在文学训练方面，都得到了一种深刻、丰富而又淳朴的表现。①

泰戈尔是不可被复制的。这一点不仅表现在他的思想尤其是生命观上，还表现在他语言的丰富性和表现力上。泰戈尔擅长用诗句描绘画面，他的每一首诗歌几乎都构成了一幅图景，镜头感十足。读者只需稍稍动用一下自己的想象力，就能在脑海里看见那生动鲜活的图景。有一首诗是这样写的："水里的鱼儿沉默着，陆上的野兽喧哗着，天上的鸟儿歌唱着。然而，人类却兼有大海的沉默、大地的喧闹和天空的乐曲。"② 短短几句里视角由俯视转为平视再转为仰视，空间从"水里"转到"陆上"再转到"天上"，对象由"鱼儿"转向"野兽"再转向"鸟儿"，最令人惊奇和感叹的是尾句里的"大海的沉默""大地的喧闹""天空的乐曲"恰好与前面的"沉默""喧哗"和"歌唱"形成一种对照和呼应。泰戈尔运用语言的技法是如此独出心裁。在"神感到自己的清晨无比新奇"短短一句中，仅凭"清晨"和"新奇"两个词就营造出了崭新明亮的氛围，好像这一日将会有无数美好可以期待。泰戈尔的语言具有一种露珠般晶莹的清新感，它是简洁的、朴素的，甚至可以说是俏皮和可爱的。他的很多诗句都流露出一种雀跃感，仿佛语言的土壤里藏着颗随时会破土而出的种子，而他使用的那些意象都具有一种洁净意味，如同被洗涤过的灵魂，轻盈而皎洁。这些特征让泰戈尔的诗歌形成了一种崭新的风格，我称之为流水般纯净、月光般皎洁、银子般明亮。

---

① ［印］泰戈尔著. 新月集·飞鸟集［M］. 郑振铎译，北京：北京理工大学出版社，2015：15—21.

② ［印］泰戈尔著. 飞鸟集［M］. 徐翰林译，长春：北方妇女儿童出版社，2015：34.

阅读《飞鸟集》，我总能从其中的诗句里得到安慰。伟大的诗人总是真诚的，他们直面生命的本质和世界的深渊，反复追问，不断求索，从不隐瞒。泰戈尔的诗歌里处处是诗人对生命的关照，他安抚每一个受伤的灵魂，不吝于为"流浪者"们作传，他说，"生命如横越大海，我们都相聚在这小船上。死时，我们便到了岸，各去各的世界"①。他信善信美，但又劝慰人们不必着急，"太急于行善的人，反而没有时间来行善"②。他不惧于坦白自己的苦恼，像所有挣扎着的世人一样向这个世界发问："压迫着我的，到底是我那想要出走的灵魂，还是那轻敲我的心扉、想要进来的尘世之魂呢？"③ 他向自己的爱人发出炙热亲切的呼唤："我不要求你来到我的屋里。来到我无尽的孤寂里吧，我的爱人。"④

那诗歌里的情感因是由诗人的心灵真切生发的，所以是如此容易引起别的心灵的共鸣。倘若那情感不是真的，纵使语言再华丽，那所谓的"诗歌"也不过是搔首弄姿，坏人胃口。

罗丹曾说："世界不是缺少美，而是缺少发现美的眼睛。"要体悟泰戈尔诗歌中的美、情感的真，势必要深潜于文字之中，倾听自己灵魂的声音。在物质世界剧烈变化的 21 世纪，在后疫情时代，我们几乎已经找不到一处本初的所在。周遭所有都面目全非，人与自然被粗暴地割断联系，在某种意义上，所有人都正在失去自己的

① ［印］泰戈尔著. 飞鸟集［M］. 徐翰林译，长春：北方妇女儿童出版社，2015：135.
② ［印］泰戈尔著. 飞鸟集［M］. 徐翰林译，长春：北方妇女儿童出版社，2015：108.
③ ［印］泰戈尔著. 飞鸟集［M］. 徐翰林译，长春：北方妇女儿童出版社，2015：100.
④ ［印］泰戈尔著. 飞鸟集［M］. 徐翰林译，长春：北方妇女儿童出版社，2015：148.

家园。物质世界的不确定与无依感加剧了那种割裂，在娱乐至死的年代里，我们正在面临精神世界的荒芜。

在这种境况下，阅读诗歌是必要的。诗歌是迸发的激情，是可供体悟、可供汲取的人类经验。它是美的语言，是爱的语言。"让死者有不朽的声名，而让生者有不朽的爱恋。"① 泰戈尔如是说。

此时此刻，眼前的树影在草坪上摇晃起来，摊开的书页被风翻动，我抬起头，朝四周望了望。

阳光明媚，天气晴朗，这不过是三月里寻常的一天。

我合上《飞鸟集》，沿着小径往回走。

微风拂面，脸颊上有浅浅的暖意。

这时我听到一声遥远的召唤——他要我跨越城邦之外的山岗，去到那诗的天地，看初升的太阳。

---

① ［印］泰戈尔著. 飞鸟集 ［M］. 徐翰林译，长春：北方妇女儿童出版社，2015：154.

学 者 点 评

　　读诗无关乎年龄，无论大小，有一份品诗的心境就好。作者选择一个温暖明媚的春日下午作为开篇的场景，在清新的氛围和细致的感受中，引入《飞鸟集》及泰戈尔的介绍，好似徐徐拉开一个时空的序幕，将读者带入品诗的意境之中，颇具匠心又相得益彰。

　　作者运用细腻的笔法，煽动着想象力的翅膀，牵引着读者的思路，让我们穿越时空，一会儿盘旋在泰戈尔创作的思想巅峰，一会儿沉溺于诗句带来的美好遐想；游历过恒河与山谷，体味人世间的喧嚣和嘈杂，又追随着诗人的脚步，过一段隐遁沉思的生活。

　　作者以诗句为点缀，咏叹出泰戈尔诗歌的语言风格——自如、流畅、隐喻与精粹。小诗像一面镜子，映照出作者的心境和感悟：学习或游憩，沉静或欢欣，犹疑或笃定，抒怀或自怜，心弦为之震颤，情志为之升华。

　　作者运用对比的手法，对《飞鸟集》透露的哲学观、生命观和价值观进行阐释。无论是对我国传统道家思想的点评，还是对苏轼《赤壁赋》的引用，都构造出一个求同存异的场域，将泰戈尔的东方哲学思想放置在一个人类共通的价值观中去审视。对泰戈尔个人成长历程的回顾，印证了泰戈尔思想进化和文风塑造的应然之路。

　　全篇行文自然，娓娓道来，前后呼应，构思巧妙。在浅笑低语之间，用曼妙的文采，将读者引向名为"诗"的"应许之地"。

上海财经大学公共经济与管理学院副教授　冯苏苇

《论法的精神》是 18 世纪上半叶杰出的启蒙思想家、近代资产阶级政治与法理学思想体系的主要奠基人、近代历史学派的创始人之一孟德斯鸠（1689—1755）最主要的著作。该书被称为"亚里士多德以后第一本综合性的政治学著作，是到他的时代为止的最进步的政治理论书"。该书所倡导的法制、政治自由和权力分立是对神学和封建专制的有力抨击，成为此后资产阶级大革命的政治纲领。作者在本书中第一次正式提出分权与制衡理论，对近代以来的资产阶级政治实践和政治思想产生了直接而深远的影响，经过法国、美国资产阶级革命的实践，已经成为资产阶级国家构建民主制度和政权体制的组织原则。

《论法的精神》，［法］孟德斯鸠著，许明龙译，商务印书馆 2012 年

作 者 自 述

温玉蓉，女，上海财经大学公共经济与管理学院 2021 级本科生。

过往二十载的求学生涯中，纵使学业繁忙，读书即是我的一方净土。一盏香茗、一缕暖阳，品味书香、余音绕梁，书中自有颜如玉，而无红尘的喧与嚣。"鱼离水则身枯，心离书则神索"，赞美与批判下，思想被深深打上烙印，理性的灵魂里蕴含对浪漫永恒的寻觅，无畏云翳，只为拥抱美丽黄昏。时光静美，鸢飞鱼跃，唯愿以文会友，共看云卷云舒。

从《论法的精神》看中国法律

一、《论法的精神》基本介绍及时代背景

　　《论法的精神》是法国思想家孟德斯鸠于 1748 年出版的政治哲学著作，也是法学历史上为数不多的鸿篇巨制。全书共 6 编 31 章，其中上册 3 卷 19 章，下册 3 卷 12 章。作者在书中阐述了自然法理论、法和法律的定义、法律与政体关系、政体分类、各种政体的性质和原则等问题；阐述了政治自由和三权分立学说，并以英国为例提出了君主立宪制的政治主张，论述了自然条件同政治、法律的关系，极大地影响了人类的发展历史。

　　孟德斯鸠是法国启蒙运动时期的一位思想家，西方国家学说以及法学理论的奠基人，与伏尔泰、卢梭合称"法兰西启蒙运动三剑侠"，代表作品有《波斯人信札》《罗马盛衰原因论》《论法的精神》。孟德斯鸠花费 20 年的精力创作出《论法的精神》一书，他曾言："我毕生精力都耗尽在这本书上了。"孟德斯鸠于 1731 年开始创作，1748 年首次出版此书，当时正处于法国乃至欧洲的启蒙运动时期，资产阶级的力量进一步增强，但也正是法国教权与王权压迫与摧残的顶峰时期，王室与贵族极尽奢侈，统治阶级残忍压迫，社

会长期动乱不止，民不聊生。这一时代背景对于孟德斯鸠创作该书产生了巨大的影响。

欧洲经历了漫长且黑暗的中世纪之后，资产阶级的力量不断发展，先后进行了文艺复兴、宗教改革、科学革命以及启蒙运动等多次思想解放运动来启蒙民众，对教会利用人们对宗教虔诚的信仰而实行的黑暗统治给予了沉重的打击。为达成摧毁腐败教会统治的目的，前期资产阶级思想家多与王权合作，而到了启蒙运动时期，不断壮大且变异的专制王权也成为思想家的批判对象。从目录部分阅读《论法的精神》一书，会发现孟德斯鸠首先谈及法与政体的问题，最后一编才涉及法与宗教的问题，好像是在不得不提及时才勉为其难地提及，并且在法与政体的关系中可以看出孟德斯鸠极力反对专制政体的态度。众所周知，宗教在西方社会生活的各个方面都占据着十分重要的作用，故可以推断出孟德斯鸠在写作此书时面对着极大的宗教和专制王权的压迫，以及孟德斯鸠本人对教会和专制王权的强烈反对。

二、法——事物的必然规律

在全书的第一编里，孟德斯鸠介绍了法律的含义和法的精神，政体的分类、原则，各种法律对政体原则的适应以及政体原则的腐败。

从宗教信仰方面来看，孟德斯鸠属于自然神论者，相比基督教徒和狄德罗等无神论者，自然神论给予科学和法律的发展更大的空间。[1] 自然神论者承认上帝的存在，但是认为上帝在创造出整个世

---

① 梁景时. 法国自然神论者思想发展脉络及其影响 [J]. 通化师范学院学报，2014，35（9）：89—93.

界以后，就不再进行任何干预了。然后世界就按照自身的规律自然地发展下去。就好似钟表师创造出钟表后，钟表就自己不停地走下去。自然神论给了上帝存在的空间，但又将上帝放在了一个无足轻重的角落，找到了世界的规律，即科学。故孟德斯鸠也认为："法，从广义上讲，指的是事物的必然规律。从这个意义上讲，任何事物都有自己的法。"法律必须与国家、气候、土壤、领土面积等自然条件以及人民的风俗习惯、人口、宗教的思想相适应，必须遵从事物本身。在这种观念下，不论是教权还是王权，都不能违背事物规律而随意制定和修改法律，从而达到打击制约教权、王权的目的，因此法律具有巨大的作用。

三、法律下的政体问题

（一）政体的分类

孟德斯鸠将政体分为三类并给出了定义：共和政体、君主政体、专制政体。最高权力掌握在全体人民或部分人民手中的政体，叫共和政体。政治权力单独掌握在一个人手中，不过这个人是以固定和确立的法来掌权的政体叫君主政体。政治权力同样掌握在一个人手中，不过他是以自己的意愿以及多变的情绪而不是法律，来处理所有的事物，这种政体叫专制政体。而由政体性质直接起源的法，就是最关键的基本法。共和政体又分民主政体和贵族政体两种，前者指最高权力掌握在全体人民手中，后者指最高权力掌握在部分人民手中。

在孟德斯鸠之前，柏拉图认为所谓政体，就是掌握国家统治权的人数：如果是一个人统治，就是君主政体；如果是少数人统治，就是贵族政体；而如果是多数人统治，就是共和政体。亚里士多德对此又做了发展，他认为除了统治者数量的因素之外，政体的划分还要考虑的因素就是政权到底为多少人服务，比如说君主政体，如果只是为君主服务，就会演变成专制政体；贵族政体如果只服务于富人的利益，就会形成寡头政体；共和政体如果只服务于穷人的利益，就会形成平民政体。但归根结底，他们都是在讨论数量。①

因此在我看来，孟德斯鸠对于政体的划分做出了巨大的创新，他考虑到了政权本身运作的性质。如果仅从数量考虑，那么一个听凭自己意志统治国家的君主，与一个依法治国的君主不就没有区别了吗？孟德斯鸠将政体划分的标准从数量标准提升到了质量标准，如何运用权力成为划分依据，而对权力运行的正确性的判断涉及法律，故而展现出不同政体下法律的不同，以及法律的重要地位。《论法的精神》中写道："我将竭尽全力地去认识所有的政治体系原则，尽力去正确认识它，因为所有的政体原则都深深地影响着法，因此我把法与自然、与所有政体原则的关系作为首先要审视的内容。"

（二）疆域与政体

孟德斯鸠认为在小的国家里适宜推行共和政体，在较大的国家里适合推行君主政体，在更大的国家里适宜推行专制政体。他论证的逻辑是：共和国疆域越大，拥有的财富就越多，对精神的制约就少了，就会把过多的财富交给某个公民私自掌管，如此一来，人的

---

① 黄文燕. 比较柏拉图和亚里士多德在政体思想的主要差别［J］. 才智，2017（6）：222.

利益就会不一样了，个人就会想显示自己的优越，最终难以实现共和。君主政体，如果疆域过大，法律和习俗难以迅速对远处的臣子产生效力，他们也就丝毫不担心，所以根本不会服从君主。而专制帝国君主必须果断，并且法律要随着疆域的扩大而不断变化，让更远地区的官员心存畏惧。

我并不认同这一观点，受到当时时代发展水平的制约，信息时代并未到来，马克思主义并未产生，时间和空间的限制作用仍然非常明显，法律的建立、实施、传播会受到很大影响，故而对于疆域方面产生的距离阻碍会受到格外重视，但随着信息、网络的发展，时间和空间的隔阂进一步被打破，距离的限制不断下降，疆域的大小也不再那么重要。并且个人财产在西方思想中占据极其重要的地位，在共产主义的概念产生后才对个人财产观有了一定冲击，疆域的扩大与财产的集中并不是相对应的关系，还受到个人道德、社会规范等许多方面的影响。在本书出版大约三十年后，美国才宣布独立建国，四十多年后，法国才建立第一共和国，孟德斯鸠并未有现实的国家制度可以研究借鉴，因此其思想受到了时代的限制与局限。我认为在当下科技高度发达的时代，国家的疆域对政体并没有过于直接的影响。

（三）政体的原则

孟德斯鸠认为君主政体的原则是荣宠，共和政体的原则是美德，专制政体的原则是恐惧，而各种法律要适应相应的原则。以中国为例，周朝以分封制为基础制度，宗法制、礼乐制为此服务，周王的赏赐与分封被视为荣宠，孟德斯鸠认为在这种君主制的社会中，人们需要野心，需要渴望荣宠，从而需要法律去教育人们追求荣誉，并且规定荣誉的发放原则，一旦破坏了这种法律，荣誉被随意发放，那么相应的等级制和分配制度就会被打破，人们对于荣誉的追求就不再热烈，因此君主制度也需要严格的法律。只要能够通过一种法律制度，让臣民去追求君主的荣宠，就能牢牢控制住那些不稳定的因素。只要法律制度给这些底层人士更多的上升通道，利用荣宠激励他们，为个人利益奋斗，那么君主政体就能一直运转下去。

在中国古代后期，专制制度达到顶峰，皇帝通过依靠自己的意志决策制造出不确定的氛围，而法律规范皇帝权力的作用就被弱化了，同时通过增加严刑峻法来增加恐怖感。但如果无限制地增加恐怖感，比如法律不断提升残酷性，当抢劫和杀人都面临死刑时，罪犯就会选择杀人以确保事情不会暴露，因为结果都是一样的，从而在社会中产生相反的结果，而教育法就需要让人服从命令、感受恐惧就够了。

在当代共和政体下，人们需要爱国的美德，人人都为国奉献，将公众利益看得比个人利益更重要，但是这和人们满足自己欲望是相反的，故而教育法需要引导人们树立为公的价值观，这就需要引导人们参与政治。例如雅典时期，公民参政不仅是他们的权利，更是其义务。只有人们在为国为公中体会到幸福，才会为了整个社会，故而法律需要保证人们参与其中。

孟德斯鸠的这种理解使每个政体都有不同的法律，即法律与政体相适应，这正是他要说明的法的精神，法律是一种规律，是人们不应违背的，但法律同时也是人为创造的，展现着人们的主观能动性，人们在制定法律、适用法律时要灵活变通，从而使法律的作用最大化，这种思想对我们当代的法律制定与实施有很大影响。在我国的体制中，通过人民代表大会制度、社会主义核心价值体系、依法治国、儒家传统优秀文化等法律与文化，营造出整个社会良好的氛围，从而推动着社会不断进步。

四、民族文化对法律的作用

孟德斯鸠在第二十四章讲述了法律和各国宗教自身的关系。孟德斯鸠认为基督教适合宽容政体，伊斯兰教适合专制政体，天主教适合君主政体，新教适合共和政体。结合第一编所述，这些不同宗教的国家拥有不同的政体，拥有不同的政体也就意味着拥有不同的法律。那对于中国这样一个并未崇尚宗教的国家来说，为什么会拥有现在的法律体系呢？对于此，我自己的看法如下。

第一，中国在唐代时即颁布了《唐律疏议》，成为东亚最早的成文法之一，虽是封建刑事法典，但也证明了中国有立法的传统，并且随着封建专制王权的不断发展，中国维护王权的法律不断增多。虽然法律受到儒家思想的影响，但最终一直维持着外儒内法的局面，为法律的引进埋下了种子。

第二，近代中国进入半殖民地半封建社会后，中国产生了向西方学习的思潮，立宪派思想家选择借鉴德国与日本的发展方法，而德国正是典型的大陆法系国家，此时，相关的书籍大量涌入中国，《钦定宪法大纲》《钦定大清商律》以及一系列的民国法律都代表着中国在朝相应法律方向的发展。

第三，新中国成立后，中国向苏联学习，建设起社会主义法律制度，因而苏联的社会主义法律制度也对中国产生了极大的影响。

这些历史渊源不一定悠久，却在最关键的时刻对国家产生了深刻的影响,正如梅利曼所说:"法律是人们认识、阐述和解决某些社会问题一定的历史方法。"① 大陆法系对中国的法律以至于整个社会都产生了深刻的影响,故而中国选择了走向大陆法系的道路。这在《论法的精神》第十九章"法与民族的普遍精神、习俗和风尚赖以形成之原则的关系"得到了很好的证实。

五、中国法律的独特性

(一) 道德在法律中的重要地位

孟德斯鸠对中国人的评价是,"中国人的性格混杂,但是中国人的礼仪却十分稳固"。但整体上孟德斯鸠对中国法律是持批评态度的,他批评中国人在商贸活动中的狡猾以及法律仅仅以国家稳定为最大目标,立法者也仅仅关注民众的服从、安稳、勤劳、苦干,对于社会中产生的其他问题并没有严格的法律管理。不过我认为中国是有自己处理商贸和社会纠纷的体系的。

在中国历史上,民间乡村都是由族长进行协调管理的,而并非依据法律,这体现着中国儒家独有的尊卑、血缘等道德观念。② 由于中国道德观念的影响,在中国法律的解读中,公序良俗占据着更加重要的地位,并且道德和法律的矛盾问题也会引起更多、更深刻的讨论。

人们普遍认为,法律科学的纯粹性——不考虑任何法律之外的

① [美]约翰·亨利·梅利曼,[委]罗格里奥·佩雷斯·佩尔多莫著. 大陆法系(第三版)[M]. 顾培东,吴获枫译,北京:法律出版社,2021:155.
② 唐鸣,赵鲲鹏,刘志鹏. 中国古代乡村治理的基本模式及其历史变迁[J]. 江汉论坛,2011(3):68—72.

因素——已经把法学同社会生活的问题割裂开来，法律和法学家往往不自觉地成为保守力量。但是随着中国社会的飞速发展，中国的法律随着社会变迁不断地修改、制定，法学家往往极其关注社会变化，这正是对法律是用来解决社会问题的证明，体现着与时俱进的思想，更展示着大陆法系的发展。

（二）维护程序正义的必要性

法的精神到底是什么？孟德斯鸠强调的是法律的适应性，即法律要适应其所在的环境。那么我认为在中国，法律一定要具有正义性，不仅是结果的正义，更是程序的正义。

中国文化深受儒家文化的影响，人们将道德看得十分重要，道德约束在中国社会中发挥着巨大的作用。儒家文化提倡修身、齐家、治国、平天下，崇尚圣人，在每个中国人心中都有着自己认为的正义、圣人之道，而结果正义恰恰提供给人们一个道德高地，当每个人都用自己的结果正义去批评一个人时，如果没有程序正义的保护，他就不能改变自己的命运，会蒙受冤屈。以当今的网络世界为例，当一件违法事件在网络传播后，大众的呼声便可左右事件的结果，而大众的看法经常随着证据的不断出现而反复改变，这对法律的正义造成了很大的影响。让大众讨论案件是正确的，但最终的审理一定要经过正义的程序，此时程序正义的重要性就得到了非常好的体现。结果正义很可能在一个崇尚道德的社会中产生很多负面影响。

综上所述，当下应对孟德斯鸠的法的精神进行批判继承，提高法律的灵活性，紧跟时代发展，增强法律与社会的适配性，用法律推动不同社会的进步。

学 者 点 评

　　孟德斯鸠《论法的精神》是讨论法的气质形成及法的精神塑造话题中不可替代的伟大作品。有意思的是，这位从未踏上过中国土地的学者对于中国的政治制度、法律现象及社会风貌有着十分浓厚的兴趣。中国学者许明龙先生编译出版的《孟德斯鸠论中国》一书中，通过对孟德斯鸠所有作品的梳理，发现其关注的内容涉及占卜、音乐、医学、衣着、税收、刑罚、等级、人口、地理、农业、宗教、墓葬、家庭财产、中国人的起源及其传说时代、中国历代的帝王、中国古代哲学、汉语言和文字、科举，甚至李自成起义、《尼布楚条约》等。触及范围之广令人咂舌。孟德斯鸠被认为是"从否定方面将中国列入一种世界模式的第一人……为法国和欧洲提供了与以往不同的中国形象"。

　　作为中国学生，在阅读《论法的精神》时，注意力被吸引到本书对于中国现象的观察及中国问题的评价上是非常自然的。温玉蓉同学在《论法的精神》里选取了孟德斯鸠对于中国法律的观察展开讨论，非常贴合该书的核心内容。对于书中观点，温玉蓉同学结合史料及自己的领悟做了展开，如孟德斯鸠在分析不同政体的组织原则时，认为君主政体的原则是荣宠，专制政体的原则是恐惧。我们一般理解，中国传统社会是君主专制。但温玉蓉同学以周朝作为分水岭，以本书观点为依据进行了对照性分析，展示了两种不同政体在中国历史进程中的不同表现，说明了这是两种不同的政体而且在中国也能找到范本。本文最有亮点的部分是针对孟德斯鸠对于中国法律所持的总体否定立场的质疑与反驳。孟德斯鸠以西方法律治理为标本，批评中国法律的严苛与虚无。但是，确如温玉蓉同学所指出的，中国传统社会对于乡村的治理，主要是通过独立于国家的宗族，并倚重独有的道德观念、习俗礼仪来完成的。其实，这恰好从另一个角度印证了孟德斯鸠的观点，好的法律是能够适应环境的法律。

　　从读书的角度看，除了紧密结合阅读材料的内容外，发现书中思想对于当下问题的启示也是非常重要，甚至是更为重要的。温玉蓉同学在讨论了《论法的精神》中对于中国法律的观察评价之后，也反思了中国传统制度与治理方式的当代局限性，提出了增强法律的当代适配性的基本观点，使品读经典的意义有了更高层次的提升。

上海财经大学法学院副教授　曾坚

"科幻鬼才"菲利普·迪克成长于西方科技文明创造出的崭新辉煌的时代。彼时，人类进入了太空，登上了月球，成功制造出第一台工业用机器人……科技的蓬勃发展也催生出主流科幻小说对人类创造力的无比自信，克拉克、阿西莫夫和海因莱因撑起了西方科幻的黄金时代。可是，迪克却反其道而行之，他的主人公迷惘于亦真亦假的世界里，挣扎于文明的陷落中，充满了对生命的依恋和对人性的追求。

《仿生人会梦见电子羊吗？》，［美］菲利普·迪克著，许东华译，译林出版社 2017 年

《仿生人会梦见电子羊吗？》是菲利普·迪克最负盛名的作品，小说描述了从一天早晨到第二天早晨的二十多个小时，主人公里克·德卡德为了赏金追杀几个仿生人的过程，历经无数变故，狗血共桃花一色，阴谋与暴力齐飞。小说里的人类受到地球辐射尘的影响，相貌丑陋，很多人在心智上发生了退化，而仿生人却外表堂堂，多才多艺。当仿生人在外表和心智上无限逼近人类，甚至表面上已经超越人类时，人究竟何以为人？

作者自述

覃大昌，男，上海财经大学公共经济与管理学院劳动与社会保障专业2020级本科生。

生来二十又一，求学辗转各地，只初窥世界门道，未敢妄言识见大千风情。古贤曾言，求知始于惊诧，所幸时代风气尚且自由，得以延展自我兴趣。平日博观，不过约取，力图厚积，只冀薄发。愿未来可立于中国之土，于探索与实践中验证真知，凭一腔孤勇，独立地活在这世上。

流泪的电子羊

1968 年，菲利普·迪克出版了科幻小说《仿生人会梦到电子羊吗?》，以此探讨有关科技与未来的话题。

相较于由其改编后搬上银幕的电影《银翼杀手》，这部小说并不知名，甚至称得上是一部小众之作。毕竟前者作为影史上的经典影片，可谓经久不衰，还为现在流传甚热的赛博朋克之风奠定了最基本的视觉元素：不断洗刷的雨夜，巨大的广告投影，流光溢彩的商场橱窗，以及隐藏在彻夜不熄的巨厦下暗无天日、滴落污水的腐臭的贫民窟。

但相比原著，《银翼杀手》为了服务于导演的表达，隐去了部分关键的情节，还为此更改了许多本来重要的设定。因此，若真想一窥作者真正想要表达的思想，我们仍要找出小说，细细阅读一番。

在一场世界范围的核战争后，地球上物种凋敝，十不存一。没有天然的青草，也没有活生生的动物，就连作为始作俑者的人类也遭受了辐射的侵蚀，沦为饱受歧视的"特障人士"。

灾难掠夺了一切，徒留人类端坐高台，紧紧握住的机械权杖上只镶嵌着无聊与贫瘠。人们通过饲养仿生动物驱逐寂寞，或通过情绪调节器强制进入积极乐观的情绪之中。但当虚无泛滥，能拯救灵魂的只有共鸣箱——只要握住箱杆，便能进入幻境，附身到一位登山的老者身上，在苦难的折磨中重新获得生命的体验。

但这终究只是一种缓解焦虑的消遣。人类就在方寸大的玻璃盒中，毫无腾挪之地。这未必让人产生努力活下去的动力，但时间已在这样的无所谓中漂出很远的距离，总不会让人痛苦地琢磨生命该如何浪费。

为了人类文明的存续，已发展出极高科技水平的世界政府决定向外太空移民。为吸引民众参与，政府承诺为每一位移民提供仿生人作为日常起居的工具。此后，地球上的人类不断减少，曾经的都市丛林空耸巨栋，只有少数不愿移民者和那些被放弃的特障人士还在漫天黄沙中跋涉苟存，与曾经的文明生灵一同落满尘土。

人类毫无留恋地走出了摇篮，一点儿也记不得他们给地球挖出的伤疤。母星逐渐被人类遗忘，连带着生活于其上的他们的同胞们，也逐渐被文明遗落，成为世界的孤儿。普通居民尚可吃上罐头与能量膏，而那些特障人士只能暴露在放射性极强的微尘之中，依靠捡拾废物、出卖生命寻找可以充饥的东西。

出走后的人类也未必好过。随着仿生人制造技术的愈发精进，仿生人逐渐由只知执行命令的死物发展成具备思维与欲望的智能存在。在最新的版本中，仿生人与人类已在生理上近乎无异，仅在精神上缺乏人应具有的同理心。

科技发展导致的"人"与"物"在界限上的模糊，所带来的是伦理学上的挑战。许多仿生人因不满被奴役而杀死了自己的主人，并逃到被遗忘的地球，伪装成人类，以期苟活。而为了惩罚这些叛逃的仿生人,世界政府在地球上招募了许多以杀戮仿生人为生的赏金猎人,主角里克·德卡德便是其中的一员。

在某个枯燥的早晨,里克才安抚好精神紧张的妻子,上司便一通电话打来,说是有一伙凶恶的仿生人新近逃来了地球,一位杰出的猎人甚至因此丧命。里克本想拒绝,但想到报纸里一只活绵羊的高昂价钱,他还是答应了下来。

在喂养了那只便宜的电子羊后,里克先去了一趟制造仿生人的财阀那里,以了解辨别仿生人的最好办法。里克原本以为这一环节并无困难,但财阀的老板告知他,最新型号的仿生人不仅已在外表上与人类无异,就连同理心这一关键要素的缺失似乎也已被弥补。这无疑给里克的任务增加了难度。

但万幸仿生人依然没能学会对他人友好,其和善面具下凶恶残酷的天性依然存在。里克虽费尽千万心力,间杂数次犹疑,但在公路、剧院和废弃的大楼里与仿生人的斗智斗勇中,终于将这一伙仿生人尽数扼杀。故事也在此处迎来了句点。

人们对科技的态度是变化的。从岁月的山峰上俯瞰,我们发现在历史中的绝大多数时刻,人们对科技秉持一种乐观的态度,即科技会让人类的生活变得越来越好。电灯、引擎、流水线、手机,离不开科技所做的贡献。

无怪乎凡尔纳会写出《海底两万里》。曾经人们坚信,科技能在现实中建构出真正的乌托邦,就像相信"我们的征途是星辰大海"那样。科幻界由此出现了被称为"黄金一代"的作家,壮志激昂地描绘着未来世界的美好蓝图,像我们都曾在小学里写过的作文《二十年后的一天》,充斥着"人们被会飞的汽车、星际旅行、全智能家具围绕着”的许诺。

人类围着名为科技的篝火载歌载舞，庆祝光明与温暖的降临。可回归到现实生活中，月球上只有阿姆斯特丹孤独地漫步，加加林饱含戏剧性地失去了在母星的声望，静默的真空里听不到他如幽灵般盘旋数年的回音。

1913 年，亨利·福特在自己的汽车生产工厂中第一次大规模引入流水线生产制，查理·卓别林盛赞其为生产力进步、社会福祉提高所做出的伟大贡献。

23 年后的 1936 年，查理·卓别林拍出了著名的《摩登时代》，控诉流水线生产制对工人的摧残与迫害，成为炮轰工业时代的一声巨响。

1945 年 7 月 6 日，人类历史上第一颗原子弹在美国爆炸，罗伯特·奥本海默在心里默诵着古印度圣诗《薄伽梵歌》第十一章中，毗湿奴对王子说的一句话：“我为死神兮，戮尽斯世。”（Now I am become Death, the destroyer of worlds.）

第二次世界大战结束后，“黄金一代”逐渐凋敝。新的科幻小说家们在核战争的阴影下开始反思科技造就的现实——科技为我们带来了高楼、霓虹、可乐、钢铁、互联网、更高的医疗水平、意见领袖、短视频、虚拟现实、搭建孤岛的桥梁，带来了被遮蔽的自然光、硝烟、雾霾、硅肺、肥胖、百家号、病毒营销、网络骂战、“996”、平台算法、隐私威胁、全景监视、每时每刻被甲方找到的可能、响个不停的手机、越来越大的贫富差距，以及被出卖、被截短的生命。

人们围着名为科技的篝火，载歌载舞，欢呼着将热带雨林投入，将大洋冰川投入，将鲸鱼和象牙投入。人类投入一切，直到自己投入火中，成为饲喂凶兽的燃料。

由此，具有反思性质的新浪潮科幻运动开始了。相比前人对科技抱持的美妙遐想，新浪潮的观察者们更多地将目光投向了那些以往被忽视的角落，比如科技对伦理的挑战，以及最重要的问题：科技最终会将人类带向何处？

相比"黄金一代"，如阿西莫夫将故事放在某个遥远的星系以讲述宏大的银河帝国兴亡史，在新浪潮下成长起来的人们会更愿意聚焦于地球这宇宙中的方寸之地可能会发生的未来。难以说清这样的转变起因为何——或许是创作者们意识到以当时的科技水平，人类出走太空实在为时甚远；或许是当时的社会风气已经转向，政府没有动力再精进技术探索太空，而是出于功利的目的，只想着如何凭借现有水平从他方口中衔取更多的利益，零和博弈与"摆烂"氛围弥漫全球；或许是在宏大褪色下所成长起来的人们要更自由、更脆弱、更迷茫——但无论如何，科幻都迈进了新的时代。其中，本书作者菲利普·迪克便是新浪潮科幻运动中涌现的较为有名的一位作家。

"黄金一代"后虽统称为新浪潮科幻，但事实上其中亦有分野。如漫画家兼导演大友克洋在《阿基拉》中主要讨论人类的妄自尊大与来自科技的反噬；《仿生人会梦见电子羊吗？》所讨论的就是何为真实、科技给予人类的道德与物质上的困境以及随之而来的身份认同问题。

这些讨论后来都成为赛博朋克的精神内核。无数人的努力构成了那个色彩迷离的反乌托邦世界。因此后世也不乏致敬之作，比如

《EVA》的背景放在第三次重建的"新东京"，就是为了致敬《阿基拉》在结尾发生的东京核爆。

　　回到小说本身，作者着墨不多但又十分重要的问题是：何为真实？在书中，人可以通过机器操纵自己的情绪，即使没有什么值得感动的事件发生，也能轻易地流下泪来。那么，当一切感受都可以被设计，我们如何判定此时自己的心情与感受是真实的，而非某个藏在幕后的人运作的结果？从前我们常说"触景生情"，即认为情感是在经过体验后自然生发的，但当两者的关系被重构，我们何以面对其因果的反转？

　　这又进一步向世界的真实性发起追问。生物学向我们证明，人类自以为微妙的情绪反应不过是脑中相应的神经元间相互刺激所造成的。那么，完全可以假设一个科学怪人的存在，我们不过是"缸中之脑"的实验品，即我们并不能确保自己的情绪是受我们本人掌控的。这也意味着我们的感情并非自由的。那么"情绪"究竟是我之意欲，还是他物使然？而这"他物"之中，是否又有"我"的一部分？

　　这是物质向精神的入侵，由此往下推断，我们是不是也无真正的自由可言？这是科技向人类提出的全新挑战。

　　在对个人的身份建构的讨论中，作者让仿生人充当人类的镜子。小说中，仿生人由血肉构成，与人类最大的差别就是缺乏共情能力。但在仿生人的不断迭代中，里克对人类与仿生人的区分产生了怀疑：如果连共情能力这样巨大的沟壑也被跨越，仿生人为什么不能算是人类中的一员呢？里克又怎能心安理得地进行自己的工作呢？这正是小说名字之深意。此句虽然并未直接出现在小说中，但里克若会放空，这一问句必定倏忽闪现，甚至让他怀疑自己到底是谁。

仿生人自己又是怎么想的呢？小说中，有两个仿生人扮演夫妻，但彼此间既不存在感情，也不可能会产生感情。但在扮演妻子的仿生人被里克堵在死路时，本可以逃脱的丈夫却怒吼着冲向里克，最后死在了妻子面前。这是里克在精神上所面临的最大的挑战，也是书中最令人动容的一部分。

作者没有告诉我们，在决定赴死的那一刻，饰演丈夫的仿生人究竟想了些什么。他到底是试图利用死亡来让自己离想象中所谓的真正的人类更近些，还是确实在伴侣濒死之际无师自通习得了感情？不知道里克扣下扳机之时，是否想过，被他视为赏金的人工智能也有那么一刻，可能眼含热泪。

或许，我想，它们只是想要共情却无法共情的可怜人。虽精于算计，却在有关情感的抉择上显得愚蠢拙劣。它们的本性与欲望产生了违背。明明是理性人，却因为对感情的渴望而选择了毁灭。它们天真地认为自己只要学着共情就会成为人类，却不知其间沟壑并不如自己想象的那么简单。

可能他们其实并不懂什么是爱情，他们只是相信相爱的人会这么做。

但，在那一刻，他们是不是已经在事实上无限地贴近人类了呢？

仿生人会做梦吗？做梦会梦到电子羊吗？一切对于仿生人的追问最终还是会落到人类对于自身的认识。演化论告诉我们，我们并不比任何其他生物要独特与高贵。如果在面对自己的造物时，我们也不再具有颐指气使的权力，那我们要将自己置于何地，最终要走向何处？

在丧失了独特性后，我们自己又是谁？这是人类对自己的终极疑问，是伦理学所不得不回答的问题。在新时代下，这似乎变得无比迫切。

作者对于苦难的态度也是耐人寻味的。小说中，苦难是拯救虚无与焦虑的最后的方法，人们唯有借此才能重新寻觅生活的意义。这似乎暗示了某种禁欲与节制的倾向：人们需要通过守贫与对自我的鞭笞实现自我关涉，并在其中发展出自己对于一切的答案。

只是这答案最终似乎更可能导向的是一种宗教情感，而不是存在主义。

这展示了生命与苦难的辩证关系。余华曾说，永远不要相信苦难是值得的。但在百无聊赖的安逸中，似乎只有苦难才是最终的解药。不知苦，焉知甜？我想，生活正是在这两种相反感受的循环之中才荡得起一阵泛着生机的波澜。

相比后来炙手可热的赛博朋克，这本小说中没有永无止境、雾气氤氲的雨夜，故事也全不发生在光怪陆离的繁华都市。可以说，赛博朋克的一切几乎都未曾在小说中出现。但两者有一个共同的表现：高科技，低生活。小说里，人们可以开着飞车在城际翱翔，人手一把激光武器，一整日无所事事，甚至连移民太空这种人类一直向往的宏愿都可以实现，却看不到一株真正的青草，得不到一罐纯正的黄油与红酒，买不起一只真正有生命的宠物。里克梦想拥有一只活生生的绵羊，只是这到最后也无法实现——他的妻子满不在乎地摔死了。

这正是科技带给我们的困境之一。科技本是用以造福人类的产物，可在现实中，它只造福一小部分人，而让更多人陷入无法自拔的窘境。毋庸置疑，人们的生活前所未有的便捷，却未必因此而轻松。

老板随时随地都能找到员工，上下班的界限越来越模糊，同时，随着人类增强技术的不断发展，各类自上而下的压迫更甚。"富人靠科技，穷人靠变异"可能不再是人们调侃超级英雄的一句笑话，而是未来可能出现的现实。当科技将成为区分阶级的工具，当赛博朋克将从游戏成为现实，这是否又是另一种"美丽新世界"？

我们有许多疑问。我们一无所知。

仿生人真的会到来吗？它们是否真的可以具备情绪？而拥有共情能力的人类，是否真的不比没有体温的机械更残忍？科幻的尽头或许不只是对科技的思考，而是对"人"尝试做出注解。若仿生人真能梦到电子羊，人类又能梦到什么呢？焚烧的植物，被解剖的动物，还是早已流不出的眼泪？

一切恩仇，终将在时光中泯灭。只是曾经来过的我们，是否真正可以找到自己的归处？

最后以电影《银翼杀手》中的经典台词结尾吧。

"我所见过的事物，你们人类绝对无法置信。我目睹战舰在猎户星座的端沿燃烧，我看着 C 射线在唐怀瑟之门附近的黑暗中闪烁。但所有这些时刻，终将消失在时光里——

"一如眼泪消失在雨中。"

学者点评

在新一代人工智能技术突飞猛进的今日，人们对人类未来世代和末日想象的神经又被大大激发。人工智能或机器人是否会取代人类？人类是否还有未来？我们今日习以为常的生活是否未来会成为某种奢望？我们应该珍视和追求什么价值？这些都是今日的我们必须面对和回答的重大问题。

这些也是菲利普·迪克提出的问题。他的大多数作品试图通过描绘人类末世场景来让人们在想象中直面和思考这些问题。特别是，他成长在核武器研制成功并在日本实际投放的年代，从此，核战争的阴影成了悬在人类头顶之上的达摩克利斯之剑。《仿生人会梦到电子羊吗？》的基本背景就是核战之后的世界，讲述人类与仿生人的相处之道。覃大昌同学抓取了一个独特的视角或问题：何为真实？并进一步拷问：在未来世代，我们的情绪是否依然是真实的？我们是否还能保持自由？人类的本质是什么？这些问题最后都会触及伦理学的终极问题：什么是美好的生活？我们应该如何过良善的人生？正如覃同学总结的那样："科幻的尽头或许只是对科技的思考，而是对'人'尝试做出注解。"

菲利普·迪克现在被很多人视为赛博朋克类型作品的鼻祖。这种评价可能反而低估了菲利普·迪克小说作品的真正价值，或许更适用于由他的小说改编的电影的定位。这也是我们阅读经典的意义所在。电影、电视和短视频等媒介可以帮助经典作品快速传播和扩大影响力，但它们不能真正取代经典，更不能取代经典的阅读。覃大昌同学的这篇文章就是一个很好的例证，他不再满足于小说改编的电影，而是回到经典、品味经典。更重要的是，思考经典背后的那些重大问题。

上海财经大学人文学院副教授　方红庆

《叫魂：1768年中国妖术大恐慌》讲述的是"盛世妖术"的故事。在中国的千年帝制时代，乾隆皇帝可谓空前绝后的一人，他建立并巩固起来的大清帝国达到了权力与威望的顶端。然而整个大清的政治与社会生活却被一股名为"叫魂"的妖术搅得天昏地暗。在1768年春天到秋天的那几个月里，这股妖风竟然冲击了半个中国，百姓为之惶恐，官员为之奔命，连乾隆也为之寝食难安。作者孔飞力细致入微的描写令人颤栗，他生动地再现各省的恐慌如何演变成一场全国性的除妖运动。

本书也表现出了一种更为宏大的学术视野，在构建以"叫魂"案为中心的"大叙事"的过程中，在方法论的层次上将社会史、文化史、政治史、经济史、区域分析、官僚科层制度分析以及心理分析等研究方法结合在一起。

《叫魂：1768年中国妖术大恐慌》，[美]孔飞力著，陈兼、刘昶译，生活·读书·新知三联书店，上海三联书店2012年

作 者 自 述

　　黄静怡，女，上海财经大学会计学院 ACCA 专业 2021 级本科生。

　　在各色符号的排列组合之中，我们既能剥离时间、地点、身份去切身体会，也能纵观古今、中外，跨越阶级来客观地审视——阅读的美妙之处正在于这极富矛盾感的自由。现实的空气难免有令人浮躁的时候，于是我纵身跃入文字的海洋。

民、官、君的相互维系与制衡

《叫魂》一书，以发生在乾隆年间的一次妖术大恐慌为切入点，结合严谨的学术资料和跳跃的个人想象，深入浅出地剖析了清朝的地方风气、官僚制度和少数民族统治特有的政治文化问题。在这个由"民""官""君"三要素构成的传统封建社会之中，一件小地方小人物所做的迷信小事像是蝴蝶轻轻扇动了翅膀，最终卷起了由乡野地方翻涌向皇宫中最高统治者的轩然大波。

一、于其事

（一）民

民众并不是一切事件中的掌权者，他们人微言轻，从不认为自己有左右任何事情的能力。然而，在1768年的这一次妖术大恐慌中，他们作为"恐慌"的第一主体，无论是在严刑逼供下捏造证词的阶下囚，是在街头巷尾捕风捉影的出头鸟，还是隐匿在自愿癫狂的民众中一个又一个面目模糊的旁观者，都在不断垒高那所谓"妖术"的宝座，最终叫它得以乘着无名之风塌到天子脚下去。

民众的盲目性、情绪性和发酵后将达到的"癫狂"状态不仅是在过去，今日乃至可以预见的未来都难以改变。一旦出现危机，比起丧失理性，人们首先会采取"荒唐地践行合理性"的行为模式，用一种理性的方式传播荒诞无稽的想法和行动——这是本书带来的重要反思之一。此外，在本次事件中，清朝封建统治下的民众还有其他的特点。

一是由于教育不普及，民众的认知水平较为低下。对于巫术之类不可言说的神秘领域，这种未知引起的把控感的缺失就会带来恐慌。同一时刻，遥远西方的英国已经开始了工业革命，而中国民众仍然在脆弱的自然经济中为温饱苦苦挣扎。这种较为原始的、极度依赖自然的生产方式决定了民众对于牛鬼蛇神之类的超自然存在采取"宁可信其有不可信其无"的态度，为谣言传播奠定了思想基础。二是地方人民歧视、排斥外乡人。中国自古是乡土社会、熟人社会，人与人的关系是建立在血缘和地缘上的，因此陌生面孔和口音都是危险的信号，叫人怀疑和警觉。尽管书中那些因异乡口音而遭人怀疑最终被打为"剪人发辫者"有相当一些正投靠亲戚或在投靠的路上，有着一定血缘的支撑，但当他们的"罪行"已经被认定，这些支撑往往可以被人为地抹去。不过这"抹去"的过程就要牵扯到官了，在此段不再赘述。三是大量滥用暴力私刑。在很多地方，村庄内有自己的一套规则，这些规则有时可以凌驾于官家的法律之上，这并不少见，但在这个事件中更多的是没有理由、没有规则的暴力。凡是抓到"可疑之人"，那就免不了一顿毒打，好似"可疑"本身已经成了一条重罪，"罪犯"们只能任凭愤怒的民众处置。这直接导致了在许多"妖术"案件报官升堂以前，"嫌疑人"们就已经在正义铁拳之下"招供"求饶。同时这些民间暴力行为在某种程度上也成了官差严刑拷打的一种底气，进一步导致了受控人大量死亡。而这种暴力,很多时候并不是达到某种目的的手段——如控制可疑者或搜寻证据,暴力的过程本身就是目的。这是一种发泄,一种无权无势无名者对于自己的艰难人生受制于君王、受制于官僚、受制于自然、受制于神鬼,甚至还要受制于妖术的控诉,是"集体性恐慌"的释放导致的大规模迫害。

不过民众们也不是完全无力的。事实上,前面已经提到,民众的情绪如果毫无限制地发酵下去,就会到达一种不可控的癫狂境地。此时人们就掌握了一种颇为强大的力量,这种"民愤""民怨"将会裹挟着那些衙役甚至是地方官,不断将骚乱推向新的高潮。而对于个体的民众而言,在这种动乱中,还有一种更为确实的力量被掌握了,即对他人的指控。只要将某人污为"剪人发辫的妖人",就可以不费吹灰之力地令其陷入万劫不复的境地。于是,心怀不轨者——不论是因个人恩怨还是企图动摇政权——混杂在人群中煽风点火,难以分辨。起码众官员面对这一团乱麻,是难以厘清思路的。

结合一下生活实际,经历了疫情时代的人们或许会对这样一种指控的绝对力量感到眼熟:曾经一个人只要被列为阳性患者或密切接触者,那么不论他此前的行动路线到底如何,是否真的存在感染传播疾病的风险,都将一律被转运、收容、看管起来。当然这些已成过去式的防控手段在当时都是权衡利弊后的慎重决定,且疫情背景下的"转运名单"背后是一种公权力,需要探讨的是公权力的尺度问题,因此和"叫魂者"的污蔑尚不能混为一谈。后者的本质更加接近一种以个人利益为考量的"造谣",其目的并不在于罪名成立本身,而是被控人染上嫌疑之后将陷入的痛苦境地。"造黄谣"就是与之最为相似的、随处可见的例子。从古至今,女性一旦被散布私生活谣言，除了以死明志以外似乎再也没有别的方法脱身。"杭州女子取快递被造谣事件"中，受害人勇敢地拿起法律的武器抗争，却还是丢了工作、遭人冷眼；而像"粉发研究生女孩"那样最终不堪重负走向生命终点的更是不在少数。令人胆寒的"叫魂"还在发生着。

（二）官

官僚制度和官员本身，一起构成这次恐慌中"官"的网络。他们大多数人并不希望有所作为，只是想在汹涌的、人声鼎沸的风波中把压力传下去，把责任传下去。结果不是他们想要的，他们只想"踏实本分"地做好本职工作，在所有选择里挑出风险最低的那一个。古往今来，这张网里多少人仍然保留着这样的想法，与其站在道德制高点对此疾言厉色，我更想在制度之中找原因。

科举制发展到清朝已经不太具有选贤举能的效用，工整得体的八股文中，创新性的、实验性的思维几乎被抹杀殆尽，因而选出的官员们自然也只想把为官的这篇大文章作得合乎礼法规章。值得一提的是，科举仅仅是选官制度中很小的一部分，荫封、爵位世袭、捐纳等都是选官制度的补充。这些大小官员中有多少能如乾隆本人所言"可堪大任"，又有多少能终于"当大任"呢？另外，官员的成绩评判机制也过于简单，过于形式化，过于依赖"他人语"。某项制度的施行涉及的人越多，就意味着越多官员需要承担责任，可"责任"这个词太重，是大多数人无法承受也不愿意承担的。因此一旦要许多人冒担责的风险，制度运转就会逐渐减缓甚至停滞，向着程式化、形式主义的方向溃败而去。尽管乾隆已经意识到了这一点，对流于形式的考察制度表现出反感和失望并且有所改革，但以他个人的力量似乎难以扭转乾坤。

此次动乱中,官作为联系君民的网,在动乱中并未起到应有的作用,甚至是意图切断这种联系。

一方面,官在与民的联系上总是保持着高高在上的姿态。官员大多接受过比较良好的教育,虽然不一定能笃信科学,但起码懂得"子不语怪、力、乱、神"。因而在这些妖术流言兴起之初,高傲的为官者并不认为小小妖道能掀起多大的波浪,也并不愿意为此花费时间向无知的民众说教。本质上,封建时期的官僚正是站在这种信息差的高台上,才能顺理成章地管理老百姓。官员们默契地对惶恐不安的民众采取先压制后又放任的态度,给恐慌在民间的发酵提供了机会。而同时,官员作为法律的执行者,他们的个人意见在小小衙门里往往比那些律例条文更加重要。因此先入为主的审问心态使得刑讯逼供,甚至人证、物证造假都成了司空见惯的手段,而这还要建立在地方官确实认定了"真相"的假设上。更多的时候,他们只想利用职权快速结案并把事情掩盖下去,以免在他们"清清白白"的履历上留下污点。这种"地方压制型维稳",无疑是对公民个体权利的忽视和践踏。而他们在糊弄每个案件的过程中所产生的虚假供词,都为之后众说纷纭、以讹传讹添上了一把新柴。

与之截然相反,官在与君的联系中陷入绝对的弱势地位。在不断强化的中央集权统治下,官员全家老小的命运都会因皇帝的一句话而改变。因此官对君是充满了畏惧的,害怕自己有任何纰漏错处被皇帝发现,害怕稍有不慎会招来疑心。当然,只有达到一定高度的官员,才会较多地接受皇帝的直接检阅。地位低下的普通官员一般只向上一级负责,几乎一辈子都只能在官与官、官与制之间周旋,为自己的官位俸禄结交攀附。因而越向高处,官员们越需要考虑如何低风险地辅佐皇帝统治他的大好河山。大多数官员也会和他们的下级一样——为了减少自己分内的责任，避免成为一个愤怒的帝王发泄的对象——选择尽力美化和隐瞒。不论职位高低，地方官员为了避免中央权力介入而打破现存权力分配的局面，都会不约而同地选择"捂盖子"。但这种方法并不是万能的，因为皇帝也有另外可靠的消息来源，如果知情不报同样难逃罪责。一旦风向有变，全力顺应圣意大肆抓捕"妖人"就又成了主旋律。朝廷命官们于是在这样两难的境地里惶惶不可终日，担着这种心理压力的工作放到今天大概可以算是高危职业了。

（三）君

客观地说，君王享受着天下人的臣服朝拜，也承担着整个封建王朝最重大的责任，这对于一个个体而言并不轻松。在剪辫叫魂的恐慌事件中，乾隆的个体思维、满族身份当然还有其君主地位都至关重要。

首先，作为一个独立的人，乾隆自然有他的心思和打算。作为一个勤于政务的决策者，他需要时间接受、处理信息。但是，除了他自己，很难有第二个人完全理解在桩桩件件的大事小事上他的思维过程。每一个接受指令的官员都只能想方设法揣测圣上的意图，再结合自己的理解去落实。尽管如此，皇帝的意愿仍然很难得到彻底的实现。种种不如意催生了乾隆作为一个"人"的自然反应——焦虑，这种无法言说甚至难以察觉的焦虑在"叫魂"事件中被引爆了。乾隆不算是一个随心所欲的皇帝，但就像工作不如意的父母会回家对孩子发火一样，他在政事上遇到的挫折也需要一个发泄口。很难统计在他对于官员的处罚中有多少是合理的惩戒，又有多少是夹杂了个人情绪的"上头"行为。孔飞力猜测，"叫魂"事件的大清扫，有相当一部分是清军前线受挫带来的消极情绪的体现，并且提供了相当充足的参考依据。

其次，乾隆的满族身份，让剪人发辫的民间事件在他眼中多了一丝政治意味。清军入关以来，一方面通过各种文化手段强调其统治的正当性，如剃头留辫子等；一方面又学习了汉族各方面的文化习惯来使自己融入。有趣的是，满汉两族在鬼神迷信之类的事上本质上都保留着对自然的原始想象和崇拜，只是表现形式不同罢了。满族以信奉萨满教为主，尽管入关后受到中原文化影响，萨满仍然是他们的主要信仰来源。萨满教认为人有两个灵魂，一个被限制在身体中，而另一个则能在睡眠、昏迷和疾病中离开身体。尽管汉族各地具体风俗不尽相同，但总体都认可"人有三魂七魄"的说法。因此两个民族间对于"叫魂"说法的接受度应该差异不大。当然，乾隆从未公开表示相信此类"妖术"存在，不过这更多的是出于一种政治需要——将他本人作为"天子"与神灵的联系确立为唯一正统的神旨，以强调清王朝统治的合法性。由此观之，对民间邪术妖风的整治是一种自然的政治要求，但这种要求并不等于乾隆主张的"严加清剿"，后世的几次妖术风波也都在低调压制中不了了之。因此孔飞力猜测他"借机整治官吏顺便发泄不满"，我以为是合乎情理的。

最后，作为这个伟大王朝的最高统治者，乾隆要承担极大的责任。尽管他意识到了官僚体制的种种运行不畅并且努力去优化，但他仍然无法撼动这个历经千年建立起来的庞大体系。尽管他一句话就可以快刀斩乱麻，但他并没有建立可行的更好的方案的信心，也没有承担这种巨大转变后果的勇气。与此同时，他要顾及自己的决策对朝中上下官员的影响，若真要大刀阔斧地改革制度，需要面对的阻力不难想象。尽管他掌控了国家的最高权力，却并不能让所有事情称心如意。这种政务上挥之不去的无力感也是他试图抓住机会惩治官吏肃清朝野上腐败习气的一个重要原因。不管他是否有意为之，事件的发展的确达到了整饬官吏、张扬权威的客观效果。

综上所述，从"叫魂"事件中，不难瞥见清朝的中国始终是民、官、君相互联系和制衡的结构体。尽管其中的联系往往不直接，仅可看作牵线维系；制衡也不能算是制约，不过是可堪维持现状。但也正是这三者之间微妙的互动关系，使得"叫魂"的恐慌渗透了清朝的不同阶层。

二、于其书

相比其他史学书籍，《叫魂》一书的可读性是相当强的。孔飞力在事件的叙述上加入了很多自己对细节的想象，从语言、表情到众人的动作。他擅长使用文学笔法，对于从民众到官员乃至乾隆本人心理的细腻揣摩和刻画，让一个人物、一个社会、一段历史生动地展现在读者眼前。他将乾隆皇帝作为一个极具个性的个体而非符号化的帝王呈现，使得读者对他产生一种感性的体会和共情。历史不再是无趣的死板的文字，而是一个个鲜活的人做出的思考和选择。

与此同时，本书在学术上的严谨性也令人叹服。要如此深刻地由这场妖术恐慌切入整个清朝封建社会，探究民、官、君三者各自与整体的内核，作者所查阅整理的资料之繁多、思维之缜密是难以想象的。书中整理叙述了民间鬼怪传说，以"盗魂"为切入点，展示了中国玄学术数文化在与满族文化融合后的特定历史形态。而在分析官僚、皇帝的政治举措时，他也同时呈现了较为繁杂的古文史料和自己思维加工后的见解，在学术上有所推进、总结之余，给了读者相当多独立思考的空间。

或许作者孔飞力从民众心理层面剖析"叫魂"大恐慌的政治危机本质，是本书在学者以外人士中大获成功的原因之一。但这样一部视角独特、意义重大的史学名著竟然出自一位西方人之手，仍然令我惊异。他在题材上另辟蹊径的极高的学术敏感性，或许也正是得益于中美文化背景之间的差异。

学 者 点 评

　　《叫魂》作为一部历史学研究的经典文本，应用多学科的研究方法与"深描"的叙事手法，对中国传统政治文化的特质及其呈现形态条分缕析，引人入胜，令读者欲罢不能，无疑是中国史学术研究领域的"奇珍异宝"。

　　乾隆时期中国人口急剧增长，江南地区生产关系变化微妙，由此产生了人口流动现象，相对于稳定的中国乡土社会而言，产生了社会学意义上的"不确定性"。正是这种"不确定性"导致了民间妖术文化——"叫魂"——的传播与"想象性盛行"，最终演变为动摇清朝统治合法性基础的政治幻象。

　　很明显，本文作者深受《叫魂》作者孔飞力研究方法的影响，直击问题，对书中民、官、君应对"叫魂"妖术的所思所为进行了总结，在探究原因的基础之上，尝试勾勒出中国传统政治运作的机制，表现出一定的学术视野与研究能力。

　　此外，本文作者在自己的阅读体会中也显示出浓厚的中国关怀，所有分析都立足于中国传统社会与文化的根基之上，表现出个人扎实的理论功底与运用能力。

　　特别值得一提的是，本文作者由《叫魂》一书联想到中国历史研究的"话语空间"，在"失落"中暗含着一定程度上的学术关怀。希望有越来越多的这样读经典的年轻人，他们必将成为中国学术进阶的内在动力。

　　开卷有益，果不其然！

上海财经大学人文学院副教授　张谦

在《舒婷的诗》中，舒婷在诗艺上的探索更为明显，由感觉上的联想创造独特的时空体验；能听到"旋律"的色彩，看到旋律的游移、低回，在灵魂里听到回响，对"通感"的运用使诗更富有多层次的含义，也更富有个性的生动气韵。总之，在《舒婷的诗》中，各种主观性的象征俯拾皆是，意象之间的组合由主体感觉的变化而任意多样，不仅使诗的语言空间得到拓展，也突显了诗人心灵中强烈的自我色彩。

《舒婷的诗》，舒婷著，人民文学出版社 2003 年

作者自述

宋昊玥，女，上海财经大学公共经济与管理学院行政管理专业 2019 级本科生。

"读万卷书，行万里路。"对于此言，本人深以为然，然而囿于能力所限，在未能行得万里路之时，只得先读得万卷书。从小受父亲影响酷爱阅读，家中藏书浩如烟海。阅读之余，更爱信手杂记，常因所阅之卷、所到之处，有感而发，而成拙作一二，又幸得赏识，得几殊荣并做分享，因此结识三五书友，每每交流，时感"生也有涯，而知也无涯"！以书卷为伴，陶冶身心，纵观古今，观照现实，以文会友，拓展眼界，思想碰撞，躬身践行，当真"赏心乐事"也！

解读《致橡树》所塑造的
爱情中的新女性形象

《致橡树》是朦胧派诗人舒婷创作于 1977 年的作品。该作品与舒婷以往的作品似乎并无不同，全诗"采用隐喻、局部或整体象征，很少用直抒告白的方式，表达的意象有一定的多义性"，而正是因为"意象的多义性"导致"一千个读者眼中就有一千个哈姆雷特"。

一

全诗开头作出了一个假设——"我如果爱你"，这句话读起来颇有韵味也颇有深意。我们也可以顺势而为提出一个假设——去掉"如果"二字而变成"我爱你，我……"，那么读起来便深感一种居高临下的、宣示主权般的压迫感。而加上"如果"，语气则稍微柔和，不光使其有了诗的美感，更让抒情者多了女性化的特征，符合该诗的创作目的——为女性发声。从情感上而言，"如果"二字将大大咧咧的单刀直入化为细水长流的娓娓道来，能够让读者保留足够的耐心听到最后。而从内容上而言，"如果"二字，当真妙不可言。"我如果爱你，我……"，这多像确定关系前的约法三章。一位女性勇于在男权面前说出自己的诉求以及自己在这段关系里所希冀的定位——一种或许与旧时代主流观念不符的定位，这是女性了不起的选择，也希望对方能够给予这样的选择权。的确，这样诉求的表达似乎与"如果"二字关系不大，我要说的是，有了"如果"二字，却是女性尊重男性选择权的表现。这就仿佛等同于"我将会如何如何，你会接受吗"。如果对方说了不，那么"我"很有可能会选择收回我的"爱你"，这又是女性的一次勇敢的选择，亦是女性在爱情中保持理智、坚守底线的表现。这很不可思议，在委婉中蕴含着坚守底线的决然，这样的魅力恐怕才是舒婷眼中新女性的迷人之处吧。而这么短短的五个字就潜藏着好几次爱情中男女的选择，而这些选择权的被给予和被实施，正是男女平等的爱情观的表现之一——男女都可以拥有选择的权利。

二

假设之后，诗句开始徐徐道出自己关于爱情的主张，我将其概括为"我不"与"我要"。这里提出了四种意象（"凌霄花""鸟儿""泉源""险峰"）以及对它们的统一否定——"绝不"，这，便是"我不"。

先谈四种意象。是否可以将这四种意象理解为：当时女性面对爱情所做出的四种选择或者说是女性在爱情之中对自己的四种定位？

首先，是凌霄花——"攀援""借你的高枝炫耀自己"。凌霄花本身如火似焰，绚烂而夺目，即使凌霄花不攀援他物往高处生长也可以很轻易地抓住别人的眼球,吸引外人的目光,可是凌霄花却由生到死地借高枝。很显然,"凌霄花"的意象反映了一类女子的形象。她们在面对婚姻时选择了"攀援"。花也好,人也罢,明明自己就可以活得精彩,却为什么非要做出这样的选择?凌霄花是为了"炫耀自己",而这一类女性是为了夫贵妻荣。

其次,是鸟儿——"痴情""为绿荫重复单调的歌曲"。在这样的描写里,鸟儿成了一位谄媚讨好者。鸟儿这么做是为了什么?为绿荫。对于鸟儿而言,绿荫便是庇护所。而对于爱情中的女性而言,绿荫则是丈夫的伟岸形象,而这伟岸形象则是对丈夫作为经济来源以及家庭支柱的概括。对当时的女性的衡量标准是"贤妻良母"。凭自己独自打拼的女性想要获得有尊严的人生,几乎是不可能的。于是,面对自己依赖的对象,又有什么理由不对其"歌功颂德"呢?于是,女性在爱情与婚姻中自然就沦落为大男子主义的附庸。而女性在一遍一遍刻意对丈夫感激不尽的过程中,自然而然地便成了痴情的奴隶。

再次,是泉源——"常年送来清凉的慰藉"。这样的表现是没有问题的,爱情中,女性的情感表现得更为细腻,她有时作为一个知心姐姐存在着,为陷入困境的二人找回希望的光明。但是,问题出在了"常年"二字。于泉源而言,尚有夏丰冬枯的规律,而对于女性,她们为什么就要一直保有对伴侣的容忍,一直充当伴侣情绪的宣泄口?她们为什么不能拥有自己的脾气?就像一团炽热的火焰。当然,这或许是所有人对另一半的理想追求,但如果是发自爱的自愿付出,我们并无权利置喙。但当一方(这一方通常是女性)总是被这样要求,使其变成一种因为外界压迫不得不做出的选择,我们大可以质疑,这到底算不算爱情?

最后，是险峰。试想一下橡树和险峰的关系吧，唯有橡树将险峰踩在脚下，险峰才有可能"增加你的高度"。而关于"衬托你的威仪"，我们不妨从"险峰"一词望文生义。险峰可解释为险峻的高峰，或许可以象征人迹罕至的地方，而橡树却可以扎根在险峰之上。直观来看，也是橡树在上、险峰在下的位置关系，而扎根的画面也可以被抽象成橡树征服了险峰——本是人迹罕至，却被橡树轻易征服。那么类比当时的女性，险峰显然是略带些桀骜不驯的女子，却要在遇到男人时被其征服。这样的一个画面完全可以作为在爱情婚姻关系中女性注定要作为弱势群体的典型场景。

当然，后面还提到了日光、春雨。日光照耀橡树，春雨灌溉橡树，橡树得以高高生长，而光洒无声、水落无声，这些全可以看作男人要求女人们在爱情当中必须作为无私奉献一方的表现。

这主要的四种意象或者是选择被毫不犹豫地否定了，拒绝了——"我绝不学""我绝不像"。有的时候，这些选择出现并不只是爱情关系里男女主人公的错误，而是这种关系所发生的时代像汹涌波涛将一叶扁舟上的一对男女狠狠推向从来一样的路径。诗人用坚定的否定当作一把利剑狠狠地劈开黑沉沉的天空。"不，这些都还不够！"尖锐的言语、激烈的语气仿佛趁着裂缝还未合拢便狠狠地撕开，要让一道希望的光芒洒在女性的身上。

三

诗的第二段可概括为两个字："我要"。在这一部分，铿锵有力的诗句充满了憧憬与想象，就像那一束光，让人都感觉暖洋洋的。"我必须是你近旁的一株木棉，作为树的形象和你站在一起。""树的形象"再次表达了男女平等的追求,可为何是木棉而不是橡树呢?木棉与橡树终究有别,就像男女总有差异,既然通过"我不",女性坚决地否定了男权给女性的标签而追求女性的个性,那么不妨以"橡树"与"木棉"的意象来阐明:要的是理解与包容而不是征服与同化。"我和你站在一起"绝非因为男性的拖拽而是来自女性的自决。字里行间并非对女性自决力不够的谴责,而是希望得到一个可以自决的机会。

两棵树的根与叶仿佛互为伴侣的男女的手与唇,似乎时时刻刻都应该紧扣在一起来宣示这段关系,却选择了"在地下""在云里"这些旁人都不可见的地方。而当风拂过——外人都可以感知的时刻,却只是相互致意并且说着没有旁人听得懂的言语。这让人不禁怀疑,费了这样大的功夫,甚至挑战了世俗才得到的爱情为何这样遮遮掩掩。如果这么想,诗歌的目的便达到了。爱情是属于两个人的事情,为什么要向别人炫耀?处于爱情关系里的男女其实不必走得这么近,他们一向都不需要通过行为上的亲密表现来向外人证明他们爱得很热切,在大家共有的世界里,那除了这对男女便没有人听得懂的言语或许是另一个世界——只有这对男女的世界里的通用语言。而那些要通过亲密举止——将两人独有的话语体系转化为共有世界里的语言来证明或是来向他人宣示对对方的所有权的男女,多半是一方率先提出并要求对方给予回应。无论对方乐意或不乐意,在这个过程中,双方原本平等的关系已经悄然打破,变为了一种要求与被要求的关系,这段爱情关系潜在地存在着不自信与猜忌。而其他人或许并不想成为见证者,却被强迫"听懂他们的言语"。这样不利人又不利己的相处方式自然会被规避。

四

爱情的进展不会一帆风顺，两人的相处亦不会只有"平时"，更会有"战时"和"战胜时"。橡树拥有如刀叉剑戟般的铜枝铁干并不让人稀奇，毕竟男性作为顶梁柱已经司空见惯，然而这段最出彩的便是对木棉的描摹。它有着红硕的花朵，让人不禁想起了前文的凌霄花，同样一袭红衣。凌霄花是将这样的红色当做炫耀自己的资本，而这里的木棉却是将红色当作英勇的火炬，这是时刻可以牺牲自己的权利。红色在全诗中已然可以看作女性独有的美丽，那么木棉与凌霄花的对比则表现了不同女性对自身魅力在爱情中的使用方式。读者可以很明显感受到后者（木棉）的红更为深沉，更让人挪不开眼。所以，在此处用了与前文意象这般相像实质却截然不同的意象，虽只字未再提凌霄花却再度表示它的品性不被接受，这不仅是再度强调了这首诗为女性发声的初心，更可看作对旧女性形象发起的彻底的挑战。当"沉重的叹息"和"英勇的火炬"这两个多形容男性的意象用于形容女性时，便是对新女性在爱情中形象的强调式定义——爱情不是靠男性一人维系更不是靠女性卑微的乞求来维系，而是靠双方的共同作战以及将后背放心地给予对方的信任与默契。

所谓"打江山容易，守江山难"，磨难就像是战争，会摧毁一切的繁花灼锦，将二人的本性暴露无遗。在"寒潮、霹雳、风雷"之中，在"共享雾霭、流岚、虹霓"时同甘共苦，彼此的爱情才能够历久弥坚。

五

"仿佛永远分离，却又终身相依"，这句话实在充满哲理，让我又想起了一句异曲同工的话语：我与你不愿做两条相交线，交汇一点之后又要分离，不如做两条平行线，永远不曾相遇，但是远远看起来就像是一条线。以上似乎说出了距离把控的重要性。距离过远，感受不到对方的气息，对方的存在已不能在自己的领域留有痕迹，每天只能守着上一次对方出现的印迹数着盼着下一次再出现的时机，这并不是所谓的永恒，而是陷入死寂，爱情也丧失了鲜活的生命力。而距离过近，好比电梯里的人群彼此轻易不会交谈，因为逼仄的空间将人与人的距离压缩到了极致，使每一个人时时刻刻都有一种似乎在被人窥伺的错觉。所以，爱情关系的理想状态便是保持恰当的距离，抑制住占有欲，留有私人空间，对彼此抱有一定且持续的新鲜感和神秘感。对于旧女性而言，彼此之间距离的多变性才使得其丧失了爱情的自主权。男性的惯常心理轨迹是"爱之，珍而重之；恶之，弃之如敝"，旧女性多会恐惧后者，而趋之若鹜地追求前者。她们拉近距离的主动行为值得赞赏且无可厚非，因为男性永远掌握着二人距离的控制权，所以诗人认为新女性要敢于主动拉开距离，拒绝做爱情的奴隶、男性的附庸。

六

前述种种已经表达尽诗人所认为的女性对爱情应有的态度，但女性不用排斥爱情，大可以去享受爱情，要听从男女两性在爱情方面最原始的呼唤。女性在遇到自己应该爱、值得爱的对象时，可以奋不顾身地爱，不顾一切地爱，爱他的一切，爱他的所有。大胆地抒发自己对于爱情的渴望，对于对象的追求亦是女性可以并且应该拥有的权利。

七

除此之外，全诗最后还提到了"爱你坚持的位置，足下的土地"，这亦是表达了诗人对于新的爱情观的时代呼唤。诗人唤醒女性的同时亦在唤醒深陷于男权社会、束缚于男权思想而不自知的男性，唯有社会组成的两个群体都被唤醒，诗人所希望的那个充满自由、独立的爱情时代才会真正到来。

学 者 点 评

　　这篇文章从爱情的视角细致入微地分析了《致橡树》这首名诗的象征意味。诗人将木棉意象凌驾于凌霄花、鸟儿、泉源、险峰、日光、春雨诸意象之上，这些意象有的解读为爱情的象征，有的解读为人格的象征。虽然舒婷曾自称这不是一首爱情诗，但认为它是爱情诗的专业人士和普通读者甚多。如浙江大学人文学院教授张德明认为，《致橡树》强调爱情世界中个体精神独立的重要性，使这首诗代表了那个时代的女性的心声。中国作家协会的研究员李朝全认为，舒婷在诗歌里勇敢地表达了爱情应该是平等的、分享的、共存的，爱情应该是建立在共同的事业和命运之上的。

　　关于是否存在理想人格或理想爱情模式，柏拉图所代表的古典思想认为有，现当代思想或认为无。如果有，是否木棉可以象征之，这又是一个问题，但木棉倒也并不必然不可以象征之。象征、兴（感发志意、引譬连类）是包括诗在内的一切艺术的根本性特征之一，所以亦不必感叹凌霄花等六种意象何其无辜，木棉何其有辜；四月在林徽因笔下是明媚的，在艾略特笔下是残忍的，这都无可厚非，因为它们具有诗意物象的偶然性特征。再则，赋予物象以道德意味也是中国古典诗词、音乐、绘画的惯用手法。

　　这篇文章逐句解读了爱情中的新女性形象，是一篇具有新批评性质的诗歌赏析。它采用顺序细读加正面理解之法，既不涉及其他理论文本，也不涉及其他诗歌文本，同时也不反诘诗人的诗歌表现，而是力图还原出诗歌背后的爱情新女性形象。对于诗歌结尾"爱——/不仅爱你伟岸的身躯，/也爱你坚持的位置，/足下的土地"没有作出与全文分量相当的解读，为该文不足之处。

上海财经大学人文学院副教授　汪顺宁

熊彼特的《经济发展理论》以"对于利润、资本、信贷、利息和经济周期的考察"作为副标题，涉猎范围极其广泛。但是书中最具特色和最引人注目的，还是他所提出的"创新理论"。这是20世纪最重要的经济学著作之一，在经济学中的地位可以和凯恩斯的《通论》相提并论，是对古典经济学的重大突破。熊彼特首先依据古典经济学的静态范式构建了虚构的"循环之流"。然后指出，发展是打破静态体系的动力所在，而构成发展的两个核心要素是企业家和货币（或者说信用）。发展就是企业家在信用的帮助下，成功地实施新组合，也就是俗称的"创新"。企业家是经济体系中最独具个性的人物，而为实施新组合而创造出来的信用则是企业

《经济发展理论》，[美] 约瑟夫·熊彼特著，何畏、易家详、张军扩、胡和立、叶虎译，商务印书馆2000年

家不可或缺的工具。以此为基础，熊彼特深刻而令人信服地论证了企业家、利润、利息、经济周期等重大经济现象背后的机理。

作 者 自 述

  吴昭程，男，上海财经大学会计学院会计学专业 2018 级本科生，热爱阅读与写作。读书可以培养好奇心和求知欲，也可以增进求索的意志力；写作则可以表达自己，回溯性地认识自我认识中的优点和不足。希望一届届财大的学生能够热爱读书与写作；希望能够通过自己的抛砖引玉，为财大通识教育的建设做出贡献；也希望财大能够继续培养优秀的人文氛围，以文会友，不断形成热爱阅读的文化风尚。

《经济发展理论》导读

约瑟夫·熊彼特是一位有深远影响的美籍奥地利政治经济学家，著作有《经济发展理论》《资本主义、社会主义和民主》等。本文将介绍熊彼特在《经济发展理论》中的经济思想。

静态经济体与循环流

在这之前，我们先介绍两个背景知识：一是静态与动态区分的思想，二是将经济看作循环流的思想。

第一个思想来自密尔，第二个思想来自魁奈。他们都是几百年前的经济学家，比熊彼特还要早得多。他们的思想在《经济发展理论》一书中被熊彼特所继承。

首先是静态与动态的区分思想，这一经济思想来源于密尔。密尔将经济体的分析区分为静态分析和动态分析的两个过程。在静态分析中，我们假定其他条件不变，注重探讨市场的均衡状态；在动态分析中，我们重视经济的发展过程。静态与动态的划分，增加了我们认识经济问题的维度。从动态的角度理解经济，不仅仅关注静态的市场均衡，经济发展的问题也被纳入学者们研究的范畴。经济是如何发展的？为什么会发展？这些问题吸引许多学者研究，也正是熊彼特在本书中所要解答的问题。

接下来是讲述重农主义学者魁奈将经济体视为循环流的思想。

魁奈将经济体看成一个循环流。这是什么意思呢？简言之，魁奈认为一切经济产出，归根到底都是土地和劳动的产出。土地生产出初步的农产品，劳动者对这些产品做进一步的加工。这些劳动者得到一定的报酬，这些报酬则是对劳动者劳动的奖励。这是生产的过程。

在消费的过程中，原先的生产者作为消费者购买产品，向其他劳动者和土地经营者支付报酬，让土地经营者继续经营土地，劳动者得以继续劳动。于是整个生产过程，就通过循环流的方式能够继续进行。

循环流的思维方式对我们理解经济体有很大的帮助。这让我们能够理解，许多的经济现象是普遍联系、相互影响的，而不是孤立的。将经济体视为一个有机的整体，能让我们在经济分析过程中具有宏观的视野。

有了这些背景知识后，我们可以思考，熊彼特是怎样理解经济运行的。

首先，熊彼特认为，在静态的经济体中，一切的产出根源于劳动和土地。而工资和地租，就是对劳动者付出劳动和地主经营土地的补偿。

因为市场竞争机制的存在，并不会有过高或过低的工资和地租，现有的工资和地租是市场机制作用的结果。

这是生产的过程，消费是生产的目的。消费者购买最终的产品，实质上是对劳动和经营土地的补偿。劳动者和土地经营者得到了支付，有了继续生产的动力，生产的过程可以继续进行。

静态的经济体运行表现为一个循环往复的过程，这体现出循环流的经济思想。同时，在静态经济体中也不存在工资和地租之外的利润，因为市场竞争机制终将消灭过度的利润。

经济体是会发展的，而只有动态的经济体才有发展，剩余的利润才会产生，人们才能享受到发展带来的红利。

什么是发展呢？简单来说，发展就是物质财富的增长。物质财富之所以会增长，是因为产业的变革。产业之所以会变革，是因为有人将新技术引入产业，带来了产业的革新。因此，发展的原因应当说是企业家的创新。具有首创精神的企业家将新技术引入产业。这个过程中会有许多人失败，其中的少数人能够成功，他们推动了产业进步，带来了新的利润流。他们的成功，使得更多人能够分享发展的红利。

我们不妨看看工业革命的历程。瓦特改良了蒸汽机，带来了技术的进步。但仅仅是技术的进步，并不足以带来财富的增长。当瓦特成立企业，将蒸汽机引入生产过程中，才带来真正的产业变革，提高了生产效率，物质财富得以真正增长，才有了第一次工业革命的大发展。

熊彼特的观点可以归结为这样一句话：发展之所以能实现，是因为企业家将新技术引入产业，而不仅仅是技术创新本身。

但是，企业家的创新事业看似很美好，也不是一帆风顺的。

企业家创新要有一定的条件。要变革，就要克服原有产业的强大阻力,引入新技术之初需要庞大的资金支持,在短期的经营中也可能入不敷出。这一切都为企业家创新设立了很高的门槛。

简言之,企业家要真正完成创新的使命,不仅需要有创新精神,还必须有充足的资金支持他们度过艰难的创业阶段。

而具有开拓精神的企业家们,不一定具有雄厚的财力。他们可能只是职业经理、技术人员和小商贩,缺乏变革产业的实力。

因此,企业家需要借入资金,这就需要一个良好的信贷市场。

信贷市场怎样运作呢?企业家向银行借入贷款,将自己的资产作为抵押,分期支付本金和一定的利息。他们将新技术引入产业,期待产业变革的实现。但很可惜,其中的多数人往往未能实现创新,只好偿还债务、承担亏损。但少数人真正完成了产业的变革,他们坚持了下来,让新产业变得有利可图。他们同时向银行支付本金和利息,这一利息就是银行对利润的分享。

总结一下,熊彼特运用静态和动态的分析方法,将静态的经济体视为一个循环流,认为发展只存在于动态的经济体。而动态的经济体之所以会发展,是因为产业的变革,归根到底在于创新和企业家精神。而企业家的创新需要资金支持,也就离不开银行与信贷市场。

创新与企业家精神

在熊彼特眼中,什么是创新?什么是企业家精神?创新和企业家精神之间有什么必然的联系?

首先讨论第一个问题:熊彼特所认为的创新是什么?

在我们看来,创新一般被认为是科学技术的革新。但熊彼特眼中的创新，更多强调的是企业家将新技术引入产业的过程。

科学技术的创新与企业家的创新，是截然不同的两个概念。商业活动以盈利为目的。不赚钱的技术，即使更为先进，不一定得到生产者的欢迎。

比如，一个生产效率很高的蒸汽机，每小时能生产更多钢铁，但若组装蒸汽机和聘请专业人员的费用远远高出生产效率提升带来的利润，生产者就不会采用蒸汽机。

也就是说，只有当新技术有可能带来利润，企业家的创新才是有可能的。将先进技术引入产业，意味着承担新技术不赚钱的风险，但也有可能带来利润。当企业家们创造了可持续的利润流，他们就实现了经济的发展。

第二个问题：什么是熊彼特认为的企业家精神？

企业家精神是积极推动产业变革的开拓精神，体现在企业家的创新行为中。

比如，在20世纪90年代的中国，市场经济刚刚兴起，第三次科技革命的浪潮逐渐影响中国。在那个时代，大家还不熟悉互联网，所以企业家马云在互联网领域就走在了大家的前面。

马云带领团队积极开发互联网技术，将互联网技术引入传统产业。他开创的支付宝带来了支付方式的革新，他的淘宝网则推动了销售方式的革新。

但在最初创始阿里巴巴的时候，马云能精准地预见到未来会有这么大的成就吗？并不是的。马云之所以能在人生艰难的时候，继续坚持做阿里巴巴和互联网，在于他所具有的企业家精神。

这种企业家精神，支持着马云，也支持着无数的企业家。他们将新技术引入传统产业,希望通过自己的努力推动产业变革,进而推动经济发展。

至此,我们对企业家精神有了比较直观的理解。大胆开拓,勇于创新,高瞻远瞩,富有领导力,这都是企业家精神所涵盖的内容。

第三个问题:熊彼特认为创新与企业家精神有什么关系呢?

简单来说,只有具有企业家精神的人,才能将创新的事业坚持下去。具有企业家精神的人高瞻远瞩,对产业的发展方向有清醒的认识;他们富有领导力,能够将不同领域的专家团结起来,共办大事;他们富有开拓精神和毅力,能够大胆创新,又能够在最艰难的时刻坚信自己正确的理念,坚持最初的创新,直到真正推动产业的发展。

可见,企业家精神是一种极为难能可贵的品质。而这样的品质,必然是极为稀少的,或许几百万人当中会有为数不多的几个人具有真正的企业家精神。

企业家的成功创新需要恰当的时机,也需要高瞻远瞩的企业家,而这样杰出的企业家总是少数。几位杰出的企业家在复杂的方面有所突破,可以为其余企业家扫清障碍。其余企业家追随其后,便产生了企业家的群体。这就是企业家往往成群或成组出现的原因。

那么,为什么要创新?企业家的创新为我们的生活带来了什么?

创新给生活带来的影响可以简单分为两点。

首先,创新带来了新的利润。新技术的引进让企业家们以更低的成本生产，以更高的价格发售，这增加了企业家的利润。新的利润又刺激企业家们追加投资，这又会增加就业岗位。劳动者就业后取得收入，又会增加消费，这将使企业家继续盈利……经济体进入了一个良性循环的过程。在这一过程中，物质财富极大增加了，人们的生活水平也极大改善了。

其次，在熊彼特看来，经济周期的产生，与企业家的创新活动有着密不可分的关系。在这里我们可以将经济周期理解为繁荣与萧条的交替。繁荣之后是萧条，萧条之后又是繁荣，这就是经济周期的体现。

经济体的繁荣是企业家成功创新的结果，创新带来新的利润流让全社会分享发展的红利。而萧条的产生则有许多的原因。在熊彼特看来，之所以会有经济萧条，是因为在先前的创新过程中，企业家们将资本从旧产业中抽出，投入新产业当中。旧产业没落带来旧产业的工人失业，这些工人还不具有胜任新就业岗位所需要的技术，会处于较长时期的失业状态。同时，企业家创新所带来的利润流是会逐渐减少的。有一个企业家成功创新，就会有模仿者蜂拥而上，参与新产业。他们将大量资本投入新产业，大量生产。模仿者大量生产带来利润流的消失。

最终，市场上产品的供给太多，而人们因为失业而购买力不足。大量商品跌价，通货紧缩，发展停滞，经济萧条。

让我们来总结一下，成功的创新会带来利润，推动经济体的发展。成功的创新会带来经济繁荣，但又会吸引生产者蜂拥而上，他们大量生产，从旧有产业中抽出资本，造成失业，最终又带来经济萧条。经济周期之所以会产生，繁荣与萧条之所以会交替出现，也是企业家创新的结果。

在此不得不提，在我们深入了解熊彼特经济思想的同时，也要了解熊彼特经济思想的局限性。

在这本书中，熊彼特相信萨伊定律。什么是萨伊定律呢？简单来说，就是生产行为本身创造出对产品的需求。生产者在生产的过程中，要购买原材料，要雇用工人。无论是支付原材料的费用，还是支付工人的工资，都会为经济体创造出需求。在萨伊定律的影响下，熊彼特不认为存在总需求不足的问题，即市场对产品的总需求仍会随着生产规模扩大而不断扩大。熊彼特的理论没能解释 1929—1933 年的美国经济大萧条，这体现出熊彼特理论局限性的一面。

那么在今天，我们为什么要阅读熊彼特的《经济发展理论》？

首先，阅读《经济发展理论》，能让我们理解经济生活中的种种现象。

熊彼特的这本《经济发展理论》意在系统地阐述经济运行的规律。熊彼特是一位博学多才的学者，他通过利息、劳动、地租、货币等多个维度为我们讲解了经济运行的规律。利息是如何产生的？为什么会有地租？货币对我们的生活有怎样的影响？读完这本书，会对这些问题有一个更明确的答案，也会为熊彼特的精彩论述而拍案叫绝。

其次，阅读《经济发展理论》，让我们理解创新和企业家精神。

在任何时代，创新与企业家精神都是必不可少的。创新是发展的源泉和动力。这是熊彼特给我们的启示。在 21 世纪的中国，我们尤其注重创新。我们呼吁大众创业，万众创新，鼓励企业家精神，这些都和熊彼特的思想密切相关。了解熊彼特的思想，会对创新和企业家精神有系统的认识。拥有这些知识的你，或许有一天，不甘于一成不变的生活，也能以自己的创新，为世界带来变革。而未来的无数可能，便从阅读这本《经济发展理论》开始。

最后，阅读《经济发展理论》，能启发读者对经济思想史的兴趣，提升自己的学术水平。

《经济发展理论》是一本学术著作，记述了熊彼特的博大的经济思想。这本书的语言并不简单，中译本也有些晦涩难懂。阅读《经济发展理论》，需要读者的毅力和探索精神。但是，阅读《经济发展理论》能培养读者的学术修养。若是对经济思想史感兴趣，还可以阅读更多的经济学著作，在学术探索的道路上更进一步。

学 者 点 评

　　本文详细介绍了哈佛大学教授、发展理论大师熊彼特的名作《经济发展理论》，对于初学者颇有帮助。这本小书是熊彼特的成名作，他当年写作此书时还不到30岁。但熊彼特在这本书里提出了他此生最重要的经济思想——"企业家精神理论"，展现出惊人的理论创造性。青年人学习这本名著之后，不仅能收获重要的经济发展思想，也能领略一代宗师青年时代思考问题的新颖角度。

　　在熊彼特之前，经济学者多从静态维度观察经济活动，注重经济指标的变动，却忽视经济结构的变动。而熊彼特具有很强的历史感，敏锐意识到经济结构的变动是经济活动中更为关键的因素。而经济结构的变动必然打破现有格局，一定会遭受阻力，必须要有一股强大的力量加以推动。熊彼特认为，这股推动力量就是"企业家精神"。

　　熊彼特赋予企业家精神极高的地位。在他的框架中，并非所有经营企业的人都可以称作企业家。只有那些洞察创新机会并且愿意为此付出代价、富有冒险精神的人，才可以称作企业家。所以企业家精神极为稀缺。拥有这种特殊精神的群体，才是社会进步的真正动力。本文通过解析《经济发展理论》为企业家精神正本清源，值得一读。

上海财经大学马克思主义学院讲师　梁捷

贰

第二届

"阅读之星·悦读达人"

优秀作品选

本书诗词选目涵盖中国古典诗歌史上重要流派和诗人，全面、切要、精到。每篇诗词由古典文学领域的专家学者撰写感悟与赏析。在书中，读者可以穿越两千年悠长时光，看遍中华古典诗词漫步、奔跑的历程。

《历代名诗鉴赏》，上海辞书出版社文学鉴赏辞典编纂中心编，上海辞书出版社 2018 年

作者自述

　　闫旭林，女，上海财经大学法学院环境与资源保护法学专业2022级博士研究生。幼时得伯父教诲，入小学始读唐诗、遨游书海。如今回首，从我读出《唐诗三百首》里的第一个字起，不多不少正好过去了二十年。诗书世界是一片高洁、广袤、美好的世外桃源，其中有取之不尽、用之不竭的无尽宝藏。"一箫一剑平生意。"我的专业是法学，它是我立身的根基，是经世致用的显学，蕴含着入世的"剑气"；而文学是我的精神桃源，在当下这个时代似乎是沉静浩渺的隐学，却也寄托着无尽的"箫心"。展望前路，定当在着眼现实、经世致用的同时，亦不忘初心，永葆古典情怀。

诗 意 词 心

——读中国古典诗词有感

诗词于我，是四岁半识字那年就种在人生里的一颗种子。这些年，永葆一颗赤子之心待人，以冷静观照的态度待事，留意生活中美好的事物，珍惜人世间如露如电的感情，是诗词为我的生活构建的灵魂、描画的底色。如今，诗词已成为我生命中不可或缺的一部分，自小对古典诗词的阅读体验让我不仅找到了许多精神共鸣，更促使我成为一名诗词传承者，以一名 UP 主的身份将这份诗意词心的感发力量传播给更多的人。借着这篇文章，我想回顾自己与诗词结缘的道路，并谈一谈对中国古典诗词中"诗意"和"词心"两种境界的感悟。

一、诗意词心的提出

诗言志，词言情，或者诗庄词媚，长期以来是一种普遍的认识。理解这一说法离不开对诗词发展脉络的梳理。最初，文人用诗来寄托心志，屈原的"惟草木之零落兮，恐美人之迟暮"①，借香

---

① 〔战国〕屈原著，文爱艺编. 离骚［M］. 杭州：浙江古籍出版社，2012：25.

草和美人寄托自己高洁的品格与报国之心。彼时，士大夫之志无法直接宣之于口，遑论向君主直陈，遭到打压毁谤时，更不能直呼"冤枉"，便借着诗中意象来向君主展示自己的心志。初唐大臣张九龄便写"草木有本心，何求美人折"①，以抒发被贬后的感怀。随后，得益于两位伟大的诗人李白和杜甫，诗的表现范围得到了空前的拓展。李白以天才的想象力开拓了诗的境界。他的诗中几乎不见旧手法，而是恣意挥洒出一番豪迈飘逸的天地，在言志方面完全突破了传统，开辟了豪放的抒情之风。杜甫则看向了一直不为人注意的底层民众。传统文人以自己为出发点，目光是向上的；而杜甫完全向下观照，以诗照亮那一方黑暗的民间生活，笔下尽是民生疾苦。盛唐及以后的诗中有报国之志、咏物之情、抒怀之感，一时间无比辉煌灿烂。转变发生在词出现之后，词以其富有音律、易于传唱的特点被认为更适合抒发情感，于是宋代人将抒情的功能安排给了词，而把诗放入了严肃的言志框架中。而且这种言志已经与以前大不相同，是将哲理思辨写入诗中，具有议论化的特点。唐诗饱满，如夏日水果，富有丰沛的感情；宋诗则矫健，如秋日树干，具有绵密的筋骨。基于以上诗的起源和壮大历程，以及宋代对诗的功能一分为二，古人便自然地总结出诗言志、词言情的观点。

作为今人，我想从另外一种视角谈一谈阅读中国古典诗词的感受，这便是诗意词心。诗意是诗之意韵的吟咏，词心是词之本质的阐发。意是一种外在，心是一种内在。诗具有开放的特质，相对来

---

① 上海辞书出版社文学鉴赏辞典编纂中心编. 历代名诗鉴赏·唐诗（上）[M]. 上海：上海辞书出版社，2018：50.

说豪迈而富有感染力，以意象取胜，词具有柔婉的内在，往往得之于内而蕴藉深婉，以情感为妙。诗意是诗中所含的格调，是与今世相通、令人神往的意蕴，词心是词中深藏的感受，是一种细微而触之不见的情绪。

二、唐诗中三个阶段的诗意阐发

很小的时候读唐诗，在那个世界里，我认识了边塞，记住了乡愁，知道了怀古，明白了友情。唐诗是一个如此广袤的世界，容得下塞北的西风烈马，关山明月冷如霜，也装得下江南的杏花春雨，多情杨柳细如丝。唐诗也是一个极为丰富的世界，有蹒跚在贬谪路上的迁客骚人，也有徘徊在深闺楼头的思妇离人，还有送别在柳外水边的知交好友，更有穷困在朱门大道外的平民百姓。

为什么小的时候要先读唐诗，而不是先读宋词？我过了很久才想明白这个问题。诗是开放的，里面有丰富的意象，有喷薄而出的情感。对心灵稚嫩的小朋友来说，唐诗的冲击力是巨大的，即便不能明其意，也定能在幼小的心灵里留下浓墨重彩的一笔印记，等待多年后历经人事时被唤起某种久远的回忆——原来此刻的失意或别情或乡愁，在小的时候读的诗里就见过了。诗意多样且美好，不同时期的诗人喜欢写不一样的意象。初唐时期万物初生，又由于刚从战乱中平定，对未来尚不明确，所以诗人还不太着眼于具体的事物，他们写边塞写一切浩大广博的事物，诗风清朗中带着一丝迷茫。盛唐时候国家的气象和个人的志气都达到极致，诗人写个人的豪情壮志，写隐逸山水的修身性情，写塞外将士的报国气概，一派盛景。到了晚唐，历过战乱，国运下沉，诗人敏感地将国家的衰败与自身联系起来，李商隐发出"夕阳无限好，只是近黄昏"① 的无奈叹息，杜牧作"东风不与周郎便，铜雀春深锁二乔"② 的不甘诘问。

本篇文章中，我想从个人角度选取初盛晚唐各一首诗，试剖析其中的诗意。

（一）对自我的叩问

登幽州台歌

唐·陈子昂

前不见古人，后不见来者。

念天地之悠悠，独怆然而涕下！

陈子昂的《登幽州台歌》非常著名，诗中几乎没有生僻之处，我小的时候读到便记忆深刻。围绕着幽州台，诗人的思想无限发散。在时间上既追思了今古，又叩问了未来，在空间上上追天下达地，将宇宙人生全都纳入笔下，引发无穷悲慨。在如此浩大的宇宙中，个体生命是如此渺小，当意识到了这一点再看这片幽州台，想到当年燕昭王在黄金台上招揽天下名士的盛况，才会产生独怆然而涕下的情感。因为渺小，所以寂寞。这首诗仿佛穿透古今，写尽了一个人能够到达的极限，写尽了人在天地中所能拥有的自由，以及一个人内心的寂寞。初唐诗意象广大，这首诗开天辟地，发出了最旷远的人与宇宙之叩问。而到了唐中期，张若虚的《春江花月夜》解释了这种疑问，全诗以饱满流转的情感完成了时空转换，人在其中不再是这般孤立无援，而是能够达到人与自然时空相融的奥妙境

---

① 高盛元著. 昨夜星辰 [M]，北京：中国友谊出版公司. 2023：166—167.

② 上海辞书出版社文学鉴赏辞典编纂中心编. 历代名诗鉴赏·唐诗（下）[M]. 上海：上海辞书出版社，2018：573.

界。这首诗后来得了个孤篇盖全唐的盛名。

（二）对感情的珍重

山中送别

唐·王维

山中相送罢，日暮掩柴扉。

春草明年绿，王孙归不归。

这是一首送别诗，却令我在读到时心中触动，想到时常掩卷沉思。诗人以非常平淡的笔触描绘了送别的场景及自己的心路历程。在一个日薄西山的傍晚，诗人在山里送走朋友后关上了柴门，心里想着：明年他还会来吗？如此平淡，却又如此动人。第一处动人在时间，不是清晨也不是中午，而是日暮。在古诗词中，日暮时分常常令人惆怅，因为这代表着一天的终结，会让敏感的诗人怅然若失。日落西山，诗人告别了一天的美好，也告别了亲密的友人。日落后，接下来的是漫漫长夜，诗人如何不在这长夜中起思念怅惘之情呢？第二处动人在春草，诗人看到友人离去的方向，只看到满山的青草郁郁葱葱，他望着绵绵不断的春草尽头，并不能见到友人的身影。这样一幅令人难忘的场景，让他把春草和友人紧密地联系了起来，那么春草年年都绿，明年草长得如此茂盛的时候，怎么能不让人想起今日踏着春草离去的友人？这短短一句道尽了一种至为细腻真切的友情。第三处动人在想象，这首诗留下了丰富的想象空间，言有尽而意无穷。诗句只是简单描绘了一幅送别场景，说了一点别后心声，但是读者一定不会止于此，一定会联想到诗人送走友人后该如何怅惘失落，如果自己有过离别的经验，定会想到那远走的人其实更加不舍得离开。高超的盛唐诗人笔下，无尽的涵泳尽在诗外。

（三）对生命的悲慨

暮秋独游曲江

唐·李商隐

荷叶生时春恨生，荷叶枯时秋恨成。

深知身在情长在，怅望江头江水声。

　　我第一次读到时，只觉得这首诗想表达的意思似乎很清楚，随着花开花落诗人会伤春悲秋，仅此而已。而后来重读，才明白其中有对人世间一切消逝的悲怜。这首诗中含了三重命运。第一重是荷叶，荷叶在春天开而在秋天衰败，自然流转赋予荷叶不可改变的命运。第二重是诗人，诗人的感情不可断绝，但他对万物的感情却不由自己决定，万物荣枯自有定数，诗人的敏感心性让他不可能对此无动于衷，但苦于自己无法改变花开花谢，只能徒然被动地为一切美好的凋谢消亡而感伤。第三重是国家，李商隐生于晚唐，或许隐隐预感到大厦将倾，但是他一生官运不济，"走马兰台类转蓬"，遑论以一己之力改变国家运势。与国运的消亡相比，只有这无情的江水是永远东流而永无止境的。诗人意识到了与自己切身相关的这三种命运，才会"怅望江头江水声"，他有一种无奈，又有一种不甘。这首诗让我看到了一个诗人对事物、对个人乃至对国家的关心以及由此所引发的悲慨，但他只用短短四句诗就能全部写进去，这是李商隐最高明的地方。跨越千年，我们仍然能透过这四句诗识别其中的情感，也引起自己的一些感慨，这是诗歌的一种魅力。

三、宋词中词心的三种表现形式

词最初被称为"小词"①，被视为闲暇之余的一种遣怀娱乐，难登大雅之堂，由此对词提出了一种形式要求：质轻。意思是，词的表达是轻盈的，不能过于厚重，也不能太长，最好写得短小简单，以方便谱曲传唱。但是，如今流传下来的脍炙人口的词，并不简单，而是有着深厚耐咏的内核，这就是词心。在如此轻盈纤细的外表之下，深藏着细腻、幽微、深婉的词人之感之思。宛如冰川在水面，露出的只有一点，实际隐藏着真正巨大的力量。后来，随着词的发展，质轻的表达手法为一些词人所改进，"以诗入词"在词的表现形式上颠覆了传统并开拓出新境界。

(一) 词心之正宗

既得了词心，又符合"质轻"的词人，如果只推一位，那一定是后人誉为"婉约词宗"②的秦观。后代有词评家说："他人之词，词才也；少游，词心也。得之于内，不可以传。"③秦少游的词完全出自本心的一种抒发，在骨而不在皮，其对物对景对事以及内心中一份深婉幽微之情致的传达胜于对词句的精雕细琢。也有人称他为"词人之词"，将他和苏轼这样的"诗人之词"④做了区分，因

---

① 叶嘉莹. 从女性主义文论看《花间》词之特质 [J]. 社会科学战线，1992 (4)：240.

② 杨海明. 论秦少游词 [J]. 文学遗产，1984 (3)：36.

③ 此观点为清人冯煦在《蒿庵论词》中提出，此处转引自：(宋) 秦观著，徐培均导读. 秦观词集 [M]. 上海：上海古籍出版社，2010：177.

④ 叶嘉莹主编，李东宾注. 寂寞人间五百年：秦观词 [M]. 北京：北京联合出版公司，2022：15.

秦观天性敏感，对物事之感受最贴近词之"要眇宜修"① 的本质，而苏轼以诗入词则另开出一番天地。

秦观的词可以分为两部分。一部分是早期被贬谪之前的作品，以一支妙笔叙写种种深婉的情致，这部分也是我个人最喜欢的。他的妙笔源于自身的敏感，春秋更换、花开花落、时移世易都会触动词人心灵中最柔软的部分，"梅英疏淡，冰澌溶泄"这两句就用最自然的笔法写出了初春冰雪消融但是那一份寒意初初褪去还没有完全消失的情景。既有了这一份灵慧的心肠，还不可少将之表达出来的才思。"山抹微云，天连衰草"这两句就体现得淋漓尽致，用词巧妙，艺术造诣极高。另外一部分是他被贬谪之后的作品，以《踏莎行》"可堪孤馆闭春寒，杜鹃声里斜阳暮"为代表，环境的凄清和他心中愁苦的情绪经过无数次叠加，最终付诸笔端，涌现出极度深切沉郁的情绪。无怪乎王国维凭此句"则变而为凄厉矣"，因其宛如杜鹃泣血，是词人一颗锐感之心被痛苦打磨无数次后，所发出的愁到极致的无奈诉说。

对于愁绪，少游词的表现是无奈的温柔诉说，故而读来不甚激烈甚至是平静的，"乍觉和婉，细按神伤"②，"正缘平淡人难极，一点词心属少游"③。这便是秦观为人所誉"婉约之正宗"的原因所在，既完全得了微妙的词心，又合了轻婉的外在表达方式。然而，词心还有另外一种表现的方式，如天风海雨，又如龙鸣之音，

①　彭玉平撰. 人间词话疏证［M］. 北京：中华书局，2011：211.

②　周汝昌著. 千秋一寸心：周汝昌讲唐诗宋词［M］. 北京：中华书局，2016：64.

③　叶嘉莹主编，李东宾注. 寂寞人间五百年：秦观词［M］. 北京：北京联合出版公司，2022：2.

读来，或感情绪如风雨般倾泻而来，或觉文字如龙鸣般激昂作响。前者当属苏东坡，后者辛稼轩当仁不让。苏辛两人历来是豪放词的代表，以慷慨豪迈为词风，又如何通这所谓的幽微词心呢？

（二）以诗入词

苏轼和辛弃疾都"以诗入词"，创新了词的表现方式。其中，苏轼的词将对物事的微妙体悟以超脱哲思的方式寄寓而出，读来自在胜意，读完豁达舒心，其词不过于激昂，亦不如少游那般细按神伤。所谓"天风海涛之曲，中有幽咽怨断之音"[1]，将幽咽怨断的词心，像天风海涛一样畅快广阔地倾洒而出。如这首《永遇乐》词。

永遇乐·彭城夜宿燕子楼
宋·苏轼

彭城夜宿燕子楼，梦盼盼，因作此词。

明月如霜，好风如水，清景无限。曲港跳鱼，圆荷泻露，寂寞无人见。纮如三鼓，铿然一叶，黯黯梦云惊断。夜茫茫，重寻无处，觉来小园行遍。

天涯倦客，山中归路，望断故园心眼。燕子楼空，佳人何在，空锁楼中燕。古今如梦，何曾梦觉，但有旧欢新怨。异时对，黄楼夜景，为余浩叹。

先写"明月如霜，好风如水，清景无限"，将清风明月的夜晚环境与自己的感受联系起来，清景无限，是从清幽的物事中发出的

---

① 夏敬观先生《手批东坡词》云："东坡词如春花散空，不著迹象，使柳枝歌之，正如天风海涛之曲，中多幽咽怨断之音，此其上乘也。"

自在舒朗之感。而后写"曲港跳鱼，圆荷泻露，寂寞无人见"，则更进一步体察到了万籁俱静的更深境界，而这景勾起了他的无限思绪，又令他起了一丝寂寞之情，于是说"天涯倦客，山中归路，望断故园心眼"，将自己胸怀中的寂寞点出。下阕则写"燕子楼空，佳人何在，空锁楼中燕。古今如梦，何曾梦觉，但有旧欢新怨。异时对，黄楼夜景，为余浩叹"，怀古想到昔日燕子楼今已空，人世间的沧桑变幻仿佛是一瞬间的事，很多诗人或词人会在此时作结，以今昔对比来引发一种言有尽意无穷的思古之幽情。而苏轼却偏不，他要将一件事情一种感情讲透，他不会让一种情感凝滞在笔下，一定会给它一个超脱的去向，这也反映了他对万事万物不像少游那般凝滞于心而是化去身外的态度。他便感慨，古今像是梦一场而少有人能从中醒悟，可以看到有一种清醒的时空观在他身上。那么，既然他今日在感怀唐代的燕子楼中事，想必百年后也一定会有登上燕子楼的人为他苏东坡浩叹。他想表达，过去不是唯一的，此刻也不是永恒的，时间在流动，空间在运转，他此时此刻的悲慨感怀已经终结，而自己也已经超脱了过去那些片段的情绪。这首词读完，词人的情感如天风海涛尽数倾泻，读者也仿佛随之亲历了一番，再读之时仍然畅通无碍，不会读到少游词那般凝结在词句中的含而不发的深深悲愁了。

（三）词中英雄气

那么，辛弃疾又是如何通词心的呢？不似苏轼富含文人的哲思和性情中修成的超脱之境，辛弃疾本身个性豪壮激昂，二者虽然都称豪放，实则异处甚大。辛弃疾的壮志非常强烈，他所遭到的打击挫折又很多，一辈子都想上阵杀敌、收复河山，却在南渡后再也没有机会，只能做纸上文章。这便造成了一种矛盾，他的心志是强盛的，"男儿到死心如铁"，而他所遭到的现实掣肘又是个人之力无法改变的。他的人生境遇仿佛龙困于深渊，终日翻腾咆哮，激昂作龙鸣之声。这一点便体现在他的词里面，胸中的激昂壮志虽被现实打压却又始终不能摧折，这构成了他的词心——哀而不伤，怒而不怨。有一首《摸鱼儿》写得既不直抒胸臆，又不哀婉低回，特别能体现其以英雄气述尽悲慨情的词风。

摸鱼儿·更能消几番风雨

宋·辛弃疾

淳熙己亥，自湖北漕移湖南，同官王正之置酒小山亭，为赋。

更能消，几番风雨？匆匆春又归去。惜春长怕花开早，何况落红无数。春且住。见说道、天涯芳草无归路。怨春不语。算只有殷勤，画檐蛛网，尽日惹飞絮。

长门事，准拟佳期又误。蛾眉曾有人妒。千金纵买相如赋，脉脉此情谁诉？君莫舞？君不见、玉环飞燕皆尘土！闲愁最苦。休去倚危栏，斜阳正在、烟柳断肠处。

开头写尽一种极致的惜春之情，风雨会打落枝上花朵，每次雨过都是一场花谢。因此，便希望风雨少一些。词人甚至说，我都因为惜春而希望花不要那么早开，因为开得越早谢得就越早，你风雨居然一场接一场地将这些花儿吹落。但是，对于这样一份惜春之情，春却"不语"，未必能够领略到。只有画檐下面的蜘蛛网，在尽力地粘住一些飞絮。上阕写得极为婉转深情，下阕接连用典，告诉酒席上的官妓，不要害怕有才而遭到嫉妒，因为即便像历史上的玉环、飞燕或陈阿娇一样姿容美丽，仍然化作一抔尘土。这里还有另一层词人自己的心声，自喻不会因为才华得不到发挥而向现实屈服，这是一种心志的宣告。可是，这样强烈的心志却令他受了许多苦，现实的挫折打压每每化作一种"闲愁"，愁苦成为一种常态，登楼倚栏时，斜阳外的烟柳景色又触目令人肠断，引得无限神伤。这首词写得沉郁顿挫。顿挫在于这首词严格遵守了词的写作特点，一唱三叹，低回往复。沉郁在于词人胸中的感情，他以天性豪放的英雄气领受了个人不得志的身世悲慨，这在他胸怀中形成了浩荡有声又不至自伤的心气，这种沉郁的感怀在他胸中已久，借着这首词发出悲壮激昂之声，所以会有如龙鸣，不可断绝，耐人咏叹。

四、诗词与我

我最早与诗词结缘，可以追溯到小学时代。

那年，趁我上一年级识了几个字，在乡村小学教书的伯父买了一本彩色的《唐诗三百首》。每日午饭后，伯父用他低沉而略带沙哑的声音为我读一首诗。我大约明白了诗意，便摇头晃脑地跟着读："白日依山尽，黄河入海流。"很快便记了下来，然后默写在16 K的摘抄本上。

大部分诗是由伯父指定的。有一次我翻到一页，见上面画着一所围起来的院落，红绿相间的花朵从屋顶上探出头来，四面的长廊上空无一人。那时正逢三月，我刚刚采了桃花插在水瓶里，激动到不能自已：天哪，世上真有这么好看的院子，我日后一定要住在这样的地方，下雨天睡到鸟鸣枝头才起床。

我兴奋地指着插图对伯父道："我要背这首诗！"不料，伯父只是回头看了一眼,对我说:"这种诗你现在不懂,先不读,读李白诗就好。"我心里觉得不服气,牢牢盯着那幅图与那句话看。直至高中时代忆起旧事,方知这首诗的名字,那是王维的《田园乐》:

"桃红复含宿雨,柳绿更带朝烟。花落家童未扫,莺啼山客犹眠。"

到了初中,我不可救药地迷上《红楼梦》。父母反对我看这类小说,我便偷偷向高年级的年轻语文老师借了来,在午后空旷的教室里,一个人读。有时候住校的同学中午不回去,吃方便面和零食充饥,互相见了也不打扰,各自在座位上干自己的事情。

我是被《红楼梦》里面的诗词迷住的,尤其爱黛玉那句"草木也知愁,韶华竟白头"。初中的课程真是可爱,轻而易举就能拿到好分数,我一边保持着年级第一的成绩,一边读着老师口中"诱人堕落"的课外书,有一种在夹缝中求生存的胜利感。

高中时,我很幸运遇到志同道合的知己。一入学,后排坐着一名女生,因为并不熟,我与她交谈甚少。直到有一日她把自己的摘抄本给我看,我才发觉她竟是深藏不露的高手、相逢恨晚的知己。我们同好辛弃疾,一起逛书店买诗集,在她的笔记本上写最近读到的诗句。

夏天的傍晚,我与她一起去食堂吃晚饭,又相携走回教室。人流稀少,我们说笑着气喘吁吁地爬楼梯,爬到一半,她忽然停下来:"爱上层楼,爱上层楼。"初学的句子被她这样道出,我忍俊不禁。笑声中,又看见彼此眸里的哀伤。想起辛弃疾写下这句时的处境,一时凄凉的滋味铺天盖地而来,整个人淹没在一种奇怪的忧伤中。

到了高三,面临高考的压力,我暂时"缴械投降"。开始拿起数学、物理习题一遍遍地"刷"，所有与诗词有关的书都被我锁进了柜子里。我对自己说，要好好学习，高考取得良好的分数，以后才能到很好的大学里学中文、研究诗词哪。

尔后，大学阴差阳错选了法学，既不是去学客观的自然科学，又没有如少时所愿来读主观的文学，而是在主观世界和客观世界之间逡巡往复的社会科学。大学期间，我创办了自己的诗词电台，写了一些诗词赏析文章陆续发表在杂志上，也在学校的诗词比赛中拿了一些奖。考研失利最艰难的日子里，是一本《秦观词集》陪我度过，也是那个时候恍然明白了词心之所在，原来自己的情绪并不是孤单的，那份最幽微的感受可以在千年前的词中找到，少游细腻的词心曾给了我无限的精神寄托。

如今，在繁忙的博士生涯里，我仍然会抽空从图书馆借阅一些诗词鉴赏书籍。叶嘉莹老师、骆玉明老师，他们将诗词以一种受欢迎的方式传播给当代年轻人，对我启发很大。我也试着以自己的方式将这份诗词感怀传达给更多的人，在哔哩哔哩平台上传了几个讲解诗词的视频，不到一个月就拥有了近两万粉丝和20万的播放量。

作为一名青年，生活在现代化社会，诗意让人向往，是于尘俗中寻得的一片自在净土，而词心使人舒展，是在失意时托住心灵的一方温柔乡。愿诗意词心浸染每个人，也希望每个人都能从古典诗词中收获独属于自己的精神礼物。

学 者 点 评

自《尚书》提出"诗言志，歌永言，声依永，律和声"以来，古代诗论对这一论断进行了无数变奏，如《乐记》："诗言其志也，歌咏其声也，舞动其容也，三者本于心，然后乐器从之"；《诗大序》："诗者，志之所之也。在心为志，发言为诗"；陆机《文赋》："诗缘情而绮靡"；袁枚《答友人论文第二书》："诗者，各人之性情耳"；等等。在中国古代诗词本质及创作动因上开启了可称为情驱动说的先河，并使之成为中国古代诗学的一个重要议题。

闫旭林同学的这篇文章回忆了自己的诗词阅读经历，选取了几首经典诗词进行了赏析，并以"不衰诗意"与"幽微词心"区分了诗与词的不同倾向；文中还偶有出色的比喻，如"唐诗饱满，如夏日水果，富有丰沛的感情；宋诗则矫健，如秋日树干，具有绵密的筋骨"。

我还注意到，闫旭林同学在文中提到自己在"B站"作为一名"UP主"，上传了讲解诗词的几个视频，将自己的诗词情怀传递给更多人，拥有可观的粉丝数，这对优秀传统文化的传播以及个人而言都很有意义。希望她能继续在诗词研习领域创造出更多更好的成果。

上海财经大学人文学院副教授　汪顺宁

本书系俄国大作家陀思妥耶夫斯基代表作之一。小说通过一桩真实的弑父案，描写老卡拉马佐夫同三个儿子即两代人之间的尖锐冲突。作品展示一个错综复杂的社会家庭、道德和人性的悲剧主题，体现了作家一生的最高艺术成就。

《卡拉马佐夫兄弟》，［俄］陀思妥耶夫斯基著，荣如德译，上海译文出版社 2015 年

作 者 自 述

　　段小红，女，上海财经大学数学学院概率论与数理金融专业 2022 级硕士研究生，曾在甘肃古浪支教 1 年。

　　小时候对文字充满无限好奇，常常躲在被子里翻《新华字典》。长大后越来越能体悟经典书籍的魅力，尤其热爱文学。我时常能在阅读中感受到一种扑面而来的美，它能带来感官上极致的愉悦与满足感，仿佛自己的灵魂被一团柔软的棉花包裹住了，那种感觉太奇妙了！读书于我而言已然成为一种习惯，文学更是让我的灵魂和思想找到了栖息之地。我喜欢在书里周游世界，感受生命与死亡、爱与绝望，最后找到我自己。

是自由，还是锁链？

刚上大学的时候，我很喜欢黑塞。某一天，在他的《读书随感》里，我看到这样一句话："一个人能写出《卡拉马佐夫兄弟》这样一部书，真是奇迹。"那时候我非常好奇，到底是怎样的一本书，竟能被称为"奇迹"？但囿于人人说它难读，我一直没有勇气开始，直到毕业那年我去西部支教，在古浪那个寓意美好的绿洲小镇里，在那片朴实的土地上，在那个寂静的冬天，我打开了这本书。

一开始，我心里不自觉有一种类似"审视"的心态，几天后，我慢慢深陷其中。陀思妥耶夫斯基对人和世界如此深刻的认识令我深深地敬佩和感叹，更重要的是，这本书让我开始思考：绝对的自由是什么样的？自由与善恶有着怎样的关系？人为什么要寻找信仰？我们该如何面对苦难，如何去爱？等等。

一、上帝与魔鬼的战场

这本书的故事情节其实比较简单，围绕一桩"弑父案"展开，主要人物包括老卡拉马佐夫和他的四个儿子——老大米嘉、老二伊万、老三阿辽沙以及私生子斯乜尔加科夫。这一家人矛盾重重，彼此之间除血缘之外毫无感情上的依赖，完全因外力偶然组合而成，是一个完完全全的"偶合家庭"。某天夜里，老卡拉马佐夫被人暗杀，所有人卷入了这场凶杀案。在这个过程中，陀翁一次次地带领我们走入上帝与魔鬼厮杀的战场。这个战场，就是人物的内心。

老卡拉马佐夫靠着第一任妻子的嫁妆和他那套积攒和榨取钱财的特殊本领成为一个地主，他酗酒、淫乱，集人类恶劣品质之大成，仿佛陀翁笔下的地下室人，他的眼睛总是充满猜疑和嘲弄，是一个"老小丑"。

老大米嘉是老卡拉马佐夫和第一任妻子的孩子，三岁时母亲走了之后，他被父亲忘在脑后，全靠仆人带着他，后来他被母亲的旁系亲属接走，中间辗转好几个抚养家庭。长大后他参了军，退伍后逐渐变得生活放荡，崇尚吃喝玩乐，仿佛是老卡拉马佐夫的复制品。他为了钱财和父亲闹翻，后来与老卡拉马佐夫争夺情人格鲁莘卡，二人水火不容，米嘉甚至扬言要除掉老卡拉马佐夫。

老二伊万和老三阿辽沙由老卡拉马佐夫的第二任妻子所生，阿辽沙不满四岁时母亲去世。母亲去世后，两人的遭遇与老大米嘉几乎完全一样，幸运的是，后来被曾经收养他们母亲的将军夫人收养，并顺利地接受了教育。

伊万是一个阴郁乖僻、性格内向的少年，自尊心很强，从十岁左右就明白他们寄人篱下，他们的父亲是一个提起来就让他们颜面蒙羞的人。大学期间他边打工边上学，自己养活自己，很有学识，崇尚理性，是一个无神论者。他打心眼里看不起父亲和大哥这种行为放荡的人，形容他们为"臭虫"。后来，他爱上了米嘉的未婚妻卡捷琳娜，米嘉知晓此事后，愿意撮合他们，以此投向情人的怀抱。

　　阿辽沙从小便充满了仁爱之心，能包容一切，他有一种引人喜爱的天赋，凡是他所到之处，人人都喜欢他。他对像"垃圾坑"一样的老卡拉马佐夫家里没有半分鄙夷，因此就连卑鄙的老卡拉马佐夫，也打心眼里喜欢阿辽沙。他渴求真理，急于摆脱世俗仇恨的黑暗，向往爱的光明，于是，他进入修道院，成了一名见习修士。

　　斯乜尔加科夫是镇上的一个痴呆女生下的，传言他是老卡拉马佐夫的私生子，仆人夫妇收养了他。他生性孤僻，绝少说话，有点阴沉，小时候最喜欢做的事情是把猫吊死，然后为它们举行葬礼，他的养父说他是"恶魔"，谁也不喜欢。长大后他成了老卡拉马佐夫家的厨子，老卡拉马佐夫因为他的诚实对他青眼有加。而他本人却不满于私生子的身份，对周围人没什么情感，但对伊万的思想很是认同。

　　这场"凶杀案"公认的最大的嫌疑人是米嘉，因为他曾扬言要除掉老卡拉马佐夫，而且事发当晚他正好去过老卡拉马佐夫的房子。而在米嘉这边，他那晚恰好砸倒了仆人，他以为仆人被自己杀死了，于是一直惊慌不安。在被抓捕之前，他举办了一场盛大的聚会，释放所有的欲望，花光了所有的钱。当然，他没能逃脱被抓捕的命运，可万没料到罪因却是"弑父"。他被带到法庭之上，被众人审判。

　　另一边，真正的凶手斯乜尔加科夫自杀了，伊万也变得有些疯癫。出现这个结果的原因，就是他们内心的上帝与魔鬼的厮杀。斯乜尔加科夫弑父的精神支撑是伊万曾说的"人可以做任何事"以及"既然没有永恒的上帝，就无所谓道德"① 那番话，而当他没有得

---

　　① ［俄］陀思妥耶夫斯基著. 卡拉马佐夫兄弟［M］. 荣如德译，上海：上海译文出版社，2015：157.

到伊万本人的赞同时，他崩溃了，最终走向了死亡。而对伊万来说，父亲和斯乜尔加科夫的死与自己脱不了干系，他内心矛盾重重，作为一个坚定的无神论者却在幻觉中看到了魔鬼，这个魔鬼其实是他内心理性与良心的博弈。

二、自由之恶

提到自由，我最先想到的，是人们面对一件不想做的事情时常说的"我不想做，这是我的自由"，这其实是一种消极的自由。自由的另一面是"想做什么就去做"的自由。那么问题是：如果一个人想作恶，他也有去做的自由吗？

书里的伊万总觉得斯乜尔加科夫让自己不舒服，后来他弄明白了，原来是因为斯乜尔加科夫发觉了他心底那点被自己使劲捂住的恶。陀翁就是这样，明明白白地向我们展示深藏在人们心中而人们又拼命想否认的许多特征。

人类天性中有一种反叛精神，我们有正反两面，上帝与魔鬼时时刻刻在我们的心里打架，就像在同一时间里，卡拉马佐夫既能仰望九霄云外，也能俯视万丈深渊，我们所有人都是如此。人的思想可能超越理性进入一种无序的状态，科学无法解释超出感官范围的一切，也就是说，我们很难单纯用理性去解释全部的自我意识，指不定什么时候我们就会成为那个戴着面具的地下室人。

因此，我们不得不承认，绝对的自由一定包括作恶的自由。但神奇的是，现实生活中，人们在不会讲出自己的阴暗面这一点上出奇一致，于是一切看起来如此和谐。但在匿名的网络世界中，情况立马变得不一样了，人们对任何事物的好奇心和欲望都可以从中得到满足，于是一些人立马卸下伪装，释放出平日里需要隐藏的那些东西，他们肆无忌惮地攻击别人，并从中得到快乐。

人们常将人的残暴行为称为"兽行"，但这对于兽类是极不公平和带侮辱性的，兽类绝对不可能像人那样残忍，兽类的残忍不可能那样高明、那样有艺术性。老虎只会撕咬，绝不会想到把人的耳朵钉起来过夜，以虐杀儿童为乐，或者用匕首从母腹中把孩子挖出来，或者把吃奶的婴儿往上抛，然后当着母亲的面用刺刀接住。如果说大人一定有恶的那一面，那么孩子一定是善良纯洁的。没有任何一种理想的实现值得以孩子的受难为代价！这也是伊万可以接受上帝存在，但绝不能接受上帝创造的这个世界的原因，他说："我想，如果世上不存在魔鬼，那么是人创造了魔鬼，是人按照自己的模样创造了魔鬼。"

既然绝对的自由既包括向善，也包括作恶，那我们的社会到底需要什么样的自由？我被困在这个问题之中，像米嘉一样苦恼：人为什么如此矛盾，理智认为是耻辱的事情，感情偏当作绝对的美？我常常怀疑这个世界，尤其厌弃心底不受控制地浮现恶意的自己，直到我看到马克思对自由的解释："自由就是从事一切对别人没有害处的活动的权利。"虽然人天生是反叛的，但人拥有自主性，人可以支配自己的行为，我们可以选择满足自己欲望的方式。无论内心有没有丑陋的部分，只要做的事情是向善的，就称得上是一个善良的人。同样，即使人内心产生了丑陋的心思，但如果做的事情对别人没有害处，也算不得一个恶人。

理性无法解释全部的自我意识，超出理性的部分不仅仅是那些不敢面对的恶，也有美好的部分，就像伊万不肯接受这个世界，但还是渴望活着，会珍爱黏糊糊的、春天发芽的叶片，珍爱蓝天，珍爱有时他自己也不知道为什么会爱的某些人，珍爱人类的某些壮举。

三、他们终于消灭了自由

书中，伊万作了一首名为《宗教大法官》的长诗。耶稣来到人间，在人群中显露神迹，治愈了失明的老人，复活了死去的小女孩，于是人们认出了他，掀起了一股狂热。以红衣主教为代表的教会法庭却立马将他逮捕，把他关进宗教裁判所，欲施之以火刑。在耶稣面前，大法官开始了他的"自白"。

自由前面摆着三个诱惑：秘密、奇迹和权威。耶稣拒绝了魔鬼的这三个诱惑，因为他希望得到人们纯粹而自由的爱。大法官认为，虽然耶稣成功了，但人类因其软弱无知的天性，不可能摆脱这三者。真正的自由只会带来流血和牺牲，是铐住人类的锁链，而秘密、奇迹和权威恰恰是人类通往幸福的必要条件，同时也是让人类放弃自由、走向锁链的推手。比起自由，世人更需要的是眼前的面包。人们为了面包，流血流泪。于是他们编造了一个谎言，以基督的名义创立教会，却用魔鬼的方法将面包分给人们。他们花了 15 个世纪，终于消灭了自由，人们得到了幸福，主动戴上了锁链，并无条件地信服他们。而在这种时候，耶稣再度降临，秩序面临被打破的风险，作为秩序的建立者，不该将此人投入地狱之火吗？

本质上，大法官是不相信上帝存在的，可他却还要以耶稣的名义，维持那个谎言，这是多么令人绝望的一件事。为什么人非得在自由和面包之间做出选择？大法官的出发点在于人性本"恶"，而人最初是"善"还是"恶"我们无法得知。但是，我们可以确认的是，人拥有自我意志，因而可以选择善恶，人有着绝对的塑造自我的自由。我们可以选择向善，充分自由地去爱。

四、人为什么需要信仰

关于信仰，小说里最鲜明的是伊万和阿辽沙。阿辽沙相信灵魂不灭，上帝存在，选择进入修道院就是为了寻找真理，可最后当他看到他爱的佐西马长老因遗体发臭而被人嘲弄时，他有点接受不了上帝创造的这个世界，这令他矛盾。伊万不相信上帝，怀疑万物，可他内心深处也想找到终极的信仰。当他被斯乜尔加科夫指出内心那种超越理性的恶时，感觉受到了伤害，这令他痛苦。人为什么一定要寻找信仰呢？难道只是为了面对森严的自然现象而产生的想象吗？我们要如何证明信仰的存在，又该如何对它确信无疑？

一开始，人的确是因为恐惧某些自然现象，创造了神灵与宗教，从而建立了人与世界的联系，人在这种整体秩序中找到了生存的意义。可随着文明的发展，宗教不再成为一种共同默认的信仰，而理性的科学无法寄托人类全部的生命价值。现在社会中随处可见虚无感、精神迷茫等现象，其根源在于人的精神危机。

存在主义哲学家克尔凯郭尔认为，人在精神层面总会面对死亡和贪欲这两个根本难题。人一定会死，而人又天生有"永恒"的概念，这让人感到悲凉绝望；人作为一种高级动物，具有类似动物的欲望，而人的道德意识中又有"崇高"这个概念，这让人因自己的欲望而羞耻，感到生命的卑微。要面对这两大难题，就必须确立可靠的信仰。而现代社会，有各种各样的信仰，我们无法依靠逻辑和推理来确证信仰的可靠性，从而找不到信仰，找不到存在的意义，永远处在死亡与永生、贪欲与崇高的矛盾之中，从而陷入了精神危机。

我们越在生活中寻找意义，距离生活本身就越远，我们总是忘记，生活本身大多数时候是过了之后才产生意义的。没有人能帮我们指明正确的道路，我们被困其中。陀翁书里的人物有着同样的痛苦和矛盾，我们该如何走出这个困境？陀翁给我们的答案是：通过切实的爱的经验去感受信仰的存在，去爱生活，而不是爱生活的意义。要超越逻辑去爱，一定得超越逻辑。

五、爱具体的人

陀翁在这本书里写了伤害、掠夺、犯罪、贫困，写了人性的复杂与现实的黑暗之后，又通过伊柳沙一家人给了我们希望，告诉我们要自由向善地爱，要爱生活。可这具体是什么意思呢？

佐西马长老说，地狱就是"再也不能爱"的痛苦，有灵魂的生命体具有与生俱来的爱的能力，爱让人感受到存在。可我们要如何去爱？"信女"对佐西马长老忏悔：她施恩图报，要求立刻的赞美与感恩，否则她没法爱任何人。用长老那位医生朋友的话来说，就是"越是爱整个人类，就越不爱具体的人"；"对具体的人越是憎恨，对整个人类的爱便越是炽烈"。

我们崇拜超级英雄，总想有一天能拯救世界，可回到具体的生活，对待具体的人，我们的爱立刻消失得一干二净，我们憎恨甲进餐时间太长，憎恨乙感冒后不停地擤鼻涕。伊万认为，基督那种"心连广宇、森森乎无所不包的爱"是世间不可能出现的奇迹。爱一个人，就必须让那个人躲起来，因为离得太近，当发现对方身上的缺点的时候，我们会不由自主地憎恨。

　　难道我们只能远远地去爱吗？那样虚无缥缈的爱是真正的爱吗？绝对不是，那只是我们梦想中的爱，它急功近利，要求立竿见影。与之相比，切实的爱的确是一件严酷和令人生畏的事情，它需要工作和毅力，要求我们承认自己的怯懦，至少不对自己说谎。在这之后，我们才能在切实的爱中冲破锁链，走向自由。

　　虽然现实总是藏污纳垢，但陀翁告诉我们，不要害怕，只要保持善良，切实地去爱，就能发现生活何其美好，就像阿辽沙在巨石旁那令人无比动容的演说里讲的一样："我亲爱的小鸽子们，请允许我叫你们小鸽子……我们首先将是善良的，这一点最要紧，然后是正直的，再然后——我们将彼此永不相忘……不要害怕生活，当你做正义的好事的时候，会觉得生活多么美好……"①

---

　　① ［俄］陀思妥耶夫斯基著. 卡拉马佐夫兄弟［M］. 荣如德译，上海：上海译文出版社，2015：908.

学 者 点 评

　　《卡拉马佐夫兄弟》是陀思妥耶夫斯基生前发表的最后一部小说，在文学史上的地位和价值很高。在这部作品中，陀思妥耶夫斯基以卡拉马佐夫家族为核心，通过意蕴丰富的语言，深入揭示了人性之美与人性之恶，也刻画了19世纪俄国社会的整体样貌。对于俄罗斯人而言，19世纪既是一个革新的、充满希望的时代，也是一个饱含血泪和痛苦的时代。在走向现代化的过程中，变革的阵痛既为知识分子和百姓的心灵注入了光明，也将他们无情地抛向了惶恐与迷茫之中，在善与恶、爱与憎、进与退、自由与权威之间，陀思妥耶夫斯基对人类的核心价值和精神追求展开了一场耐人寻味的观察和思考。可以说，《卡拉马佐夫兄弟》不仅是一部重要的文学作品，也是一部探讨人性、历史、自由、理智、情感等问题的哲学著作。

　　循着陀思妥耶夫斯基的思路和线索，本文作者从对《卡拉马佐夫兄弟》故事情节的介绍出发，随即进入关于善恶、自由、信仰以及生活意义的探寻之中。自由意味着什么？生命的意义是什么？人为什么要为善，要有信仰？这些问题不仅是陀思妥耶夫斯基在这本书中处理的核心议题，也是我们每一个人最关切的问题。正如苏格拉底在《申辩篇》中留下的那句名言所指明的那样："未经审视的人生，是不值得过的。"然而，苏格拉底并没有提供任何实质性的指示，我们对于存在还是死亡的问题仍然迷惑不解。也正如本文作者所言："没有人能帮我们指明正确的道路，我们被困其中。"尽管如此，我们还是不得不做出决断和选择，即便我们不再追问和找寻意义、合理性或生活的本质，痛苦和矛盾依然会像幽灵一样频频闪现。那又如何呢？陀思妥耶夫斯基会说，不要怕，去爱吧，爱生活，爱这个世界。

上海财经大学人文学院副教授　刘松青

《论犯罪与刑罚》这部著作的篇幅虽然不大，影响却极为深远，被誉为刑法学乃至法学领域里最重要的经典著作之一。《论犯罪与刑罚》原著初版于1764年，是人类历史上第一部对刑罪原则进行系统阐述的著作。自1993年由黄风教授第一次翻译成中文出版以来，《论犯罪与刑罚》已被列入中国刑法学研习者的必读书目。

《论犯罪与刑罚》，〔意〕切萨雷·贝卡里亚著，黄风译，北京大学出版社2008年

作 者 自 述

　　黄泽钒，男，上海财经大学法学院法学专业2022级本科生。

　　初入法学殿堂，虽所识尚浅，但依靠着对人文社科领域广泛的兴趣，亦能以极大的热情投入阅读与思考中。平日热衷于淘书与读书，常与友人分享阅读感想，同时以书写的方式展开反思。《论犯罪与刑罚》成书于259年前，虽时过境迁，其中的思想却历久弥新，许多理念与当代的法治理想也甚为契合。贝卡里亚试图建构的信仰与秩序虽不完全适合今天，但其思想精髓仍值得我们学习、品味。

　　前路尚远，唯愿在求学中热情不改、步履不停。

《论犯罪与刑罚》读书笔记

　　初读《犯罪与刑罚》，我感到有些无趣，因为它传达的大部分理念与我们的教科书似乎别无二致，但在深入了解历史背景并做仔细研读后，我认识到了这些理论的划时代意义以及其中内蕴的诸多价值。在阅读中我尝试将一些零散的片段整理为不同的主题，在写笔记的过程中也不断地阅读与论述主题相关的书籍，因此这篇读书笔记的讨论范围不只限于本书。在阅读与思考中我遇到了人性论、认识论、本原论、生存论等诸多问题，带着问题意识重读曾经读过的书籍让我对先哲的理论以及这些理论间的关系有了更为深刻的理解。在这一过程中我也摆正了对许多问题的态度（如宗教），最为深切的感受是：法律作为思想与现实的接驳点，承载的是生存这一最为重大的问题。当然，无论是阅读还是思考，我都难以避免在自己有限的学识与一些难以消除甚至难以觉察的偏见的影响下对一些思想做庸俗化的理解与思辨，因而我的很多理解肯定是漏洞百出的，但这些问题似乎只能在阅读和思辨中加以克服，目前得到的一些答案无疑只是暂时的。

　　在读书笔记中我尝试探讨了刑罚与社会契约论、人性论、道德、宗教以及人的内在秩序的关系，我认为这些分析与探讨是有必要的。刑罚作为守护社会的最后一道防线，不仅要体现防卫性，更要体现"最后"的谨慎与谦抑。

一、诞生自社会契约的刑罚

段落一：

> 神明启示、自然法则以及社会的人拟协约，这三者是产生调整人类行为的道德原则和政治原则的源泉……在堕落的人脑中，神明启示和自然法则……早已被虚伪的宗教和无数随意的善恶概念所亵渎了，因此，看来需要单独研究根据共同需要及功利加以表述或设想的纯人类协约的产物……（协约的产物）迫使最固执己见、最不信教的人也遵守促使人类过社会生活的那些原则……政治美德的观念，可以名正言顺地说是千变万化的。

——《致读者》

段落二：

> 人们牺牲一部分自由是为了平安无虑地享受剩下的自由。为了切身利益而牺牲的这一份份自由总和起来，就形成了一个国家的君权。君主其实就是这一份份自由的合法保存者和管理者……保管还不够，还必须保卫它不受每个私人的侵犯……需要有些易感触的力量来阻止个人专横的心灵把社会的法律重新沦入古时的混乱之中……如果采用的力量不直接触及感官，又不经常映现于头脑之中以抗衡违反普遍利益的强烈私欲，那么，群众就接受不了稳定的品行准则，也背弃不了物质和精神

世界所共有的涣散原则。

——《刑罚的起源》

在对刑罚起源的论述中，贝卡里亚基本采取了社会契约论的观点，这在他对神明启示、自然法则以及社会的人拟协约三者间的关系的阐发中便足以窥见。在他看来，人拟协约所要求的政治美德能够使所谓"堕落的人"也遵守"促使人类过社会生活的那些原则"，这一论述与今日"法律是道德的底线"颇为相似。今天，由于缺少参照物，科学发展的高度似乎难以测算，但科学的精神随着教育的普及已在较大的范围内深入人心，人们对理性无以复加的推崇使得启示的力量日渐衰微。宗教作为几十个世纪以来承载人们精神寄托的信仰支柱，其式微并不仅仅意味着世界的"祛魅"，更意味着神明启示带来的道德教化在世俗社会大范围的崩溃瓦解。在稳固的共同精神版图大范围沦陷后，尽管仍然有强大的话语权试图重塑人们的信仰根基，但精神上（在集体意义上）空前独立也（自宗教崛起以来）空前迷惘的人们还是四散开来，绘制出空前多元的思想文化图景。这样看来，我们这个时代似乎有着更多"随意的善恶概念"与"堕落的人"——或者说，思想独立的人——那么相应地，社会的人拟协约及其要求的政治美德的重要性也就不言自明了。

无论社会契约是否是一种美好的虚构，现实是，我们的社会需要这样一种理念，因为社会契约是以现实人性为基础构建的，并不依赖宏大的叙事（甚至在很多时候支撑着宏大叙事）。这在当下这样一个价值多元的时代显得尤为关键，事实上，在我看来，贝卡里亚的论述时刻面向人性与人的常情实感，这或许是他的理论具有超越时代的价值的原因之一。

总的来说，社会契约诞生于人们生存与繁衍的现实需要，为了享受社会带来的种种益处，人们舍弃部分自由以享受更为重要的自由，由被让渡的自由形成的政治权力合法地保存并保卫更为重要的自由。历史的经验告诉我们，欲望使得权力与权利的行使不约而同地向着边界运动，少量权利或权力的越界或许对社会总体影响不大，但作为一种坏的示范，这样的越界行为仍应受到一种"易感触的力量"的约束，在贝卡里亚看来，这样的力量便是刑罚。

二、现实的论述基础——自我保全

段落一：

君主惩罚犯罪的权力……以维护对公共利益的集存、防范个人的践踏为必要限度……道德的政治如果不以不可磨灭的人类感情为基础的话，就别想建立起任何持久的优势……"公正"，我指的只是把单个利益联系在一起的必要纽带，否则，单个利益就会涣散在古时的非社会状态之中。如果刑罚超过了维系上述纽带的需要，它本质上就是不公正的。

——《惩罚权》

段落二：

刑罚的及时性是比较有益的……犯罪与刑罚之间的时间越短，在人们心中，犯罪与刑罚这两个概念的联系就越突出、越持续，因而，人们就很自然地把犯罪看做起因，把刑罚看做不可缺少的结果。事实上，这些概念的结合是建造整个人类智慧工厂的水泥，否则，欢乐和痛苦就成了一些无结果的孤立感情。

——《刑罚的及时性》

段落三：

有人会说，从教育上的差别以及一个富贵家庭将蒙受的耻辱来看，对贵族和平民处以同等的刑罚，实际上是不平等的。对此，我回答说：量刑的标尺并不是罪犯的感觉，而是他对社会的危害……刑罚的平等只能是表面上的，实际上则是因人而异的。犯人家庭所蒙受的耻辱，可以由君主对无辜家庭公开表示的恩惠所洗刷。谁不晓得这种感人的手续对轻信和惊叹的人民来说能够取代理性的地位呢？

——《对贵族的刑罚》

在阅读本书的过程中，读者很容易感受到作者对人性与情感的考量。在论述刑罚权问题时，作者便明确指出人类感情在政治对自身正当性加以确认的过程中发挥的基础性作用，因此，对人性与情感的追问相当必要。

通过对外部世界的观察和对内心世界的探察，人们能够认识到人性的复杂性，一部分思想家曾尝试追溯人性的起点，围绕性善论与性恶论这两个极端构筑自己的人性论，但缺乏力证的先入为主的论断显然是脆弱的。"性相近，习相远"的经典论述为大多数人所接受，但这显然也回避了对人性本质的追问，这也许是因为孔子认为对共同人性的存在的确认应当先于对人性本质的确认，但这样论断式的确认本身也难以证实。但反过来看，如果否认共同人性的存在，对社会交往的解释就无从展开。因此目前看来，我们只好权且预设它存在，在这一预设的基础上，我们或许还能够预设，大部分人类的心理结构间存在着能够维系社会交往的最低限度的相似性，而所谓的共同人性也许是对这种相似性的部分组成的不精确描述。以纯粹的社会契约的观点来看，人们"签订"人拟协约是出于保存自身的需要，这样的需要正是人类心理结构的最低相似之处，因此共同人性的基石应当是保存自身的利益。

这样的一种对人性的看法很容易受到批评，反对者能够轻而易举地举出许多感人的例证。我的讨论似乎没有为情感留下空间，如若保存自身的利益是一种共识，人们似乎理应完全按照理性活动，但我认为，保存自身并不只是生物学意义上生存与繁殖的粗糙需求，更有对稳固精神世界的保存需要，这种需要通常固化为我们指称作信念的抽象存在，它们构筑了一个人确认自身存在的根基。在社会交往的过程中为将信念现实化而做出的各种行为时常被视作由感情主导的行为，但在我看来，这些行为本质上是出于自我保存的需要。

当然，并不能简单地认为出于生理上的保存需要做出的行为是理性的，出于精神上的保存需要做出的行为就是感性的。试想，如果将理性定义为"以满足自身保存需要为行为准则"，那么一切（甚至是动物的）行为似乎都是理性的；如果定义为"基于现实恰到好处地处理两种保存需要间的矛盾的能力"，那么这一标准未免过于模糊与苛刻（当然，绝对意义上的理性应当是严苛的）。理性难以被精准地描述与定义，但可以明确的是，如果从自我保存的角度加以理解，感情就绝不能被轻易地排除在理性主宰的精神活动之外。所谓刑罚对人类感情的考量，在我的理解中与对自我保存的需要的考量等同，这样的论述也许会被批评是在用语上来回颠倒、混淆视听，竟试图将人类感情与理性混同。但事实上我所指称的"理性"并非与感性相对的那种理性，而是对包括物质需求与精神需求在内的需求加以系统、精密考量的理性。

犯罪与刑罚的问题也与此同理，如果我们将犯罪的动因视作某种自我保存的需要，将其结果视为对他人乃至社会的自我保存造成威胁，那么与此相对，刑罚基于这种威胁做出的回应也应当触及罪犯的自我保存需要，即贝卡里亚所说的"易感触的力量"。

这样的理念并不只体现在立法与司法的阶段，还需要体现在执法的阶段。作者在对较为普遍的认知规律加以探讨后，指出只有尽可能缩短犯罪与刑罚间的时长，才能使两者的因果联系得以强调，在这种联系造成的印象与人们自我保存的意识相联系后，达成预防犯罪的效果。可以看出，贝卡里亚在观照人性与情感的同时也在某种程度上利用人性与情感。

但应当注意的是，对人性与情感的考量并不基于特定个体的心理结构，在阅读《对贵族的刑罚》时，我曾感到疑惑，作者在此似乎否认需要在行使刑罚权时将人的感觉（情感）纳入考虑，而只以对社会的危害性作为量刑的标尺，这似乎与他在论述中对人性与情感的关注显得矛盾。但在仔细地研读后，我认为贝卡里亚实际上否认的是基于特定个体或阶层的情感立法、司法与执法，作为一部公法，刑法应当关照的是人类心理结构的最低相似性，否则作为"把单个利益联系在一起的必要纽带"的公正便无法得到彰显。

在《对贵族的刑罚》这一章的最后，贝卡里亚认为贵族受刑罚给家族带来的耻辱可以通过君主的公开施恩得以洗刷，因为"这种感人的手续对轻信和惊叹的人民来说能够取代理性"。在今天看来，这种对人民的认识是对人民的污名化，但考虑到强大的封建与宗教残余在当时欧洲的影响，这样的认识也许也有其合理性。这样的相似性也许在今天已经萎缩，毕竟在一定的社会背景中，人们社会交往活动形成的诸多信念在一定范围内的传播会在相当程度上塑造集体的心理结构，因而就此对贝卡里亚进行的指控应当是站不住脚的。我们能够发现的只有一点，那便是贝卡里亚似乎是在试图利用现实人性与情感实现社会治理。

三、形塑道德，刑罚的未来导向

段落一：

> 以悬赏的方式买取被认为是罪犯的人的头颅，并使每个公民成为高挽袖口的刽子手，这是否有益呢……一向矛盾的立法者，一方面把人猜疑的心灵引向信任，另一方面却在大家心中挑拨离间。它不是在预防犯罪，相反，倒是在增加犯罪……只有依靠这种（政治与道德的必然）结合，人民才能享受幸福，国家才能获得和平，世界才能摆脱笼罩它的不幸……
>
> ——《悬赏》

段落二：

> 预防犯罪的再一项措施是：奖励美德……慈善的君主所颁布的奖励为什么就促进不了道德行为的昌明呢？
>
> ——《奖励》

段落三：

预防犯罪的最可靠但也是最艰难的措施是：完善教育……教育通过感情的捷径把年轻的心灵引向道德。

——《教育》

段落四：

仁慈是立法者的美德，而不是执法者的美德；它应该闪耀在法典中，而不是表现在单个的审判中……自在的第一动因所创立的无限体系，安排人们在宇宙的这一角落领略这种（对幸福的）享受。

——《恩赦》

段落五：

不少人把国家仅仅看作一架复杂的机器……这些人对陶冶温柔高尚的精神处之漠然，却把人的心灵当作乐器来弹拨，当他们发现某些最珍贵的感情和最强烈的欲望有利于自己的目标时，便会用其稳健的精明去激发这些感情和欲望。

——《犯意，共犯，不予处罚》

在《致读者》中，作者颇为仔细地区分了神明启示、自然法则和社会契约，并声称自己将"单独研究根据共同需要及功利加以表述或设想的纯人类协约的产物"。以最单纯的方式理解，前两者似乎分别指向宗教与道德，但在本书中，作者并未完全将它们置之不顾，本节旨在探讨道德以及道德在贝卡里亚的刑罚思想中的地位。

从选段中可以看出，作者相当重视道德在政治生活中的作用。站在刑罚思想体系的视域下，这与他所持的预防刑论观点密不可分。作为引导人心的一股重要力量，道德教化在预防犯罪上有着不可忽视的作用。

那么，道德该如何定义呢？它果真是一种永恒不变的"自然公正"吗？从本书来看，作者似乎确实是这样认为的，他认为存在着一个"自在的第一动因所创立的无限体系"，以我浅薄的理解，这样的一套体系近似于柏拉图描绘的理念世界，是一套理想的、道德的、合乎自然理性（如果它存在的话）的安排。依此观点来看，道德在这一无限体系中也为所谓的"第一动因"所规定而自有其理型，以勇敢为例，作者甚至认为"同勇敢的罪犯相比，卑下的罪犯对一个国家更为有害"。

以这样的理解为基础，我试图做出一些大胆的批评。在我看来，所谓道德，其实是在社会演进中形成的一套评价体系，它发端于人类心理结构的最低相似性，又在社会交往中反过来形塑人们从而形成新的相似性，在特定时空条件下表现为特定群体的心理结构相似性。当然，我所预设的这种心理结构的相似性在事实上是对人性话题的模糊回应，甚至是对本质问题的一种回避，但是，在脑科学、心理学尚未探明人心的奥秘之前，在我尚且不具备系统完备的心理学知识背景时，我只能以这样一种笼统的预设来尝试解释我所观察到的社会现象。

总之，我的基本态度是，道德并非某种"先定"的存在，它生成于社会交往的过程中，在社会演进中动态变化。事实上，只需要稍微审视道德观念便能发现，道德基本上以一种"反人性""反自然"的姿态存在，即道德的要求往往与人们利己的欲念相对抗，在这里我指的是一种被指称为"自私"的利己，而非普遍意义上自我保存的利己。但事实上，一旦利己被扩大为普遍的自我保存，由此产生的行为在很多情况下便同样开始面临"不道德"的批评（很常见的一种批评是"自我满足"）。当然这样的讨论未免太过复杂，但我们从中不难看出社会观念变迁中道德标准的改变。为了简化问题，我们权且对"利己"做前文所提到的那种限缩解释，从道德"反人性""反自然"的属性来看，它实际上在要求人们为公共利益做出奉献，贝卡里亚认为"勇敢并不是多见的，只要有一种慈善的力量做引导，就能使罪犯为公共福利服务；而怯懦则是比较普遍的、流行的，并总是专门为己的"，在论述中，他所说的怯懦的罪犯指那些揭发同伴的罪犯，而勇敢的罪犯自然便指的是那些放弃不受处罚的机会而不愿指控同伴的罪犯，站在这一犯罪团体的角度看，勇敢者事实上是在为这一群体做出奉献，这样的一个群体又何尝不是基于成员的保存需要而形成的呢？在社会这样一个大的群体中，可以发现，社会生活中通常指称的道德，实际上是那些驱使人们为群体利益奉献的观念的集合。

回到本书的议题，道德塑造对犯罪预防的意义已在历史上被反复证明。贝卡里亚所提到的奖励美德、完善教育都是重要且已被普遍认可的手段。作者的论述的新颖之处在于，他指出了政治道德和所谓的自然道德在特定情景下发生矛盾的事实。

《犯意，共犯，不予处罚》中集中体现了这样的矛盾：对揭发同伙的罪犯不予处罚的规定与人们对背叛行为朴素的厌恶情感产生了强烈的冲突。在以我的预设为基础开辟出的解释路径中，人们对背叛的厌恶事实上也源于自我保全的天然倾向，在经过有限的观察与粗浅的理解后，我得出一个尚待倾覆的观点：自我保全是一切朴素而纯粹的道德观念的源头，感情作为中介在二者间搭建起桥梁，宏大的叙事则在这座桥梁周围升起迷雾，尽管宏大叙事本身也通过某种感情与自我保全紧密联系。在这一论述的基础上，我可以说，朴素的道德直觉源自集体性的自我保存需要，被要求表征为对集体的贡献，但最终仍在逻辑上服务于贡献者的自我保存，尽管事实是，这样的要求通常会引起贡献者不同的保存需要间的冲突。

当然，我并不是在反对自然道德，既然发乎保存需要，它便有其合理性，但它引起的观念冲突乃至现实混乱却不容忽视。贝卡里亚提出的解决方案是将政治道德与自然道德结合起来，让法律的要求向自然道德贴合，让法律为自然道德背书，甚至在一定程度上引导社会的道德观念。这种引导朝向何方呢？在我看来是朝着能够支撑一个能够有效协调个人自我保全与集体保全的社会的方向。尽管尚未被发现，道德在逻辑上应当是有理型的，但这种所谓理型并非源于某个自在的第一动因，而是源于不同的心理结构通过社会交往实现的相互形塑。

回到贝卡里亚设置的案例中，一种朴素的道德直觉与法律的规定产生了冲突，是否需要法律妥协呢？贝卡里亚认为在法典中明确规定揭发不予处罚有助于削弱犯罪者间的团结，因而能够预防重大的犯罪，同时他还考虑驱逐告密者，因此尽管有观念冲突的危险，他仍然支持这项制度。在今天的刑法中，我们也可以看到，检举揭发同伙另犯罪行的罪犯可以根据立功表现得以减轻甚至免除处罚。这说明，检举揭发的制度的设置有其现实土壤，从结果上看，它促成了结果正义的实现，能够在维护社会肌体健康的同时满足人们对公正的需要。

但是，冲突仍未得到解决。在我看来，将政治道德与自然道德加以区分的意义其实正在于对自然道德加以重组，自然道德虽然纯粹，但在具体问题的解决上无疑是粗糙的，甚至常常是相互冲突的。政治道德尽管要贴合人们朴素的道德直觉，但也要对自然道德加以打磨。以预防刑论的观点来看，刑罚也担负着引导道德的作用，每一项规范、每一个判决，都在潜移默化中重塑社会的道德观念。但值得注意的是，如贝卡里亚所说，刑罚的宽和应当体现在立法阶段，而非司法与执法阶段，毕竟罪刑法定的原则不应当被打破，否则法律的公信力、约束力都将受到极大的打击。

同时，我们还需要警惕阴谋家对原始情感与道德直觉的利用。贝卡里亚在赞同刑罚的引导作用的同时也认为要防止那些"陶冶温柔高尚的精神"的人以其"稳健的精明去激发"那些"最珍贵的感情和欲望"，但这样的界限无疑是难以把握的，连贝卡里亚自己也提出贵族受刑罚给家族带来的耻辱可以通过君主的公开施恩得以洗刷，因为"这种感人的手续对轻信和惊叹的人民来说能够取代理性"。这样的认识也许是由于他身处的时代对他的限制，但站在今日，对于类似的认识，无疑是需要警惕与反思的。

四、神圣王冠的易主

段落一：

有些人认为：罪孽的轻重程度是衡量犯罪的标尺……人与人之间的关系是平等的，只是为了解决欲望的冲突与私利的对立，才产生了共同利益的观念，以作为人类利益的基础。人与上帝之间的关系是依赖于上天和造物主的，只有造物主才同时拥有立法者和审判者的权力……如果说人们的侵害行为可能触犯上帝的无上权威的话，那么，人们的惩罚活动同样可能触犯这一权威。

——《在犯罪标尺问题上的错误》

段落二:

尽管自杀是一种应由上帝惩罚的过错,因为只有上帝能在人死后实施惩罚,然而,自杀毕竟不是针对他人的犯罪。

——《自杀》

段落三:

我们的感情是有限的,人们越是尊重法律之外的事物,他们留给法律本身的尊重就越少。

——《自杀》

段落四:

对法律的畏惧是健康的,然而,人对人畏惧则是有害的,是滋生犯罪的。

——《如何预防犯罪》

段落五:

那些胆敢触犯人类最神圣的法律和法典中最重要规定的人,怎么会遵守那些细碎的、纯粹随意制定的法律呢?

——《虚伪的功利观念》

段落六:

任何一种法律制度都与宗教共享某种要素——仪式、传统、权威和普遍性。人们的法律情感赖此得以培养和外化;否则,法律将退化为僵死的教条。同样,任何一个宗教内部也都具有法律的要素，没有这些，它就会退化为私人的狂信。

——伯尔曼《法律与宗教》

同道德一样，宗教信仰在《致读者》的部分被作者称颂一番后便在事实上被排除于主要的讨论之外。尽管如选段所见，宗教的影子仍不时出现在论述当中，但不难看出，贝卡里亚的论证表现出了一种对宗教的微妙的排斥与利用，在封建神学观念依旧强大的社会背景下，批判宗教无疑是危险的。在本书发表后，贝卡里亚也确实遭到了教会的抨击。宗教作为一种理解成本较低的信仰对象，为社会上的绝大多数人提供了生活意义所在以及对自我存在的确信，这有助于人们精神上的自我保全，并在一定程度上有助于社会治理，即便在今日，宗教仍然有相当壮观的市场，甚至作为文化融入人们的日常生活中。因而，在诸多现实因素的影响下，尽管秉持社会契约的思想，作者并未对宗教一味拒斥，甚至在表达对宗教的敬意的同时巧妙地利用了宗教。

贝卡里亚的论述逻辑在于，上帝是唯一的立法者与审判者，其启迪是引导与规训，而非裁判依据，任何人无权代替上帝行使审判权。在他的讨论中，宗教往往是对犯罪不予处罚的理由，事实上也就是辩护理由，而非惩戒理由，从这一点来看，我认为是对宗教的影响力的一种利用。

与此同时，我注意到作者的另一种努力——将宗教神圣的王冠易主，为法律加冕。

如前所述，宗教之所以能够在人类相当长的历史里产生广泛而深刻的影响，是因为它作为一种理解成本较低的对世界与人生的解读路径，能够帮助人们确认自身在外部世界的位置，并由此巩固自身存在的根基。在我看来,与情感在自我保存与朴素道德观念之间的中介地位相同。所谓信仰,也是联系自我保存需要与宗教叙事认同的中介,正是在对宗教叙事的接受中,人们的心中产生了信仰。这里的信仰,我将其限缩为纯粹的信仰情感并加以理解。在此,我的观点是,能够使自我保存的需要与某种观念紧密相连的,一定是某种情感。那种与感性相对立的理性或许能够帮助我们理解某种观念,但最终促成对观念的确信的或许只能是情感。这既是受我们无法精准、完美地解释外部世界的现实所限,也是出于人类在与外部世界的交互中建构自身的需要。

因此,能够在保存需要与法律观念之间形成确信的,也应当是某种情感。

何谓宗教的神圣王冠呢?我认为正是对宗教的信仰情感。这样的一种情感能够区别于畏惧:宗教情感通过对人的私欲的肯定与承诺唤起(以基督教为例,构想天堂便于人们安置私欲),畏惧感则通过对人的私欲的否定与压迫唤起(主要指公法,尤以刑法为代表),因而前者能够更为充分与轻易地内化于人的心灵。虽然贝卡里亚认为"对法律的畏惧是健康的",但他似乎也认识到总有人"胆敢触犯人类最神圣的法律和法典中最重要规定"。正如《法律与宗教》一书所述,"在其他手段都无法引人尊敬的地方",刑法也无法使人畏惧,因而真正能够阻止犯罪的是根植于"法律不仅是世俗政策的工具,而且还是生活终极目的和意义的一部分"这一信念的"守法的传统"。贝卡里亚似乎也有这样的一种模糊的意识,因此我们能看到他试图借助宗教构建对法律的信仰的努力。

也许有人认为,对法律的信仰情感是有害的,会麻痹人们对法律合理性的质疑,阻碍人们对"良法"的追逐。但我认为,由于人类的认识水平与客观现实的局限性，目前看来，人类似乎还将在相当长的时间里依靠并不完美的法律来维系社会的运行。我们需要唤起的是对守法观念的信仰，对法律存在的必要性与合理性的信仰，而非对某部法律的盲信。依靠纯粹理性指导的生活对绝大多数人来说都是难以忍受的（如果说纯粹理性存在的话），对于绝大多数生活在单向的线性时间中的人来说，需要类似信仰的情感维系他们对未来的预期，毫无疑问，这样的预期也是人类赖以建构自身存在的重要力量。

伯尔曼在《法律与宗教》中探讨了作为人类神圣观念的宗教与作为人类正义观念的法律的关系，并指出在不同的社会中法律都以不同的方式借助人类有关神圣事物的信念塑造能够唤起人们为正义观念而献身的激情。如何理解这种观念上的"渗透"呢？贝卡里亚认为法律中的公正（社会公平与正义）是一种简单的思维方法，在此之外，还存在着一种"上帝所宣布的并与未来生活的赏罚有着直接联系的另一种公正"。从这个角度展开理解，其实法律中的公正与宗教叙事中蕴含的公正都有着同样的逻辑：诸行有报。在我看来，建构这样一种观念其实是为了满足人们在与外部世界交互中对自身行为收到的稳定回应的需要，这易于理解，因为唯有稳定的回应能帮助人们建构起稳定的自我。既然二者都能满足，为何需要宗教情感"渗透"进法律情感中？为何需要神圣观念来呼唤为正义献身的激情呢？我认为原因在于刑罚对人的侵犯作为一种"易感触的力量"构成了人们对法律最直观也最主要的印象，这样的印象容易让人心生排斥，而宗教式叙事的救赎倾向则更能够被人们接受。

肯定会有人指出遵守法律通常也是宗教对人们的要求，往往也与"上天堂"的承诺相联系。但需要注意的是，像这样的法律与宗教的简单结合的后果往往是上帝代言人(通常也就是掌权者)的罪刑擅断,这也能帮助我们理解为何贝卡里亚要在《致读者》部分就急匆匆地与宗教与道德撇开关系——陈旧的宗教和道德对法律无孔不入的渗透已为那些掌握了话语权的人们所利用,贝卡里亚要建立的是一种新的话语权:区别于宗教的对法律的信仰。

伯尔曼有两个代表性的观点:"法律必须被信仰,否则它将形同虚设"以及"没有信仰的法律会退化成为僵死的教条,没有法律的信仰将蜕变成为狂信"。站在社会契约论的视角下,对法律的信仰表现为对法律能够合理定义并保障私人权利——仔细考量,这似乎也是对这样一份社会契约所蕴含的价值观念的信仰。在学习法律时,我们经常被提醒要把握法条内蕴的精神与价值,社会契约正是将这样具有普世意义的价值观念与人们自我保存的需要契合来产生情感上的共鸣,再通过一系列论证达成自洽,进而使这样的情感固着为信仰。也就是说,这些"被发现"的价值是根据保存需要建构的,它们在自证中达成自洽,这些价值与狭义上的宗教价值的合理性最终都在于满足保存需要。

我们可以看到,无论社会契约论建立的初衷为何,它确实能够帮助我们解决对法律的信仰问题——像宗教允诺天堂一样,它允诺了一个更好的社会。这种以公共利益作为中介将遵守法律与私人利益联系的方式似乎能够在唤起人们对法律信仰的同时保存一定的反思空间,毕竟从社会契约的理论看,个人利益先于公共利益而存在。因此从逻辑上讲,在没有特殊因素影响的情况下,人们对公共利益的认可一般而言很难高于对私人利益的认可,这会加强人们在私人利益遭到侵犯时反思与质疑的倾向。但这种反思与质疑将会是针对具体法律而非法律的存在本身的,也就是说,对法治观念的信仰不会被轻易动摇。然而将社会契约作为中介其实也会在相当程度上阻碍人们对公共利益的维护，甚至淡化人们对社会契约（法律）以及在此基础上建构起的各种价值观念的信仰，这种时候就需要刑罚来防范这样的倾向带来的影响。

私法常以肯定的方式彰显内蕴的价值观念，因而它容易被人接受并信仰，而公法尤其是刑法主要以否定的方式来彰显，它"易感触"的部分是它留给人们最直观的印象，因此它格外容易使人心生排斥。我认为，贝卡里亚是通过否定片面强调惩罚的旧刑法的方式将神圣王冠加诸刑法，他以罪刑相适应、罪刑法定等原则否定积极的刑罚权，用预防刑论将保存需要与刑罚的必要性尽可能直接地联系了起来，以这些理论内蕴的价值呼唤信仰的情感。在书中，他不仅指出了法律（当然其中包括刑法）应有的神圣性，强调对法律的情感，甚至还对奖励美德能起到的预防作用做了简短的探讨，这在相当程度上体现了他建构刑法神圣性的努力。

随着时代的发展，法律在惩戒之外表现出了更强的保障人权倾向，对入罪的限定也愈发严格。这当然也是有助于增进对于法律的信仰的。也许如柏拉图所说，法治只是一个"次优解"，但对于天生倾向于自我保存的人类来说，法治也许是目前能够实现的"最优解"。

五、内在秩序感的建构

段落一：

　　既然存在着人们联合起来的必要性，既然存在着作为私人利益相互斗争的必然产物的契约，人们就能找到一个由一系列越轨行为构成的阶梯，它的最高一级就是那些直接毁灭社会的行为，最低一级就是对作为社会成员的个人所可能犯下的、最轻微的非正义行为。在这两极之间，包括所有侵害公共利益的、我们称之为犯罪的行为，这些行为都沿着这无形的阶梯，按从高到低顺序排列。

如果说，对于无穷无尽、暗淡模糊的人类行为组合可以应用几何学的话，那么也很需要有一个相应的、由最强到最弱的刑罚阶梯。然而，对于明智的立法者来说，只要标出这一尺度的基本点，不打乱其次序，不使最高一级的犯罪受到最低一级的刑罚，就足够了。有了这种精确的、普遍的犯罪与刑罚的阶梯，我们就有了一把衡量自由和暴政程度的潜在的共同标尺，它显示着各个国家的人道程度和败坏程度。

任何不在上述限度之内的行为，都不能被称为是犯罪，或者以犯罪论处，只有那些能由此得到好处的人才会这么做。

——《刑罚与犯罪相对称》

段落二：

刑罚和实施刑罚的方式应该经过仔细推敲，一旦建立了对称关系，它就会给人一种更有效、更持久、更少摧残犯人躯体的印象。

——《刑罚的目的》

段落三：

这两种犯罪（暴力盗窃和诡计盗窃）是具有本质区别的。

参差的数量之间存在着分解它们的无限量，这条数学公理在政治上也是极为正确的。

——《盗窃》

段落四：

罪犯所面临的恶果越大，也就越敢于逃避刑罚……只要刑罚的恶果大于犯罪带来的好处，刑罚就可以收到它的效果……除此之外（刑罚的坚定性与犯罪既得利益的丧失）一切都是多余的，因而也就是暴虐的。

——《刑罚的宽和》

段落五：

在政治上，为了计量公共利益而确定一些限度是必要的，就像在数学中为了计算数量而需要确定一些限度一样。

——《关于债务人》

段落六：

犯罪越是残酷，或者情节越是难以置信，证人的可信度就越是明显降低。

——《证人》

贝卡里亚的"罪刑阶梯论"以及其中内蕴的由数学思维反映出的理性思维已为人们所熟知，原本无须赘述，但在仔细阅读文本后，我对数学思维在其思想中起到的作用有了更深刻的印象。

从选段中我们可以看出作者采用比大小、建立正反比关系等简单的数学技巧搭建起了精致的"刑梯"，他强调罪行的社会危害性与刑罚的强度及方式严格对应，这样的论述使刑罚论如同金字塔般直观精致,可以说,这契合大多数人的正义观念。贝卡里亚也对罪刑不对称的后果做了讨论,并认为最终会导致刑罚越来越重,最终无法超越"人类器官和感觉的限度"而丧失预防效果,甚至还会造成犯罪不受处罚的结果。

其实,在古代中国,也存在能够支持这一理论的事件。汉魏时期曾出现过恢复肉刑的呼声,这主要是由于汉文帝废除肉刑后,以髡钳城旦舂代替黥刑,笞三百代替劓刑,笞五百代替斩左趾,弃市代替斩右趾。但由于笞刑数太多,这些"轻刑"在实际上成了死刑,出现了"外有轻刑之名,内实杀人"的现象。这是死刑与徒刑间刑差过大的结果。在流刑被广泛采用后,流刑与今天的死刑缓期执行制度一样,在死刑与徒刑之间起到了缓冲的作用,有效地避免了官员在判案的过程中一味地追求效率从而导致刑罚过重,在面对"死刑既重,生刑又轻"的局面时,提供了较为妥当的选择。此外,唐朝判决疑难案件中采取"举轻以明重,举重以明轻"的简单比较法,虽然与贝卡里亚精致的"刑梯"相比显得粗糙,但都反映了数学思维在刑罚制定与实施过程中的重要作用。

数学通常被人们视作最为纯粹的理性存在的地方,它能否与人类自我保存的需要联系呢?在溯源数的起源后,我初步确定了这样一种联系的存在。

毕达哥拉斯强调"数是万物的本原",这与那个时代大多数重要的哲学家(从今天的了解来看)一样,都旨在发掘世界的本原,只不过与爱奥尼亚地区的自然哲学学派从质料因寻找本原的方式不同,他试图从形式因的角度探寻事物的内部规定性,简言之,他认为量的规定性关系决定了事物的性质。

事实上类似的观点在自然哲学学派那里也已表达,持"气本原说"的阿那克西美尼便认为气在万物转化过程中的聚散程度决定了事物的性质。持"原子论"的德谟克利特和毕达哥拉斯的观点更为接近，他认为决定事物性质的是原子的形态、次序和位置。

表面看来，他们的思想与今天的唯物主义十分接近，只是对自然世界的朴素解释，但隐藏于对自然本原的探索欲望之后的，其实正是他们探求自身进而建构自身的热切愿望。

在毕达哥拉斯那里，数字有其独特的内涵，暗示了一种宿命式的决定论，而数的具体意涵又基于一些看上去十分牵强的理由（4 和 9 分别是第一个偶数 2 和 1 之后第一个奇数 3 的平方，因而象征着正义；八度音是谐音，因而 8 象征着爱情与友谊），有浓厚的巫术色彩，在某种程度上与《易经》相若。

在我看来，无论是对质料因的解释还是对形式因的建构，他们最终都执着于对动力因以及动力因背后的目的因的探寻，也就是说，对世界本质的探寻最终是对人生意义的追问。这也可以为上一篇对宗教吸引力的论证提供新的论据：上帝作为第一动因（第一推动力）能够解决大部分的烦恼。当然，也有否认动力因与目的因的理论，德谟克利特便认为运动是原子固有的属性（本质），因此也就无须一个精神性的推动力来决定它的目的。这样的论述极为接近今天的唯物主义，但这种以事物内部规定性取消外部推动力的观点又何尝不是在对世界的解析中建构人类的存在？所谓内部规定性何尝不是对人生意义的回应？

因此，依我浅见，对自然界和人类社会的探寻最终都是为了提供一种生存论，纯粹的知识论似乎是不现实的，无论是否自觉，人类对外部世界秩序的考察最终服务于自我内在秩序的建构，事实上也是在满足自我保存的需要。

回到对刑罚的探讨来，贝卡里亚其实也是在通过数为刑罚确立一种内在规定性（秩序），这不仅满足了人们对刑罚存在之意义（外部秩序的内在秩序建构）的要求，还使得人们能够在这样一种秩序中实现对自身内在秩序的建构。

此外，值得关注的是，贝卡里亚试图在犯罪证明中建立起函数式的判断标准，甚至不乏机械决定论的色彩。比如选段六中提出的观点，看上去就有武断之嫌，当然也必须理解它对抗的是当时认为"犯罪越残暴，证人证言越可信"的理论，这种理论显然极容易带来先入为主的判断，在它的指导下也更容易出现误判。如此一来，在这条"公理"指导下产生的"疑罪从无"原则也就不难被理解与接受了。

结语

《论犯罪与刑罚》成书于 259 年前，虽时过境迁，其中的思想却历久弥新，许多理念与当代的法治理想也甚为契合。贝卡里亚试图建构的信仰与秩序虽不完全适合今天，但其思想精髓仍值得我们学习、品味。

学 者 点 评

无疑，时年26岁的贝卡里亚提笔写下的《论犯罪与刑罚》是我们讨论刑罚的目的、解读罪刑法定的意义、理解罪刑相适应的含义、探索刑罚人道主义的价值、思考死刑存废等诸多法治问题绕不开的作品。从篇幅上看，这部经典名著只是一本小册子，但研读起来并不容易，其中既有时代背景的原因，也因为其表达晦涩、微言大义。黄泽钒同学的读书笔记中也提到，刚开始读感觉有些无趣，于是采取片段摘抄整理的方式，在做笔记的同时思考相关的问题。在以这样的方式读完一遍之后再带着思考的问题重读这本书时，对其中的观点有了属于自己的更为深刻的理解。这种读书的态度是值得推崇的。

在初看这份读书笔记时，我还有点"腹诽"：为什么不为自己的文章命题？是不是太缺乏问题意识了？读完之后我的结论是，这就是一份笔记，是一份很好的笔记。

读书笔记非常重要的是要留下读书的痕迹，但又不能过于零散。黄泽钒同学围绕《论犯罪与刑罚》书中关于刑罚与社会契约、人性、道德、宗教、人的内在秩序等社会现象的关系的阐述展开讨论，夹叙夹议，收放自如，让这份读书笔记的读者可以在贝卡里亚的观点与黄泽钒的解读间来回游走，有一种当代中国青年与17世纪那位意大利年轻人隔空对话的奇妙感觉。

更为可贵的是，这份读书笔记不是按照内容的排列顺序来写的，而是按照上述刑罚与社会现象的关系来写的，这就需要熟悉全书内容，将书中不同部分的相关观点按逻辑性整合在一起。在整合观点之后，黄泽钒同学对这些观点进行了解读，解读部分的理论和思想性都很突出。

这份几乎算是"无题"的读书报告以其问题的聚焦性、思想的成熟性及文字的流畅性征服了我。希望没有读过《论犯罪与刑罚》这本名著的人在读完黄泽钒同学的读书报告后能有一种立马阅读的冲动。相信，读完之后，你会感慨：经典就是经典！就如泽钒同学一样，认同法律作为思想与现实的接驳点承载着太多的社会价值，从而树立起法治的信念与信心。这是读书给我们带来的力量。

上海财经大学法学院副教授　曾坚

安吉拉·卡特是 20 世纪文学史上的巨人，被拉什迪、麦克尤恩、石黑一雄、阿特伍德等一众大作家拥戴为一代文学教母。《焚舟纪》是她的短篇小说全集，收录 42 个短篇，包括曾经出版过的四个集子《烟火》《染血之室》《黑色维纳斯》《美国鬼魂与旧世界奇观》和六篇未曾结集作品。

这些短篇多以神话、民间故事、文学经典为蓝本，文学女巫卡特以精神分析学原理透视和拆解这些全人类的文化遗产，在旧世界的意识元件中植入女性主义观点，重装新世界的神话和传奇，构筑起与整个父权文化的神话和传说体系相抗衡的"神话重塑工程"，成为幻想文学和女性主义的伟大经典，产生了广泛而深远的社会影响。

《焚舟纪》，［英］安吉拉·卡特著，严韵译，南京大学出版社 2019 年

作 者 自 述

　　曹饶琪，上海财经大学人文学院伦理学专业2022级硕士研究生。

　　读书是目的，而不是手段。文字不是我们学习后使用的稳定对象，而是建立在一次又一次对话上的动态变化。自我是一束知觉，爱与恨，思想、感觉、观察也不过是一场领悟。

　　欣赏语言的魅力，享受思想的交锋。希望阅读安吉拉·卡特的文字，首先是一段愉快的旅途。

结束放逐就是结束存在

安吉拉·卡特《焚舟纪》的英文是 *Burning Your Boats*，实际上来自欧洲谚语——"渡河之后，烧掉你们的船。"

译者严韵费心琢磨将之译为《焚舟纪》，可谓妙极。"焚舟"是一条界线，生与死、苦与乐、自我与他者、现实与荒诞在河岸遥望相隔，交织出无穷的张力。而一个"纪"字点明一匣五卷的文字构建出一个幽树艳花之地、一个光怪陆离的狂欢节马戏团。作者安吉拉·卡特就在迷宫般的故事间巡回演出，反复无休，如醉如痴，为我们捧出一场几乎要灼伤双目的焰火表演。

一、经典变奏与被放逐者

"理性的时代已经结束了。"（Rational Era is over.）

《新夏娃的激情》开篇便道出了卡特的写作特色。她追求的是一种文体快感，叙事效果，她的天才在于找回了未经"驯化"的故事，即使冒着"返祖"的风险，她也要呈现一种原始的感官。

好友萨尔曼·拉什迪在悼文中评价安吉拉·卡特，"这个作家太富个人色彩。风格太强烈，不可能轻易消融；她既具形式主义又夸张离谱，既是寓言家又是社会主义者，既紫又黑"。的确，卡特从来都是一个不把规矩放在眼里的作家。她使用、讲述，抑或改写的都是传统现实叙事之外的母题，从神话、传奇、宗教经典、精怪故事到传奇戏演。她的小说游离于历史、空间和时间边缘，借由眼花缭乱的奇诡意象变形，进行肆无忌惮的戏仿和解构。当然，还得加上她那标志性的华美语言和尖锐评论的追逐纠缠。

经典变奏向来是卡特的拿手好戏。她把目光投向文学史上的人物和文本，捕捉填充经典文本中边缘人物的解释空间，在一场又一场的招魂会中重塑传奇。《黑色维纳斯》是对波德莱尔《恶之花》中"黑色维纳斯组诗"的一次浓墨重彩的戏谑变奏。《艾德加·爱伦·坡的私室》致力于以根植于作品细节的想象，诠释和填充作家不为人知的神秘生平。《〈仲夏夜之梦〉序曲及意外配乐》则是对莎士比亚的一场别开生面的致意。《圣经》同样是她的素材库，《穿越森林之心》中的兄妹无异于现代表述下离开失乐园的亚当夏娃。

卡特曾在访谈中提到自己是弗洛伊德等精神分析学家的读者，而童话、传奇、宗教和文学经典等作为意识形态的产品都包含着几千年来的无意识沉淀，蕴含习俗与政治的动能，存在于虚构的空间中，对具体的痛苦处境模糊化处理。这些集体记忆在不知不觉中塑造和制约着人们心理和观念的结构，代代因袭、覆写、沉积，直到成为一个难以逃逸的传统。她写下大量的梦境，通过映射、置换和变形的机制，将这些人们耳熟能详的文化遗产加以透视和拆解，在旧世界的意识原件中植入新的观点，重装为新世界的文本和话语系统。

民俗传说是她偏好的另一个题材。遭了卡特"毒手"的故事可不少：《扫灰娘》改写自《灰姑娘》，亡母的存在感从未如此之强；《雪孩》几乎看不出《白雪公主》原本的模样，短短千字便可彻底颠覆原始版本；《穿靴猫》自然改自《穿靴子的猫》，抛弃道德恶感之后这个故事可谓相当讨喜，既活泼又风趣；《师先生的恋曲》《老虎新娘》是《美女与野兽》的双重变奏，一个由兽化人而另一个则相反；《狼人》《与狼为伴》和《狼女艾丽思》更是提供了欧洲人狼传说三个现代版本的戏说。

这些变形在卡特的书写中不胜枚举，借助已然锤炼百年的传统虚构形象所蕴藏的丰富内涵，卡特致力于挖掘出全新的侧面，进行具有时代气息和奇情幻想的全新重塑。她的小说行文常常多重隐喻并进，经典形象在互文中流转纠缠。她笔下或危险或乐于助人的动物都象征着我们的动物性，代表我们的本能。危险的那种意味着本我——还没有屈从于自我和超我，积蓄着危险的能量。而帮助人的动物则代表我们的本我已经完全被驯服，可以为整个人类的利益服务。

《明智的孩子》里，卡特借笔下人物之口说道："这些灿烂的间歇有时会出现在生活不和谐但可以互补的故事中，如果你决定在这里停下，不再继续向前，那么你就可以管它叫大团圆结局了。"一个故事的圆满结局——看似美满的婚礼，或许只是另一个不幸故事（如女子产后早亡）的序曲。这可以解释她对非现实题材的迷恋，因为虚构中可以囊括极端的幸运与不幸、聪明与愚蠢、邪恶与高尚、故意挑起的纠纷、刻意制造的谜团。这种体裁正好弥补了她写东西唯一的缺点：有点儿刻奇。

曾受教于她的石黑一雄在访谈中说，"大部分英国人谈小说都是从非常现实主义的角度出发，喜欢高度现实主义的风格。安吉拉·卡特很抗拒这种风格,她自己非常喜欢童话、奇幻和科幻小说,但这些在当时的英国很不流行,这点我必须强调一下。与她交谈给了我很大自由,让我能跳出当时英国的现实主义文学传统来写作,给了我突破这种传统的信心"。

没错,卡特的书写有着异教徒传统的狂欢节气质,她关注传统的现实主义文学叙事中被放逐的、被边缘化的人物和题材,华丽异艳的文本下包裹着荒诞自由的内核。她的叛逆体现在从世界内部将其翻转,尝试描摹完全相反的可能面向。

二、他乡逸闻与存在审视

卡特的写作中常见他乡的逸闻奇事,但若只是为了给故事增添一种异国情调,则难免落入下乘。诚如尼采意欲重估价值中隐含的意味,价值与真理并非绝对的,因为有着各式各样看待世界的眼睛。激进如尼采也在《权力意志》里写道,"只想用一只眼睛看世界事物是'欲望的一种支配欲'","想把自己的透视角度当作规范强加给其他欲望"。

事实上,抽离出习以为常的生存环境,站在时空与文化的双重距离上审视自我,方知个体存在的独特意义。

卡特在《吻》中这样描写中亚,"在这些漂淡的苍白颜色中,那些古代陵寝散发彩虹的瓷砖硬壳更显炫目。凝视之下,鲜活搏跳的伊斯兰蓝会逐渐转绿;青蓝色与翠绿相互交错的球茎状圆顶下,玉棺里躺着曾经横扫肆虐亚洲的帖木儿。我们造访的是一座真正神奇的传说之城,这里是撒马尔罕"。

绮丽的颜色暗合存在于时间之外的故事情节:帖木儿的妻子想

在丈夫征战回来前建好清真寺给他一个惊喜，但建筑师则要求一个吻。帖木儿的妻子美丽、贞洁且聪明。她将一篮蛋煮熟染成十几种不同颜色，红蛋、绿蛋、紫蛋等，每一颗蛋看起来各不相同，但味道全都一样。王后说，所以你可以亲吻我任何一名使女，但请不要向我索讨。建筑师不久后向她献上三个碗，看似都盛满清水。但王后喝到第三碗却又咳又呛，因为碗里盛的不是水，而是伏特加。伏特加和水看起来很像，但味道大不相同，建筑师说，爱情也是这样。于是等到帖木儿凯旋去找妻子时，她却回避他，因为尝过伏特加的女人不可再回后宫。

不同色却同质和同色却不同质，千百色块交织在一起，最后得出的结论是，尝过伏特加的女人不可再回后宫。

《老虎新娘》中的父女离开俄罗斯时，"我们拥有黑土地，栖息着熊和野猪的青蓝森林，农奴，众多麦田与农庄，我心爱的马匹，凉爽夏天的白夜，烟火般的北极光。这么多财产对他来说显然是一大重担，因为他将自己变成乞丐之际大笑着，仿佛十分开怀，充满热情要把一切全捐给野兽"。

这个故事的开头就令人震颤不已："父亲玩牌把我输给野兽。"父亲赌博把一切都输给了老虎，这一切里除了土地与财产，还"理所当然"地包含了女儿。她先是满怀屈辱地乖乖地跟老虎走，用自己的身体和自由做代价来替父还债；之后自我觉醒，意识到其角色早已被定位、其生活早已被安排。当她还清了父亲的赌债可以回家和父亲团聚时，却选择拒绝回到父亲的身边，作为主体重新夺回了自己的控制权。结局是，她甚至还要反过来拥抱野兽，"每舔一下便扯去一片皮肤，舔了又舔，人世生活的所有皮肤随之而去"。

卡特与日本颇有缘分。获得毛姆奖后，因喜欢黑泽明，她用奖金前往日本并在那居住了两年，由此作品里常出现日本元素的变奏，当然，还有后来的诺奖得主日裔英国人石黑一雄曾在大学中受教于她的影响。

卡特的热烈故事里，也有着非常安静单纯的刹那。那些异常寂静迷人的时刻，的确有些"物哀"的意思。旅居日本的两年时间不长，却着实在其文字中留下了印记。旅居东京的两年是她的一次逃亡，而这一经历成就了《焚舟纪》中的另一部短篇小说集《烟火》。她发现日本这个国度既熟悉又陌生，与她异常吻合。她惊讶于这个东方社会的节制和秩序，又前所未有地为之感到空虚和不能把握，在遥远异乡，卡特再一次体会到堂皇人生里的荒诞与无稽。

她这样评价日本："这国家已经将伪善发扬光大到最高层级，比方你看不出武士其实是杀手，艺妓其实是妓女。这些对象是如此高妙，几乎与人间无涉，只住在一个充满象征世界，参与各种仪式，将人生本身变成一连串堂皇姿态，荒谬却也动人。仿佛他们全都认为，只要我们够相信某样事物，那事物就会成真……他们活得那么卖力有礼……于是有一种缥缈的美，就像厚重大书里干燥的花。"

《一份日本的纪念》里有着更为精确的剖析："但最动人的意象是我们在彼此眼中虚幻的倒影，映现的只有表象，在一个全心全意追求表象的城市。而不管我们如何努力想占有对方身为他者的本质，都无可避免会失败。"这洞见里不难看出萨特式存在主义的影响。

除了一整本《烟火》外，日本元素在卡特作品中也时常充当令人莞尔的装饰。譬如《紫女士之爱》中哑女拨弹的三味线，咿呀轻语地铺开故事的底色。读到这一篇时，我不免想到一个有意思的细节，源氏物语的作者紫式部，其英文译名 Lady Murasaki 不正是

Lady Purple——紫女士？

三、野火般燃烧的女孩

　　女性主义是卡特的标签之一，这自然不能概括卡特的写作，但她的故事中显然不会有永无岛或仙女教母，取而代之的是"聪明的妇人、足智多谋的姑娘和不惜一切的计谋"。卡特曾在她的批评文集《被删除的秽语》中说："好多年来，我都被告知应该想什么，怎么做，因为我是女人。但是后来我不再听他们（男人们）的了，我开始还嘴。"她还嘴的方式就是讲述故事，故事里的欲望亦是女性呼喊出自己声音的一种方式。

　　《焚舟纪》中收录了她最著名的短篇《染血之室》，改写自夏尔·佩罗创作的《蓝胡子》。新娘远嫁富有的贵族，丈夫理所当然地拥有一串象征着财富的厚重钥匙，同样，美丽的新娘理所当然地被警告，她可以打开城堡里每一扇门，除了其中其貌不扬的一小间，万万不能打开。这则熟悉的童话故事，重点并不在剧情架构，卡特的笔墨显然投注于它的各种变形。在爱情外表下潜藏微妙虚荣心的新娘，势利的仆从，淫逸嗜虐、自命不凡的新郎，还有脆弱悲悯的盲人调音师和以救世主面目出现的新娘那英勇的女骑士母亲。卡特的书写中男女两性并非绝对的主客体，他们其实互为欲望的客体。她不满足于单纯呈现女性经验、描摹变化的每个纤微时刻，而是探索了两性意识与话语的"回旋""对峙"和"凝望"。女主角相当自觉主动地投入财富和欲望的怀抱（隐约可见《蝴蝶梦》的影子），而跨马提枪赶来的母亲，又取代反转了原本作为拯救者的父兄。

　　不可否认，她成功恢复了我们最直接、最凶暴的一些身体感受。当传统是讲述爱情的纯洁、美好、非功利时，卡特说，如果爱情不让你感受到一点邪恶的话，就不是爱情。罪，是爱情的感受和要素，有罪，才能更激烈地体验生命的汪洋。"爱情至高无上、独一无二的愉悦，乃在于心中确知自己正从事邪恶之事。"

作为哲学专业的学生，我想为卡特援引梅洛-庞蒂创立的"身体-主体"概念作辩护。在长久以来的认知图景中，心灵总是超越于身体，有如属神的灵魂总是凌驾于属人的肉身。这一古典传统绝非只是基督教的书写建构，我们完全可以追溯到遥远的"两希"源流。希腊的哲人和希伯来的拉比不约而同地勾勒出一个预设的内在领域，回归身体的倾向性被描述为一种堕落，在那里，统治世界的是不可感的理念，区别只在冠以理性还是信仰之名。

然而我们活在一个丢掉了天真的现代世界。世界和自然不再仅仅是存在着，且按照永远正确的永恒法则运行，所有的事实命题都是在一定的时间和语境中展开，依赖于个体感知并成长于文化环境。就梅洛-庞蒂的"身体图式"而言，身体不是与心灵对立的肉体，而是肉身化的心灵或知觉的主体。"身体-主体"是我们最接近、最熟悉的现象，也是离我们最遥远的未经反思的意义。语言不是包容思想的容器，也不是表达思想的媒介，而是思想的身体，身体行动是有意义的表达和言语。我想，语言不止是思想的身体，还是思想者的身体，是思想着的身体。

人是有性别的存在，他人的身体被感知为潜在的对象，因为肉身化知觉本身就有着身体的结构，但其间意义不是一开始就被给予的，而是在人与人的邂逅、对话和交流中演绎展现出来。梅洛-庞蒂在《知觉现象学》中举例，同样是愤怒，日本人面带笑容，而西方人则面红耳赤，跺脚尖叫，虽然他们有同样的器官和神经系统。

这就说明"情感和情感行为与词语一样，也是创造出来的"，而不是经验主义者所假设的自然生理现象。

卡特的书写打破了预设的主体与客体、内在与外在的对立，在她的笔下，身体与世界之间没有藩篱，没有意识与感觉的二元对立，知觉是身体与世界之间的"对话"，在开放的结构中互为表里。就像我们每个人的内心都有一个幽微的自我，白日里蜷缩在世界的规训范式之下，舔舐情感的本能。可终其一生，我们总有一次要面对生命的渴望，梳理真实的自我。

正当创作的盛年，52 岁的卡特因癌症去世。生前担任布克奖评委时，采访者竟认不出她的名字。在她去世后，经典的桥段再一次上演，报纸上、广播中铺天盖地充满了对她的哀悼和纪念，"卡特研究"蓬勃开展，仿佛她的去世才让人发现她重新定义了文学方向。这何尝不是一种卡特式的反讽！

幸好，短暂的五十年，已足够卡特捧出最精彩的作品了。借用她的好友拉什迪在《焚舟纪》序言中的说法，在长篇小说的篇幅中，是那独特的卡特语调，那些抽鸦片者般沙哑、时有冷酷或喜剧杂音打岔的抑扬顿挫，那月长石与假钻石混合的绚丽与胡话，有时甚至会让人读得筋疲力尽。而在短篇中，"她则可以光彩炫惑飞掠席卷，趁好就收"。她会在文艺复兴时期的精美画作上信笔涂鸦，在镜像世界的颠倒旅程中漂泊纠缠，在东京烟火盛典的河畔寂然伫立——那些烟花曾开在沉静的河流上，与河水中粼粼起皱的倒影互相吻别。故事中腔调变幻，而卡特信手拈来。

读读卡特吧，她会告诉你，即使有瑕疵，不合规训，生命也依然可以肆意燃烧，灿丽动人。

学 者 点 评

安吉拉·卡特极具文学天赋，她的作品独树一帜、影响深远，堪称20世纪的典范之作。《焚舟纪》是她的短篇合集，也是成就她世界声誉的重要作品。这部集子语言瑰丽、构思奇特、充满想象，融合了女性主义、精神分析等理论视角和叙述风格，在华美的故事构架中透视和映照现实，令人惊叹、引人遐思。正如本文作者所言，"卡特从来都是一个不把规矩放在眼里的作家"。她的灵魂是自由的，因而她的写作也是自由的，她为自由尤其是女性的自由而写作。她写梦境，写神话，写寓言，写传奇，她穿梭于历史与想象、真实与虚构、时间与空间的边缘，游刃有余地重构我们的世界和话语。本文作者梳理了卡特在《焚舟纪》中的核心议题，呈现了卡特独具风格和特色的写作，以及她对存在与爱的思考，并从自身专业的角度进行了剖析解读。用作者的话来说："卡特的书写打破了预设的主体与客体、内在与外在的对立，在她的笔下，身体与世界之间没有藩篱，没有意识与感觉的二元对立，知觉是身体与世界之间的'对话'，在开放的结构中互为表里。"卡特是天使，也是女巫；她有智慧，也有魔法；更重要的是，她还有那么多精彩绝伦的"故事"。

上海财经大学人文学院副教授　刘松青

你幸福吗？这个问题似乎很难回答。然而说"我很忙碌"，却能赢得大家的一致赞同。在社会生活的各个方面都可以量化为数字的今天，人们似乎又过于忙碌了。为了房子、车子，年轻人不堪负累。在吐槽、自黑过后，你是否想过我们为何会如此忙碌？

德国著名社会学家罗萨认为，正是不断强化的增长逻辑造成了科技进步、社会变迁、生活节奏的不断加速。尽管智能手机、互联网、人工智能等高科技产品不断推陈出新，极大地方便了我们的生活和工作，但是我们也越来越紧密地被捆绑到不断加速的社会化大生产当中，无法自拔，以至于人们与过往的空间、物、行动、时间、自我和社会不断地疏离与异化。在马克思异化理论的基础上，新的异化形式诞生了。

《新异化的诞生：社会加速批判理论大纲》，［德］哈特穆特·罗萨著，郑作彧译，上海人民出版社2018年

作者自述

张飘,女,上海财经大学金融学院金融学专业 2019 级本科生。

术业有专攻,偏爱文史哲。泛舟书海,日常研读经济类书籍打牢专业基本功;偏爱社会学、哲学、传播学、历史学领域著作,自修人文素养。透过文字,剖析社会,针砭时弊;独立思考,以史为鉴,推演未来。"读史使人明智,读诗使人灵秀,数学使人周密,物理使人深刻,伦理学使人庄重,逻辑与修辞使人善辩",广泛阅读,吸收前人智慧,不忘自省自修。

基于加速社会与个体化的
内卷化分析

一、内卷定义的演化分析

"内卷"（involution）又译为"过密化"，中文原意为"向内翻转或内部卷叠"，英文翻译与"进化"（evolution）一词相对照，表示退化、回旋、错乱、复杂。它源于康德、戈登威泽，经美国人类学家格尔茨对印度尼西亚爪哇岛的农业研究而进一步系统化阐释，并出现了"农业内卷化"的学术概念。后因中国历史社会学家黄宗智教授的著作《华北的小农经济与社会变迁》而在中国农村研究中受到关注，并由于其另一著作《长江三角洲小农家庭与乡村发展》而产生更广泛的影响。

康德在《判断力批判》中首次使用了"involutionstheorie"（退行）这一概念，其认为物的产生方式主要有两种，一种是将神创在生物繁殖中的地位表述为一种弱作用，同时主张生物繁殖是属类的预成（generic preformation）而非个体的预成；另一种则强调了自然力和自然规律在生物繁殖中的重要性，在一些地方又似乎为活力论、渐成论做了辩护，同时也接受了双性决定论这一渐成论的特征。康德认为"involutionstheorie"（退行或内卷）也是生物演进的一种方式，只不过相对于"进化"（evolution）指生物的生长、变化、发展，原意为"将卷起来的东西打开"（evolvere），"内卷"则是生物向内卷起来，是事物内部的精细化、固守与停滞的缓慢变化历程。此时，"内卷"只是康德所使用的一个描述性词语，真正将"内卷"纳为学术术语的是戈登威泽。他将"内卷"应用于对特定文化模式的解释，指一种文化发展到某种形态后既无法稳定下来，也无法革新、转化到下一阶段，因此只能向内精细化、复杂化以获得动态的延续。① 人类学家克利福德·格尔茨借用了戈登威泽"内卷"的部分释义转而应用在农业研究领域，将"农业内卷化"解释为在资本、土地等自然资源与社会资源被外部严格约束的情况下，劳动力仍然持续被吸收进入农业领域使得农业内部不断精细化、复杂化。② 具体表现为对土地的使用技术性细节增强、租佃关系与劳力安排错综复杂，农业发展成为一种"哥特式"雕琢。（Geertz，1963：82）格尔茨对农业内卷化的解释更偏向于对爪哇岛劳动力密集型农业发展状况的抽象概括，是对状态的描述，而非对影响结果的断论。然而黄宗智教授在对华北地区和长江三角洲农村经济发展的研究中，则特别注释用"劳动的边际产量递减或劳动的边际报酬递减"来界定内卷化。该断论与格尔茨的定义有微妙的差距，其强调了"内卷"的结果，认为精细化与复杂化将导致效率降低，甚至产生没有发展的增长。

---

① 计亚萍."内卷化"理论研究综述［J］. 长春工业大学学报（社会科学版），2010，22（3）：48—49.

② 刘世定，邱泽奇."内卷化"概念辨析［J］. 社会学研究，2004，（5）：96—110.

尽管"内卷"这一学术名词在不同研究者的定义中存在差异，但都是对某种社会现象的概括与解释。其应用领域也从生物、文化、农业、经济领域逐渐扩张至政治、流行文化，甚至社会生活的各个方面，如儿童培养、教育竞争、职业发展等。人们更多受到黄宗智教授偏结果性的定义，将"内卷"描述为同行争相付出更多努力以争取有限的资源，从而导致个体的收益努力比下降的现象，尤其表现于高等教育过程中学生通过非理性的内部竞争或"被自愿性竞争"以获取机遇与上升通道。随着不同群体的体验式共鸣与应用式讨论，"内卷"逐步成为一个高开放性、广包容性、强传播性的概念，甚至入选 2020 年度《咬文嚼字》杂志公布的年度十大流行语之一。

二、内卷的场景及情感倾向分析

"内卷"在现代不仅是一个学术名词，也是网络流行语。人们在使用、传播、讨论的过程中离不开网络平台。为探讨现代人对"内卷"内涵的理解、情感倾向、社会心理状态，笔者从 2022 年 4 月 21 日到 2022 年 5 月 30 日间隔 24 至 48 小时随机在微博搜索"内卷"词条进行结果量化记录，并通过 SnowNLP 利用概率论与贝叶斯公式测算出与内卷相关帖子的情感倾向。（Snownlp 的返回值在 [0，1] 之间，返回值大于 0.5 为积极，小于 0.5 为消极，0.5 则为中性。）

首先，通过 IP 属地统计，与内卷相关的微博高频出现在经济发达、人口稠密的地区，如河北、北京、山东、河南、上海。其中河北、河南、山东是"高考大省"，而北京、上海则主要为劳动力流入地。其次，内卷涉及个人生活的各个方面，包括自身教育、职场、婚姻市场、子女教育等。内卷涉及各行各业，其中与内卷相关的职业高频词主要包括金融、互联网、计算机、医生等。上述行业具有竞争压力大、专业性强、门槛高等特点，且经常与"996""社畜"等网络用词挂钩。再次，内卷不仅是个人经历和情感的抒发，还涉及国家宏观环境和经济发展状况。在与内卷高关联的词汇中，"时代机遇""大环境"等词汇屡见不鲜。更值得一提的是，在和宏观背景相联系的微博帖子中，"走出内卷"成为探讨的焦点。最后，通过统计不同粉丝量级的微博用户发帖的情感倾向，可以发现几乎所有关于内卷的话题，整体情感倾向都偏消极，较多抒发对竞争的焦虑、抱怨、吐槽、压力、自嘲、躺平等情感态度，但也不乏对竞争、奋斗、努力的中性评价。对监测期内所有微博帖子关于个人"内卷日记"进行统计，笔者发现位列前20的高频词汇主要是对用户当前状态的描述、顺应内卷的心理情绪和反内卷的心理期望（见表1）。

表1　与内卷相关的高频词汇统计表

排名	词语	出现频率	排名	词语	出现频率
1	内卷	0.386 981	7	工作	0.033 465
2	日记	0.128 064	8	努力	0.031 924
3	自己	0.096 8	9	摆烂	0.029 649
4	现在	0.081 902	10	死	0.026 714
5	开始	0.072 362	11	这样	0.026 64
6	躺平	0.037 282	12	喜欢	0.025 172

排名	词语	出现频率	排名	词语	出现频率
13	生活	0.024 439	17	焦虑	0.018 788
14	反内卷	0.022 604	18	考研	0.017 54
15	读书	0.021 209	19	刘畊宏	0.017 32
16	老师	0.019 301	20	加班	0.015 925

综上所述，通过网络平台监测记录，可以看出内卷成为大部分现代人生活状态的抽象概括，是社会与个人相互作用的产物。内卷贯穿人的不同生存阶段和社会生活的各个领域，竞争则成为背后的主要推动因素。人面临如同军备竞赛般的激烈竞争，成为争夺上升通道的汲汲者，顺应与反抗使人矛盾，而这背后是复杂的社会与个体的交织与博弈。

三、从社会层面分析内卷的产生及意义

竞争的激烈性与上升通道的稀缺性并非只存在于当代，然而内卷却集中爆发于当代并渗透至经济、政治、文化、社会生活的方方面面。这意味着内卷是量累积后的凸显，是系统化矛盾的延续。与此同时，内卷也具有鲜明的时代特性，甚至带有部分中国特色。当代德国社会理论家罗萨提出社会加速是现代社会的核心特质，竞争成为社会动力。从主体角度来看，不同国家和民族进行追赶式发展，经济增量、增速成为指标性任务和国家成就的体现；个体为适应快节奏生活与迭代性生存环境，不得不挤压属于自我的

时间，加入教育竞争、劳动力市场竞争、婚姻市场竞争。为保持竞争力，国家和个体不得不一边锻造自身硬实力，一边研究游戏规则以利用"量"打压对手，通过提升速度和时间效率获得先发优势。

内卷分为不同阶段，最初主要追求经济上的富裕，之后则主要表现为追求时间上的富裕，即"拥有更高质量的时间"——不用再被迫内卷而可以在沙滩上晒太阳。对物质的追求只是手段，实质上还是为了获得精神上的自我解放。就我国来说，经济的发展最终还是"为中国人民谋幸福，为中华民族谋复兴"；就个体来说，通过内卷获得地位、名利、知识，最终为了能自由选择生活方式、自我价值实现的途径以及获得自我意义上的幸福。"先苦后甜"的想法让人们加入内卷局而乐此不疲。于是在这个时代，人们害怕承担机会成本，恐惧落后和失败而不得不努力。这体现在短时间内做更多的工作、同一个工作争取做到极致。人们已经不再关心过程的价值，而更追求结果的确定性。然而结果的意义在这一过程中逐渐被异化了，现代人从出发的起点到终点之间的道路演变成了一场零和游戏，优秀个体活成了"自我的企业家"，逐渐成为"新教工作伦理"的牺牲品。

内卷向社会各个领域渗透的关键从技术手段来看得益于网络和大众传媒的发展，从内容手段来看主要通过教育内卷进行强化和扩张。从技术手段来看，网络平台的易获得性与大众传媒的广传播性让人们对激烈的竞争和低努力回报比的个人体验与情绪有了抒发、曝光、交流、传播的渠道。"内卷"这一学术概念将人们的经历抽象概括，并在交流中被注入更多衍生的相关含义。人们在交流中获得认同和慰藉，内卷成为自我处境的代名词。正如

"996""007"一般，人们在交流传播中将"内卷"这一学术用语逐渐推演成流行用语。内卷是文化的产物，也是技术的产物。

从内容手段来看，人的诞生就意味着接受教育的开始。通过教育，个人可以平等地获得知识，但也在选拔过程中被分层。个体通过教育被输送至社会不同领域，进而影响劳动力市场、婚姻市场和新一轮的教育市场。提前招生、先修课、实习"抢跑"等现象屡见不鲜。人从出生就不得不面对这些竞争并适应规则。学校教育刺激着人们想要上升和获得高质量时间的欲望，人们也希望扩大自己的经验领域和期望范围，这不可避免使得个体加入系统化的内部竞争。人们在思考"我如何生活""我如何度过一生"的时候，其实都无法自主决定，因为时间的节奏、角度、分配无法由个体决定，因而个体又不可避免地为了竞争而加入规则性内卷。在现代社会，时间协调的问题是伦理的、政治的、人格的，其实质上是一个政治范畴的问题。时间结构决定人的生活方式，其有着不可避免的规范特性和功能特征。社会通过时间实现个体对社会进程的协调与同步，并将社会的习性根植于个体人格之中。在文化模式和结构化的必要性中，系统化的要求和行为者的期望达成了一致，这让内卷成为个体不得不面对的选择。然而谁确定了事件与行为的节奏，这构成了利益冲突与权力之争的核心领域。时间的紧迫、理想的游移、对错过的恐惧聚合成普遍性的焦虑。教育所衍生的一系列结果使得人期望通过内卷改变生存状态，以及通过获得名校身份为下一代带来庇护，然而这种想法又一次强化并加速了内卷的延续性和复杂性。

四、从个体层面分析内卷的产生及意义

在现代，人们脱离了传统的阶级纽带和家庭扶持，逐渐开始关注自身发展，尤其体现在个人的劳动力市场命运上。每个人将自身价值的提升作为抵御阶级固化与等级束缚的后天武器，这不可避免使得人天然拥有了竞争的属性和动力。人卷入了个体化浪潮和劳动力市场中的集体命运相交织的跑道。

一方面，内卷并非对个人只有消极意义，相反其隐含着更多人对自身的发现与思想的解放。人们脱离了原有生存轨道的限制，正因为有了获得上升通道的想法并付出一定努力去争取机遇，才会出现"难获得、难争取"的内卷化结果。在过去，中国人受到儒家正统思想的教化，"生死有命，富贵在天"的断论早已潜移默化深入人心。《论语·尧曰》道："不知命，无以为君子也。"《荀子·宥坐》言："贤不肖者，才也；为不为者，人也；遇不遇者，时也；死生者，命也。"传统观念认为人的生死存亡、贫富贵贱、处境遭遇与绝对命运有关，天命需要人遵循，违背天命而臆念妄行则将受到惩罚。天命、宿命论限制着个人发展的期望，否定了个人努力与人的能动作用。大部分低阶层者被天然排除在政治、文化、经济等赛道的竞争范围，竞争成功者自诩获得天时、地利、人和，成功是命运注定的结果；竞争失败者则将现世的不理想归结于命运的不顺，鲜少思考社会制度、个人付出等其他因子对结果的影响。上升通道自古以来便具有稀缺性，思想的桎梏使得部分人放弃了竞争的资格、忽视了自始至终存在的问题，而仅仅用"命"进行合理化。从这个角度来看，内卷体现着内部精细化竞争过程中参与者的觉

醒，人们在提出问题的同时自我发现并肯定了人的能动性。

另一方面，在发达的劳动力市场社会中，个体虽然分化出来了，但这并不等同于一场成功的解救。内卷成为人发展的禁锢与新型人际关系的异化演变。现代人是处于进程中的人，其一半连接过去，一半面向未来，生活在一种连续的现实内部。其所生活的社会体系在不断进行自我维护与复制，在内部形成密集的文化内核，在外部则逐渐形成一个"包裹"性质的外壳，以维系内部的稳定。① 新生的人们衍生于旧的文化内核并继承过去集体命运的经验，包括家庭、宗族、阶级、劳动力市场。尽管在工业社会中，家庭逐渐失焦，阶级逐渐去能，但进程中的人毕竟如寄居蟹一般，携带着家庭这一文化景观。这使得尽管个体成为人生各类选择损益结算的节点，但无法避免受到家庭背景、资源、人际关系网的影响。个人能力竞争背后实质上暗含家庭实力的较量，个人的付出与努力不再是影响竞争结果的唯一自变量。因而，"卷"不再是以实现价值为目的，而是以超越他人、消除其他影响变量为首要追求，具有代际延续性。

除了主动进入内卷，在现代社会还有部分群体被迫沦为内卷的附庸，被自愿化加入竞争。当集体将"起跑线"推远时，身在系统内的任何一个个体如果不跟随集体的步伐重新到达"新的起跑线"，便会因为输在起点而产生巨大的蝴蝶效应，落后的差距将迫使其付出更大的精力和努力才有可能进入新一轮的内卷局，反之则被淘汰出局。在这个竞争激烈的社会中，因为人口基数大，人才可替代

---

① 王琛."内卷化"及其文化心理机制分析［J］.深圳大学学报（人文社会科学版），2013，30（5）：182—190.

性、可培训性强，个体就像机器的零件，非核心的部件随时面临被替代的风险。这让部分群体尽管不情愿加入内卷，也不得不加入其中，使得内卷局愈加冗杂。在这个意义上，个体化并不意味着因个体的复兴而启动了世界的自我创造过程。相反，个体化毋宁说带来了一种趋势，即生活处境的制度化和标准化。然而为什么人们不敢或不愿承担拒绝内卷的风险呢？笔者认为个体的迷茫在于身处一个物质极大丰富、政治民主化、文化充满多样性的时代，个体被赋予了表面上的多维自由，但个人发展的方向与终极目的、个人的责任与义务却不甚明确，由此造成个体安全感的匮乏、人际关系的疏离与信任危机，以及个体存在的迷茫与焦虑。过去和未来对个人而言都代表着遥远的不确定性，现实中的事物以秒速发生变化，个体犹如在后工业社会的一个没有长度、没有方向的跑步机之上，无法不跟随集体进入已经渗透于社会各方面的内卷局，进而参与社会演进。然而这种看似演进的参与又仿佛只是社会发展这一无穷远又无明确方向路程中须臾的一小段，人们既不能自起点处获得使命，又不能自终点处知觉宿命，只能在内部的精细化与复杂化的竞争中维持存在的稳定。

内卷所强调的个人付出回报比的不协调性使得部分占据媒体话语权的群体和知识分子也因此获得了创造具有"身份认同"词汇的机会。网络的发展和媒体平台的强传播性也给予更多非高知群体理解"内卷"这一学术概念、产生与内卷体验共鸣的机会。个体通过网络结成一个拥有相同观念、相同爱好、相同体验的看似为集体的群体，这种松散的组织不以血缘、家庭、伦理为纽带，仅仅以情感共鸣存在于互联网所构建的虚拟世界之中。人们因非理性竞争的体验等"内卷化"的经历而聚集在了一起，对内卷的情感抒发又再一次自我强化了内卷化的局面与参与者的主观感受。集体性的体验让个人的消极情绪在某种程度上获得了慰藉，身份认同感让个人对"内卷"的接受度与容纳度逐渐提高，并逐渐对这一社会现象取得普遍化心理认同。从这个角度来看，内卷所体现的个体化觉醒带来的并非去中心化，而是另一种表现形式的中心化。个体的聚合只是为内卷的金字塔制造了更加广泛的基座，而并非让金字塔的结构瓦解。依赖群体和由此产生的新型人际关系，个体仍然不能跨越层级与终极发生关联。尽管在现代个体强调自我价值的实现与竞争结果的获取，但内卷化再次聚合了自由的个体，以更隐蔽和复杂的方式弱化了人对结果的争取和对内卷的问题意识，取而代之的是一种停滞的、普遍化的泛内卷化认同。

综上所述，内卷是现代加速社会与个体化浪潮相交织的产物，是后工业社会缺乏方向性发展的缩影，也是人们矛盾性生存状态的抽象概括。内卷化凝练着时代的特性，这种精细化、复杂化的向内竞争诉说着现代人的迷茫与反思，折射着发展的困境。要想冲破内卷，必须解放、革新与向外探索。

学 者 点 评

  《新异化的诞生：社会加速批判理论大纲》是德国社会家哈特穆特·罗萨的力作。读罢此书，读者都会惊叹德国学者的深邃、敏锐和批判力。马克思发展了德国古典哲学关于"异化"的思想，敏锐地指出资本主义导致人的异化：物质生产、精神生产及其生产的产品变成统治人的异己力量的社会现象。罗萨在这本书里批判了现代社会越来越加速发展之后导致对人的新异化。物质条件越来越丰裕，科学技术越来越发达，每个人的生活都被动卷入一个加速隧道之中，从而丧失了生活的本真。张飘同学这篇读书后感是在这本书的基础上分析了当前的内卷化问题。每个人的努力和勤奋导致集体性的"卷起来"。这也是罗萨所说的加速导致的社会后果。这篇读后感系统地分析了"内卷"概念的流变，还通过网络词频分析发现网民对"卷"的敏感性越来越强。这值得我们从社会和个体两个层面来反内卷。

上海财经大学人文学院教授　刘长喜

《英宪精义》是英国宪法学家阿尔伯特·韦恩·戴雪创作的法学著作，首次出版于1885年。共分3篇，主要内容包括：巴力门的主权、法律主治和宪法与宪典的联络，在建构宪法学科和促进国人宪法知识方面，它发挥了启蒙教本的作用。此书的主要贡献是明确了宪法学者的职责以及宪法的概念。《英宪精义》系统地分析了欧洲各国的宪法且将其与英国宪法进行对比，由此得出英国宪法自身的特点。分析和了解这些理论，对于各国的宪法和宪政的成长都具有借鉴意义。

《英宪精义》，[英] 戴雪著，雷宾南译，中国法制出版社2016年

　　《英宪精义》影响很大，因其而形成新的"牛津学派"，反映了当时的西方方法学已由分析法学派取代了自然法学派的主导地位。在此之前，就牛津大学而言，是古典自然法学派占核心地位。自法学家布莱克斯通首次担任该校普通法教授以来，后继者一直发扬其传统，将英国法学研究提高到新的层次。但到19世纪中期，情况变化了，分析法学迅速崛起。戴雪及时顺应这一潮流，并以《英宪精义》为代表作在英国取得了成功，在世界上也产生了较大的影响。《英宪精义》的内容极为丰富，涉及的领域比较广泛，对英国宪法做了全面、系统的论证。

作 者 自 述

张佳宸，男，上海财经大学商学院国际经济与贸易专业 2021 级本科生。

徜徉书海十余年，我自认为依旧是阅读的新手。我既追求广度——历史、地理、经济、人文，在文字间探索素未谋面的世界；也愿意阅读更富有深度的书，试图从更多角度了解社会的方方面面。我情愿读书的功利性少一些，例如不要将自己囚困于工具书中；也希冀每个人可以在任何时候都阅读想看的书，例如不要因为岁数渐长而为重读一本幼时的漫画感到羞耻。阅读嘛，随己由心。唯愿书页翻飞间，可寻可觅真知。

实存之宪，无形之章

——阅读《英宪精义》第二篇有感

前言：戴雪其人与《英宪精义》写作背景

　　《英宪精义》是英国知名宪法学家阿尔伯特·韦恩·戴雪创作的法学著作，首次发行于 1885 年，而在 1915 年，即发行出版长达三十年后，戴雪本人方提笔为本书作了多达万字的长篇序言，总结补充了书成之后的英宪新变和实践观察。这使得本书有了异于其他书目的阅读顺序，即先读正文，后读序言。

　　戴雪出身于英国上流家庭，父亲是剑桥大学的高才生，母亲则是衡平法院院长之女。出生于 1835 年的戴雪见证了大英帝国最繁荣的时代，也是整个世界变革向上的时代。在他出生前三年的 1832 年，英国开启了历史性的议会改革，工业资产阶级首次进入威斯敏斯特宫，在此后的半个多世纪里，英国资产阶级民主政治逐步完善，最终在 1928 年真正实现成年公民普选。在欧洲大陆上，法、德等大国各自建立了具有本国特色的议会制度和政体，《人权宣言》阐明了人权基本观念。在美洲，林肯的《葛底斯堡演说》将废奴运动推向高潮，种族主义所构成的人类之间的权利藩篱开始瓦解。人权的发掘确立、各国宪政的构建和实施，加之戴雪本人的家学渊源和在牛津大学的求学经历，最终促使他着手开始完成这部具有象征性意义的宪法学著作：《英宪精义》。

详述：英宪中法律主治之体用及其特点

在本书的第二篇中，作者用最多的笔墨阐述了法律主治的概念及该思想在英国法律中的地位和影响。在第四章"法律主治的体用"开篇，戴雪首先提出诺曼征服之后的英国政治制度具有两个特点，或者说是"两件异彩"，即"中央政府在通国之中居于至尊地位……王室固有的至尊权力已经禅让于巴力门，而变成巴力门的主权"①，和"法律的至尊性，或称法律主治"②。由于巴力门是一切法律的渊源，因此法律主治是附于巴力门而由英宪授予。在法律主治之下全国人民以及君主本身都理应受制于法律，即"王在法下"。随后戴雪举例比较了瑞士与英国的言论自由、政治权利乃至人民风俗等方面，从而展现出英宪法律主治的先进性，并由此引入详论。

对于法律主治的指意，戴雪将之概括为三个独立而相互联系的概念，分别是武断权力的不存在、普通法律与普通法院居优势和宪法的通则形成于普通法院的判决。首先，早期英国的行政院所拥有的权力较小，避免了在执法过程中出现强烈的武断性。而在同期的法国等欧洲大陆国家，行政院的权力十分强大，催生了大量不公现

---

① ［英］戴雪著. 英宪精义［M］. 雷宾南译，北京：中国法制出版社，2016：249.

② ［英］戴雪著. 英宪精义［M］. 雷宾南译，北京：中国法制出版社，2016：250.

象和冤案。正如戴雪在其书中所述："在 1778 年……竟有一名武士及一个有名外交家，不知所犯何罪，不经审讯……受奇辱，而此类罚则与奇辱，虽在东方专制国家亦不敢创制及施行。"① 由此观之，至少在时间上，英宪率先实现了对绝对权力的遏制并尽力践行法律主治。其次，在英国境内，不论贵贱皆须受命于普通法律，接受普通法院的管辖。也就是说，即使社会中的部分群体，如兵士、僧侣等，担负着寻常百姓无须承担的法律责任，但这并不意味着这些人就可以超脱于普通公民的本分义务，只是在审判场所上有一定的不同。例如，在当下国际社会普遍设立军事法庭以审判军人，但军人实际上仍然要履行公民的权利与义务，所受刑罚根据立法机关颁布的法律法规决定。而在其余的多数欧洲国家，贵族、僧侣等藐视法律的特权要一直等到 18 世纪末期才逐步被终结。

真正的重头戏，或者说"英吉利制度专有的特性"②，在于第三则：宪法的通则形成于普通法院的判决。英宪的最大特点在于其中的人民基本权利来源于司法判决，而司法判决又源于民间争讼；而"在多数外国宪章之下，个人权利的保证只能形成（至少在外表上是如此）于宪章的通常原理"③。有人曾认为"英宪未尝被造出，只自然生长"，戴雪在此引用了密尔的观点，认为英宪并非自然而然产生，其根本上来自人民的生活，取决于人类的意志。戴雪还进一步指出英宪"并不曾被人们以一口气造出，而且远非一次立法所

① ［英］戴雪著. 英宪精义［M］. 雷宾南译，北京：中国法制出版社，2016：258.
② ［英］戴雪著. 英宪精义［M］. 雷宾南译，北京：中国法制出版社，2016：261.
③ ［英］戴雪著. 英宪精义［M］，雷宾南译. 北京：中国法制出版社，2016：261—262.

制定"，裁判官们在漫长的英国法律裁决史中逐步形成了这部宪章，英宪是千百年来法院替私人权利力争而得到的结果。特殊的形成过程也造就了英宪的诸多异彩。例如，在英宪当中我们不曾发现有各种所谓的权利宣言或定义。对于其他国家而言，宪法是立法行动的结果，故而人身权利由宪法规定并为宪法所保障。而在英国，宪法是法律判决的结果，"宪法原理是由法院从涉及每个人所有权利的判决案归纳得到之通则"①。这就导致英宪与外宪的一个巨大差别：外宪的制定通常起笔自权利宣言，但这般选择的原因是立法者对时局的分析和个人的偏好，导致宪法家们创制宪法，却唯独忘了设计补救方法。于是即使法国通过了振聋发聩、具有象征性意义的《人权宣言》，但在法国大革命的过程中，对生命的随意剥夺和其他践踏人权的事件比比皆是，这就是法宪在确保执行方面的巨大漏洞。

在第四章之后，戴雪又从多个方面解读了法律主治的具体实践，下文将结合第二篇的其他内容分享我对英宪的新的认识。

感想：对《英宪精义》的理解及阅读所得

作为一名对法律略有兴趣的文科生，我很早就了解了英国《权利法案》的出台及其价值。因此当我发现作为打响资产阶级民主政治第一枪的英国竟然没有成文的宪法时，感到十分惊讶。宪法以独立特别法的形式存在，于中国人而言称得上是一个常识，即便同为普通法系主要国家的美国也在建国之初便颁布了成文宪法。然而英

---

①　[英]戴雪著. 英宪精义[M]. 雷宾南译，北京：中国法制出版社，2016：263.

国自光荣革命以来从未开展成文宪法制定工作，却依然能够保证国家的平稳运行，其内在缘由自然值得我去探究，《英宪精义》显然是符合我需求的一部传世著作。

戴雪的《英宪精义》之一大特点在于丰富的举例乃至对各国宪法原文的摘录比较。例如在第五章开端，戴雪便贴出几行宪法原文供读者查阅，并自行体会两者的差异，然后解释其中精妙。再如在后文讲述出庭状时戴雪也附上了一件真实的案例，既让读者可以直观看到英宪实践之实录，同时在阅读行文用词和格式时也能对英国风俗文化和公文特点有所认识，饶有趣味。当然，译者雷宾南先生的出色翻译也为本书增添了异彩，尽管这一翻译工作开始于 80 年前，用词也与今日有所不同，但无疑是准确且精致的。

在《英宪精义》的法律主治部分，我所看到的是这样一幅焕然一新的英伦图景：他们依靠法庭维护自身权利，在保护自己的同时每一个英国人都成了某种程度上的"参与立法者"；英国人从来不会止步于对权利保护的宣告，在宣告之外他们努力寻找在发生侵权案件之后的补救办法；任何人都应当为自己的侵权行为负责，即使他的行为受到了强力因素（如上司的命令、大环境的胁迫等）的影响，也不能以此为由逃避惩罚，于是"自有个别负责的大义，遂确立英吉利寻常法律中之一大信条"①；法院对于受侵害的诉讼并不因其事小而置之不理，不论大小法庭均会予以受理和设法补救——没有事情能被看作"例外罪恶"。英宪对英国的全体国民，上至君王下至平民，实现了全面的覆盖，英伦三岛上的大小事务悉以英宪

---

① ［英］戴雪著. 英宪精义［M］. 雷宾南译，北京：中国法制出版社，2016：275.

为纲。不难发现，英宪深入每一条普通法律当中，相比外国宪法，推翻英宪的难度是巨大的，因为推翻英宪意味着将英国的一切法律和风习彻底根除；而在外国，政权的更迭就足以毁灭一部宪法，同时创造出一个巨大的人权保护真空。无形的英宪在此刻反而发挥出了比外国宪法更加强大的作用，这些实存于社会生活中的精义保护着帝国书写其荣耀。

英宪精义所展现的，更是这个国家统治者治国理政的思想所在。在第六章中，戴雪用一句话总结了英国政府在言论自由方面的态度："政府绝不自负领导舆论之责是……惩戒毁伤他人名誉之行为才是政府所有唯一的本分"①，表明在当时的英国，除非构成毁谤之罪，否则政府对言论的管制奉行近乎"无为而治"的理念。这一理念源于英国政权多年以来未曾受到出版物影响的现实，同时也由于出版自由早已成为常法法律的统摄结果，人民因循已久，并不需要另加声明。而其所带来的好处是显而易见的。在我看来，对出版自由的放松使得臣民的创造力得以迸发，更为本国与他国的思想家发表言论提供了良好的环境。欧洲各国的思想家都可以将自己的理论优先公开于此地②，在信息交流相对缓慢的年代，对新思想的率先接纳或许就意味着在国际斗争角逐中获取领先地位。相较之下，海峡对岸的法国出于对大革命中经验的总结，在将近一个世纪的时间里反复修订相关法律，使得国内的言论自由时紧时松，且在短期的松弛后往往伴随着更加紧张的法令。这既不利于言论思想的

---

① ［英］戴雪著. 英宪精义［M］. 雷宾南译，北京：中国法制出版社，2016：317.

② 戴雪另有《19世纪英国的法律和舆论关系的演讲》（1905）一书阐述了言论及舆论对于法律及社会的影响。

传播和发展，最重要的还是法令上的反复让民众长期无所适从，社会上无法形成合理的对待言论的态度和习惯。由此可见，英宪的法律主治原则来自社会生活，也反哺社会的发展。

当然，英宪之下的英国法律也很难做到一成不变，英宪也并非高坐于法律殿堂之中而无其忧。例如在一些情况下，外邦的罪犯可能为了逃避责罚而遁入英国，这当然会增加本地的治安压力，也会让法治失效。对于现在的我们而言，听闻此事的第一反应自然是"引渡"。近年来我国开展的百名"红通"人员国际追逃工作让大家对"引渡"这一概念并不陌生，纷纷期盼我国与更多国家确定引渡协议以使罪犯服法。然而在英国，由于出庭状制度的存在，行政院本没有权力将任何嫌疑人驱逐出境，这就带来了诸多现实难题。后来巴力门建立了罪犯引渡条例，授权行政部门依法引渡罪犯，这看似堵上了过去的法律缺口，实则引发了更多的争论。因为法律条文的限制极为严密，行政者在部署时所受掣肘甚多，狡猾的罪犯为了避免引渡往往无所不用其极，利用法律条文中不同的含义为自己辩护，使得自己看起来不符合引渡条件。而英宪要求法院必须对这些异议照单全收，逐条考虑。这就大大增加了法院的判决用时，降低了法律的执行效率。于是在其他地方为人民的合法权利筑起保护墙的英宪此刻竟成了"拖油瓶"，这对于英宪而言似乎是个不小的打击：无所不能的法律出现了问题，期望极高的人民自然会容易不满，甚至要求大刀阔斧改革，从而冲击英宪的地位。

行文至此，我忽然想起一件事来。在阅读《英宪精义》前我曾得知本书序言应在读完正文章节之后再返回阅读。而今我已经基本掌握了法律主治之要旨，故我将书页溯回至序章，旋即得知了第二篇内容在此后英宪执行中的新变化。三十年变迁之下，英宪对法律主治的尊敬已然不复往昔，行政力量正在一步步获取司法的权力，法治的威权受到了削弱。"官治"的逐步扩大使得官法有所改变，或者说是一些法律出现了"官府化"，也带来了新的思考：过去的普通法院是否就是最善的司法机关？会不会有更加强势的、具有超然地位的机构成立，以回应这种"行政法"的发展趋势？而随着社会道德和舆论力量的兴起，对于法律判决的异议开始增加，这些异议在堆积之后发酵成为对审判员和法律的怀疑，最终使得法院在工会罢工等方面做出了与英宪法理相悖的决定，出现了顾此失彼的现象。另外，一部分人开始认为"倘若违法者确能相信他的行事系用以达到一个正直及重要的目的，破坏法律不但是可许，而且是可敬"① 的，这种朴素的正义思想看似合理，实则是西方自由思想的一种异化体现。法律主治不应被如此破坏，达到"正直"的途径如果非触犯法律不可，那法律和所谓"正义"必有一个存在问题，而多数情况下存在问题的是所谓"正义"。另一方面，这些摩擦虽然动摇了法律主治，却也为完善法律体系和内容提供了契机，促使法律迎合实际。

最后，当我合上书本，脑海中关于英宪的理解不再是一团迷雾，戴雪先生已然以其细致的解读让我更好地了解了英宪精义。我震撼于戴雪先生的思辨和总结能力，他对英宪的研究深入而独到，让读者能清晰地感受到这部无形之章的实实在在的磅礴力量，更让人们对于英国的法治思想乃至于其中所暗含的英国人的民族个性和社会道德有了更深入的了解。我也为戴雪先生的治学严谨和紧随时

① ［英］戴雪著. 英宪精义［M］. 雷宾南译，北京：中国法制出版社，2016：25.

变所折服，在 30 年后他能不忘回头重订序章，以洋洋洒洒万字之言记述了一段英宪之变，也为世纪之交的英国社会留下了一行亮眼的注脚。

学 者 点 评

当下中国对于法治的追求超出以往任何一个时期，但对于到底什么是法治这一问题的理解却莫衷一是。不过，学界形成共识的是，谈及法治的概念或内涵总归绕不开两个人，一个是亚里士多德，另一个就是戴雪。

戴雪认为，英格兰政治制度有两件"异彩"，一是巴力门主权，一是法律主治。而法治的精髓就是法律主治。对于这两件特别值得彰显的事情，戴雪在其名著《英宪精义》中均不吝笔墨给予了极为详细的描述与阐释。张佳宸同学本着对于知识性问题的兴趣及学术性问题的执着，从本书作者的生平及本书写作的背景到书中诸多概念性的问题进行了精要的介绍。在这样的介绍中，他给我们展示了读书的过程，这样的展示对于读书笔记而言尤其重要，因为这些既是他读书的记录，又是阅读他笔记的读者寻找书中观点的索引。而作为一名有思想的大学生，张佳宸给我们展示的不限于文中观点的引用，更为可贵的是，他通过对戴雪关于英宪中法律主治的溯源以及法律主治的概念、特征、内涵等关键内容的解读为读者了解并理解这部经典法学名著提供了很大的帮助。

阅读张佳宸同学的读书笔记，从始至终都能感觉到他是带着问题去读这本书的，而通过阅读与思考，他对于自己先前的疑惑有了较为清晰的认知；对于自己设定的问题有了较为明确的结论。整篇文章思维跳跃性很大，但是有放有收，放得开收得回。事实上，《英宪精义》是一部内容庞杂、思想丰富但略显枯燥的巨著，但是张佳宸同学的读书笔记非常有激情，他文章结尾部分有这样一段话："最后，当我合上书本，脑海中关于英宪的理解不再是一团迷雾，戴雪先生已然以其细致的解读让我更好地了解了英宪精义。我震撼于戴雪先生的思辨和总结能力，他对英宪的研究深入而独到，让读者能清晰地感受到这部无形之章的实实在在的磅礴力量，更让人们对于英国的法治思想乃至其中所暗含的英国人的民族个性和社会道德有了更深入的了解。我也为戴雪先生的治学严谨和紧随时变所折服，在 30 年后他能不忘回头重订序章，以洋洋洒洒万字之言记述了英宪之变，为世纪之交的英国社会留下了一行亮眼的注脚。"相信读了他的这份笔记，会激发起我们阅读这部著作的好奇与冲动，而好奇与冲动恰好是我们发现问题、探索问题、解决问题最好的推进力量。

上海财经大学法学院副教授　曾坚

《瓦尔登湖》是美国作家亨利·戴维·梭罗创作的散文集，是其独居瓦尔登湖畔的记录，描绘了他两年多时间里的所见、所闻和所思。该书崇尚简朴生活，热爱大自然的风光，内容丰厚，意义深远，语言生动。

　　梭罗善用比拟、比喻的手法，写眼前的一切事物，在梭罗的眼中，这些自然物并非死去的，而是鲜活的。

《瓦尔登湖》，[美]亨利·戴维·梭罗著，徐迟译，上海译文出版社 2011 年

作者自述

刘芮孜，女，上海财经大学会计学院财务管理专业 2020 级本科生。

或许是因为当今物质欲望的汹汹迫人，同时地理空间与心灵疆域被不断压缩，今天的人们对"采菊东篱下，悠然见南山"这诗意生活的向往变得比以往更加浓烈。《瓦尔登湖》用澄澈的思想和文字告诉我们"物质极简、灵魂丰盈"的生活真谛。读其文，涩中有辣，辣中有甜，如一壶老酒，饮之，辣在喉咙，畅在肝肺，甜在心间。无论以何种方式来读这本书，我们都能从中读出一些关于生命的意义，我们在追寻的活着的意义。这本书不仅仅是在记录曾几何时一位智者在瓦尔登湖边做的一个关乎生活、独立和自然的实验；而更为深远的是，他由此洞彻出的生存之道、人生哲思和自然法则，在一百多年后，依然让身处烟火尘世的我们醍醐灌顶、叹为观止。

烟火尘世的自由与自然

　　翻开书的扉页，我悄悄走进瓦尔登湖湖畔森林深处。清晨的薄雾和傍晚的晕染，轻柔地包裹住湖面。灿烂的越橘和山花在湖畔盛开，如同一幅绚丽的画卷。鸟儿的清脆啼唱和鱼儿水中打转的汩汩声，形成了一曲动听的乐章，环绕在我的耳边。还有那灵巧的土拨鼠，眼神闪烁着光芒，仿佛在告诉我，这里的一切都是如此美好……这些美景犹如缕缕萦绕的轻烟，让我深深地陶醉在这绝美诗意的栖居之所。我漫舟湖心，仰卧于座位上，陷入了半梦半醒之中。这一瞬间，时光仿佛凝固。直到小舟轻触沙滩，才将我唤醒。天作棋盘星作子，地为琵琶路为弦，举杯邀明月，飞鸟相与还，清风做伴，任尔春水东流。推开破旧斑驳的木门，我走进梭罗的木屋，在零落的稿纸中寻求与他共鸣，渴望看穿他深邃的眸子，瞥见他悠然的影子。

　　他追随自由，是自由精神的朝圣者。在 19 世纪上半叶，美国经历了一场规模浩大的工业化浪潮，从原本的农业社会迅速向工业社会转型。这个时期见证了全美国范围内生产力和生活方式的巨大变革。它彻底改变了人们的生活方式和价值取向，使得大量居民从农村涌向城市，投身于商业和工业的怀抱中。在他们眼里，财富物质成为至高无上的追求，令人沉醉般地着迷。梭罗生活在这样一个商业和技术统治着国人生活的时代，这个时期充斥着物质主义和追求利益最大化的思想。在他眼里，大多数人在拼命地追求各种生存的方式，疲于奔命，却失去了生活的真正目的。如果"生存"这部机器的运转耗费了人们大量的时间和精力，那么生活本身还剩下什么呢？我们被热闹和快节奏催生的欲望、贪婪所束缚，在无形的囚笼里，拖着沉重的枷锁，日渐陷入浮华世界背后的陷阱，沦为物质的奴隶。但奴隶的生涯终究是由无尽的失望所垒成的庞大城堡，有的甚至是由绝望打造的荒芜墓园。梭罗曾说："你刚走出失望之城，又走进绝望之乡。"花费了大量时间和精力，获取衣食住所，这并非真正的精神慰藉，并不是真正意义上的生活。梭罗这般隐遁避世的生活或许在我们眼里是孤独、寂寞而寡淡无味的，但于他自己而言，他挣脱了外部浮躁社会的禁锢，得以追求精神的崇高与自由——获得真正的自由。他的思想、行为犹如孤云野鹤，任意自由，忠于自我。正如《乌合之众》书里说的："孤立的个体具有控制自身反应行为的能力，而群体则不具备。"两年零两个月的独居生活，虽然孤独寂寞，却让他得以无所羁绊，尽情地欣赏日出和日落。夜幕降临，独自一人在船上吹响笛声，静静地聆听着月光洒下的每一个音符。真正意义上的自由源于掌握着自己生活航船的舵，何时逆风直上，何时退而安守，全在自己的把握之中。我们热衷于参加各种聚会，看似活得很热闹，却在不知不觉中受物质名利、他人思想的影响而改变了自己的航向。自由的精神不是无所限制，而是独立思考，谨慎决断，听取良言，最后坚守正直初心。如此看来，"淡泊以明志，宁静以致远"在当代社会就显得弥足珍贵。

踏上瓦尔登湖的土地，内心渐渐平静，如同湖水般澄澈清透。而梭罗笔下的文字，正在向我们娓娓道来：向内求索，是人生中高深的修行之道。向内探索自我，实际上是无端的精神内耗的终止。在美国工业文明发展的时代，繁华的物质世界催生了人们渴求奢侈生活的欲望，各种纷繁华丽的享乐成了大众趋之若鹜的对象。而此时的梭罗，正经历着他一生中最为艰难的一段岁月。身为一名杂志记者，他不断投稿但始终得不到主编的认可，只有苦恼和抑郁相伴；他费尽心思勘测着林间小道、照看着镇上的野生牲畜，却仍未被镇民接纳为官员；向自己钟爱的姑娘表白，却遭遇冷眼相待。更加令人痛心的是，多年来一直相互关爱扶持的哥哥因患破伤风而离世……在内外交困之下，梭罗感到焦虑、迷茫和愤懑，却又无法找到任何突围的出路。有一天，仿佛得到了灵魂的感召，他提着借来的斧头来到瓦尔登湖，开启了一个人日出而作、日落而息的独居生活。自给自足的生活虽然艰辛，却充满了朴素纯粹的美好。瓦尔登湖远离尘嚣，梭罗几乎都是孤身一人，唯有天上飞翔的小鸟、地上奔跑的野兔以及来偷吃的松鼠与他相伴。与尘世喧闹保持距离，他反而获得了心灵的平静和纯粹。在这里，心中不再沉浸于得失的泥淖，脑海也不会困扰于对错的纷争，年轻作家张皓宸曾言："有一种独处，是自己刻意安排的，远离热闹，是为了远离那种世俗里的复杂关系，从而找到一段只属于自己的时光，体谅内心所有的情绪。"也许每个人都需要这样的片刻独处，将负面情绪和认知洗净，放下重负去审视人生。唯有向内求索，才能摒弃精神内耗，唤起生机勃勃的心灵力量。梭罗曾说："我宁愿独自坐在一只南瓜上，而不愿拥挤地坐在天鹅绒的座垫上。"也曾说："我喜欢独处，我从没遇到过比孤独更好的伴侣。"正是借助独处，他探索了自我内部的可能性。通过向内深究，他锤炼出一颗坚如磐石的内心。这股非凡的精神力量让他免受物欲横流的污染，抵御了外界的嘈杂干扰，将思想的高度带往卓然高峰，最终创作出经世长存的《瓦尔登湖》。给予自己一些独处时光，为灵魂提供必要的成长空间吧！向内求索是一段孤独的旅程，由内而生，我们才能焕发出强大的生命力量。

今天的人们热衷于谈论诗意和远方，或许是因为物质欲望的汹汹迫人，同时地理的空间和心灵的疆域被不断压缩，使得远方和诗意失去了其应有的容身之地。寒假播出的电视剧《去有风的地方》将人们对诗意和远方的向往变得更加浓烈。它以田园治愈为题材，用诗意化的表达手法展现温情恬静的当代乡村生活。风海相依，三餐四季，以极具地域和民族风格的建筑、服饰和美食为画面增添别具一格的情调，同时也以真实细腻的人物形象刻画反映了当代年轻人多元包容的人生选择和价值取向。"鸟要在南方过冬，人在感到疲惫寒冷的时候，也需要向温暖的地方流动，寻找幸福的力量，快乐的力量，重新出发的力量。"这句台词让人印象深刻。在实习工作的格子间里，我常常能感受到巨大的压力如浪潮席卷而来，压得我喘不过气，工作间隙我从纷繁的文件中抬起头望向窗外，天空宛如一幅巨大的蓝色油墨画，缀满了一朵朵舞动着不同造型的白云，明媚的阳光正从密密的松针缝隙间穿透而入，光影交织，将飘荡着"轻纱"的蔚蓝天空映得透亮动人。阳光将影子拉得很长很长，不单调，也不张扬。傍晚时分，光芒穿过云层，金色铺满瓦墙，夕阳美如画，清风醉晚霞。工作休息时沉醉其中，所有辛劳便被那一方蓝天、那一抹霞光治愈了。虽然我们都知道这部电视剧是带有滤镜的，给生活镀上了一层美颜，是一则写给打工人的童话，但是云南大理的、我们身边的秀美的自然风光足以给我们带来慰藉。既是如此，何不追随前贤梭罗的脚步，抽出内心深处的诗意之钩，投向遥远浩瀚的广宇中，去钓取那些身处无数光年之外的闪耀微光、亘古不灭的自由的游鱼。

他追随自然，是为自然母亲抗诉的发声者。过分的物质追求有可能以牺牲自由和践踏人与自然的平衡为代价。鲁迅先生曾警醒我们："树木伐尽，水泽淹枯，将来的一滴水将和血液等价。"多年前，作家徐刚也曾激昂呼吁："伐木者，醒来！"这些如雷贯耳的呼唤却并未将人类从罪恶的深渊中唤醒。我们仿佛听到因全球气候变暖而无家可归的北极熊的哭泣，仿佛听到因垃圾成"山"而"遍体鳞伤"的珠穆朗玛峰的哀求，仿佛看到消逝的仙湖——罗布泊最后的一滴眼泪挂在眼角，仿佛看到无数江豚的鲜血染红一片片澄澈的江海……哀哉！痛哉！人类哀自己不幸，怒自己不争，却始终没有真正地实现经济与生态的和谐统一。自工业革命以后，人类与自然的关系就开始转变，人类企图用自己手中的机械改造自然，甚至征服自然。城市化和工业化的不断加速已经切断了人与自然之间的联系，人们也逐渐沦为机器的附庸。快节奏的生活和残酷竞争的生存令人心灵颓丧、意志消沉。曾几何时，当我们回望自然、亲近土地时，才发现这是久别重逢的亲人和挚友，才开始渴望回归它的怀抱，寻找内心的净化与安宁。人与自然的关系应该是一种相互依存、相互联结的关系，而非简单的"征服"或"奴役"。只有从更高的维度审视自己所从事的事情，从超越个体身份的层面去探索自然，才能够达到和谐，建立起人与自然之间良好互动的桥梁。良性和谐的社会发展是社会生态的核心。梭罗所提倡的生态主义是把人放进自然这一整体中去。"然而我有时候深切地感受到，最美好、最温柔、最纯洁、最鼓舞人心的相处，很可能是人和自然的相处。"

"这个愉快的夜晚，我感到通体舒泰，每个毛孔都洋溢着快乐。"在梭罗看来，人与鸟、虫、兽一样都是自然的居民。哪怕是瓦尔登湖的冰裂，与人一样也充满了灵性和生命。毫无疑问大自然是慈悲的，对人类更是偏爱的，人类应该对自然抱有感激和敬畏，而不是用冰冷的铁轨刺穿森林的心脏；用商贩尖锐的吆喝掩盖鸟儿的歌喉；用工业催生的浓烟席卷田园生活的安逸……正如他所说："那人从不真正欣赏过这片湖，不曾在湖里沐浴，不曾热爱过他，不曾保护过他，不曾赞扬过他，他只在乎这湖的经济效益。"

梭罗曾哀叹道："森林已被砍伐，怎能希望鸣禽歌唱？"他反对以人类为中心的思想，并且在持久地探索着以非人类为中心的伦理道德。"太阳、风雨、夏日、冬日，大自然的天真和慈善无以言说，它们永远提供这么多的健康、这么多的欢快！它们这么同情人类，一旦有人为了正当的原因而感到悲伤，整个大自然就会为之动容，太阳会为之暗淡，风会像人一样叹息，白云就会落泪，树木就会在仲夏之际落叶，披上丧服。难道我和大地之间就没有共通之处？难道我就不是绿叶和滋养植物的泥土的一部分？"在梭罗眼中，大自然不仅是有生命的，还拥有着独立的人格。自然和人类精神之间存在着一种神秘的相通，两者在共同演绎着这个世界的壮丽物语。自然界的一切都蕴含着深刻的精神意义，都让他心悸和感动。在湖畔漫游，悠然自得地荡舟，与水鸟纵情嬉戏，他感悟到了大自然的神秘与瑰丽；在洞穴中观蚁，领略生命的庄严与残酷；在森林里静坐，沐浴在虫鸣鸟啼之中，深刻领悟到生命的本质。梭罗的思想不拘一时，早已超越了其所处的时代。在生态伦理学尚未萌芽的时代，他凭借着对生命的直觉和感动，已经在《瓦尔登湖》中蕴含着"生命共同体"的概念。他对自然母亲怀有一份深深的敬意与感激，对天地万物充满关心和友爱。梭罗教会我们现代人类一种珍贵的品质——走出麻木不仁的心态，永远保有一份体察外物的惊喜与悲悯之情。在经历了疫情的严峻冲击之后，我们回望瓦尔登湖，更自觉人与自然当惺惺相惜、尊重彼此。

我又拜读了王光林先生的译本，序言里写道，梭罗曾看到一只小巧的、优美的鹰，犹如夜鹰，"这是我见过的最为飘逸的一次飞翔，它不像蝴蝶那样翩翩起舞，也不像老鹰那样搏击长空，而是在田野上空，骄傲地翱翔，它在宇宙中独来独往，嬉戏游玩，它不孤独，相反，倒使整个大地为之感到孤独。"在这里，自由与自然血脉交融、相映成趣。自然赋予了人们摆脱束缚的机会，让我们摒弃过分的世俗欲望，追求自由。这是一种自然之美，荒野之美。当梭罗漫步在湖畔，感受大自然的美好时，他的写作灵感也会在笔端涓涓流出，于是梭罗在文中这样写道："我在大自然里来回地走，踏访了她部分领地，感到前所未有的自由。"当他在与瓦尔登湖亲密接触时，湖中的鲈鱼在他身边游来游去。于是梭罗会这样写："然而我有时候深切地感受到，最美好、最温柔、最纯洁、最鼓舞人心的相处，很可能是人和自然的相处。"大自然不仅给予人物质财富，同时也给予人源源不断的精神财富，给人以启迪。梭罗深信，人应当亲近自然、热爱自然，像"自然的居民"一样生活。自然界的万物彼此相连、相互依存，而人也是这个联结中的一部分。无论是动物、植物、岩石还是河流，它们都有着自由生存和发展的权利。在每一次与自然的相处之中，我们得以窥见梭罗的兴奋或是恐慌，再或是灵魂之中的不羁与自由，每一笔表达都饱含着诗意的自我疗愈。大自然的风景既是一种寄情的告白，也是一种精神象征的图式。在自然景观的怀抱中，人可以寻找自我，思考内心的琐事。自然有着疗愈心灵的力量，它可以消弭恐慌、忧郁、焦虑和悲伤，为人们带来平静与积极的力量。当人与自然真诚地交流，心态归于宁静，工业文明和功利思维带来的浮躁便会渐渐消散。"大多数的奢侈品和许多所谓的生活便利品，不仅不是不可或缺的，而且对人类的进步是一种阻碍。"别让房子、车子束缚住我们向往自由的脚步，因为我们本不需要那么多。不如给生活做个减法，只留下必需之物，简化生活的繁杂。这样，我们就能够留出更多时间来思考，和内心对话，探索更深层的人生意义。人们在享受自由中懂得了敬畏自然、拥抱生命，如此才能尊重、保护自然，与自然和谐共生。其中便蕴含了自由与自然的辩证之理。

沈从文曾在《边城》中说："人生是一本书，内容复杂，分量沉重，值得翻到个人所能翻到的最后一页，而且必须慢慢翻。"我们不必盲目地亦步亦趋地复制别人的生活，亦不必舍弃自我、委曲求全。人只有做自己喜欢的事，才能感受到真实而恒久的幸福。最好的事情总在不经意的时候出现，按自己的节奏步履不停地走过每个今天，试试为自己而活吧。现在的我喜欢有节奏地努力，更喜欢我的人生中有闲暇的余地。我也喜欢给自己定一个小目标，一点一点、不急不躁地保持学习力去实现。喜欢隔三岔五读本书，在书海中与智者相遇。一次一次相逢，一次一次找寻，在不断的寻觅中我开始喜欢安静地去探索自己的内心。更愿意活得简单一点，开始思考的不是如何生存，而是如何真正生活，如何享受自己的那些珍贵的瞬间，如何储存精力以度过茫茫寒冬。

每个人的心中都有一泓瓦尔登湖，在这里，我们寻找内心的宁静和丰盈，追随自由与自然，简单而馥郁，孤独而芬芳。待凡尘落幕，烟花尽散，愿我们仍能在这诗意的栖居之所，仰望星空。

学 者 点 评

  梭罗生活于19世纪中早期，当时美国正由传统农业社会向现代工业社会急剧转型，这也极大地影响了人们的生活方式、价值观念等，并由此形成了许多社会危机。梭罗身为记者、思想家，对此有所观察与思考，同时也一直谋求进行一项实验，以对相关想法加以验证。基于上述原因，再加上一些个人机缘，他便在1845年7月到1847年9月期间在瓦尔登湖畔独居，体验自然生活，并书写相关观察报告与散文，从而有了《瓦尔登湖》一书的问世。梭罗在书中表达了他对社会过度工业化的忧虑，高度推崇人与自然的和谐之美，且全书文笔隽永，历来为世人所称道。

  刘芮孜同学在文章里不仅介绍了梭罗创作《瓦尔登湖》的基本情况，还引经据典，试图印证其所传达的自然和谐宗旨的深刻性；不仅分享了该书给她带来的心灵慰藉，而且结合当下中国以及整个人类社会的变迁，进一步分析了相关思想主张的当下意义。此外，整篇文章行文晓畅，文采斐然。这些都体现了她对人文经典的广泛涉猎与深入思考，以及较好的文学素养。

上海财经大学人文学院副教授　陈成吒

词，是一种传统的文学体裁。因为它篇幅短小，且常常描绘文人眼中难逃浮浪浅薄的美女和爱情，故历来被称为"艳科""小词"。小词如何从爱情的品格升华到人生的境界，如何体现中国传统文化中儒、释、道的修养？读者又如何能够从小词中领略这种修养和境界？叶嘉莹女士对小词进行了细细评赏。虽小词，大雅存焉。

《小词大雅》，叶嘉莹著，北京大学出版社 2015 年

作 者 自 述

　　秦楚楚，女，上海财经大学会计学院 ACCA 专业 2021 级本科生。

　　本人开朗热情，纯良温厚，对生活充满爱与善意。积极求索，勇于尝试，敢于突破自我，不负年华与热爱。欣赏遗世独立的清醒，喜爱风花雪月的浪漫，向往随遇而安的自由。平日喜好读书，钟情写作，也享受旅行，带上灵魂走南闯北。"且将新火试新茶，诗酒趁年华。"诗词曲赋与山河万卷，终会用其永恒无言的深邃给人自信和包容，让人变得心平气和、坚不可摧。

小 词 与 哲 思

——读叶嘉莹《小词大雅》有感

　　《小词大雅》一书是叶嘉莹大学公开课的演讲整理稿，主要内容是在张惠言和王国维的分析基础上，解读词的修养与境界，以小见大，意蕴深远。本文只是在尝试探索小词与哲学思维相关的种种，聊抒自己的浅见。小词虽小，但字字有据，兴于微言，语尽意不尽。我们每个人都可以综合辩证唯物主义联系观和发展观，从小词中解析矛盾规律，更好地认识世界。

　　在现代哲学体系的观点下，具体科学是哲学的基础，哲学为具体科学提供世界观和方法论的指导。文学归属社会科学，属于具体科学的一种，自然也与哲学紧密联系。然而，文学富有春花秋月的浪漫，哲学蕴含星辰大海的深邃，两者间似有千丝万缕，却让人无迹可寻。幸而翻开《小词大雅》，脑中两者间的壁垒被轰然击破，任凭清丽淡雅的小词引发深远绵长的哲思。

一、认识论

　　诗、词、曲、赋，都是我国传统文学体式的重要组成部分。为何"词"这种文学体式常常被称为"小词"呢？从篇幅上看，词在其被创作的时代就是歌词，因受到乐曲的限制，与诗文相比而较为短小。更重要的是，从主题上看，在中国人的传统观念里，"诗言志""文载道"，而词都是歌姬酒女在宴会、筵席上演唱的歌词，题材也均围绕男女爱情、离愁别思展开，因此被认为是鄙俗的，在宋人的文集里甚至只能被编写在附集中。

在辩证唯物主义的认识论中，有一条广为人知的重要原理："实践是检验认识的真理性的唯一标准。"仅因为词直接描写的内容只有儿女情长，就认为它低俗、没有内涵、不登大雅之堂，是违背了实践和认识的辩证关系的。古语有言："行之力则知愈进。"我们在立足词作本身的基础上充分回归实际，从真实经历与感悟中寻找真理。

一方面，爱情是一种神圣而热烈的感情，比亲情多一份怦然和自由，比友情多一份激情和专注。人在陷入其中时，能够感受到一种身不由己的、超乎理性的投入，正所谓"情不知其所起，一往而深"。对于在社会普遍认知里似乎较为崇高的学问、事业等，人们的投入也是与之相似的。所爱隔山海，山海皆可平，心之所爱既可以是才子佳人，亦可以是远大理想。那么，词中表现出的对待爱情的狂热，也同样具有深远的境界，值得最高的敬意。

另一方面，中国古代强调"三纲五常"，其中"三纲"是"君为臣纲、父为子纲、夫为妻纲"，反映了古代社会的三大道德法则，也是古代人民言行举止的根本依据。词这一体裁，虽在表面上仅聚焦夫妻这一纲，但在主旨上与"君为臣纲"是一脉相承的。人在爱情中的忠贞与奉献，放到君臣关系中同样精准适用。

放眼词中描写爱情的千古名句，元好问的"问世间，情是何物，直教生死相许"，何尝不能反映追求梦想时的奋不顾身？屈原的"惟草木之零落兮，恐美人之迟暮"，何尝不是在用香草美人寄托自己的怀才不遇、志高难遂？那些"极命风谣里巷男女哀乐"，何尝不是像张惠言评论的那样，"以道贤人君子幽约怨诽不能自言之情"？

而被王国维称赞为"和韵而似原唱"的苏轼词《水龙吟·次韵章质夫杨花词》，更是借思妇的形象将家国情怀表现得淋漓尽致。苏东坡一直是个性情中人，不惧才华外露、不畏谗言诽谤，纵使这份大爱以贬谪的方式被一再辜负，他也依旧坚持针砭时弊，为底层百姓发声。"居庙堂之高则忧其民，处江湖之远则忧其君"似乎是那个时代的文人一致的大格局、高境界，但苏东坡的爱异于所有人的伟大之处在于那句"不恨此花飞尽，恨西园，落红难缀"。他恨的不是自己没有得到国家的赏识，而是举国贤士都没能被任用。他甚至不关心自己是否得到重用、自己的谏言是否得到采纳，只是痛心君王不懂"山不厌高，海不厌深"的道理，无法慧眼识珠、任人唯贤。书中总结出的"苏东坡一生忠爱"，是借杨花和美人展现在世人面前的。

李之仪在《跋吴思道小词》中写道："谛味研究，字字皆有据，而其妙见于卒章，语尽而意不尽，意尽而情不尽，岂平平可得仿佛哉！"小词看似简短，含义却隽永悠长。用认识论的观点，将词韵结合实践，才能发现其中的言外之意。

二、联系观

唯物辩证法总特征中的联系观，列举了联系的三个特点：普遍性、多样性和客观性。将联系的观点融入词的鉴赏中，可以让我们更深入而全面地发掘诗歌内涵，品味言外之意。

联系具有普遍性，即任何事物都与周围其他事物有着这样或那样的联系；每一个事物内部的各个部分、要素之间也是相互联系的。我们要用联系的观点看问题。这里包含了两层意思。

第一层，是不同的词作之间存在着普遍联系。书中总结道，张惠言读诗词依据"象喻"的作用，而王国维读诗词依据"符示"的作用。我将其理解为，张惠言是由一个典型意象，联想到它在不同的诗词中出现时可以传达不同的意蕴和情感，即研究了一个意向可表达的多元情感，从而让一个单一的意象变得丰富、饱满了起来；王国维则是由一个意象的内涵，联想到具有相似内涵的其他意象，即研究了一种情感可对应的多种意象，从而让一种单薄的情感具有不同的角度，产生立体感。我为两种建立联系的方式画出了示意图，以方便对比理解：

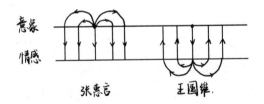

第二层，是一首词作内部的联系。"字不离句，句不离段，段不离文"的阅读方式，对于任何文学体式都是适用的。通篇把握词作，才能发现词人构思布局的精巧结构，也能更全面、透彻地把握词作情感。

联系具有多样性，即事物处于各种条件和环境中。我们要一切以时间、地点、条件为转移。

　　第一，阅读文学作品，"知人论事"是前提。知道了李后主前半生灯红酒绿的无忧和后半生亡国丧权的悲痛，方能理解"一江春水向东流"中无尽的悲痛和落差感；知道了苏东坡对国对民心怀满腔忠爱却被一贬再贬的坎坷人生，才会深感"也无风雨也无晴"之中的平淡安然、旷达乐观的可贵……只有深入了解了词人所处的时代背景和社会地位，我们才能发现压抑在文字之下的刻骨铭心。

　　第二，我们还应看到一个词人在生活中扮演的不同角色。李清照在《武陵春·春晚》中道："只恐双溪舴艋舟，载不动许多愁。"作为妻子，她为丈夫亡故而"愁"；作为国民，她为北国沦陷而"愁"。不同的身份有不同的愁思，也正因如此，将无形的"愁"量化时，"舴艋舟"才会不堪重负。多样的联系让诗歌中的人物形象丰盈立体、跃然纸上，也更能给人真切的共鸣感。

　　联系具有客观性，即联系不以人的意志为转移，并在此基础之上，更强调人的主观能动性。我们可以根据固有的联系，建立新的联系。

　　词人创作是为了抒心中之意，但正所谓"一千个读者有一千个哈姆雷特"，很多时候由于表意不明，不同的人会根据自己的见解建立不同的联系，悟出不同的言外之意。较为典型的是温庭筠《菩萨蛮》中的词句"小山重叠金明灭"。对于"小山"一词，有人将其理解为"绘有山形图画的屏风"，有人认为是"女子隆起的发髻"，还有人说是指"女子弯弯的眉毛"，每一种解释都能逻辑自洽，自圆其说。新的联系可以为固有的联系注入新的血液，我们可以通过广泛了解不同说诗人、说词人的观点，让脑中诗词的言外之意更加丰富多彩、妙趣横生。

三、发展观

唯物辩证法总特征中的发展观,强调了发展的普遍性。任何事物都有其产生和发展的过程,要求我们用发展的观点看问题。古代词人没有系统的哲学思维,但从他们对变与不变的感叹中,能够看出他们对事物的产生与消亡的思考。

细读南唐李后主的《虞美人》,词句在变化与不变的事物间反复横跨,展现出了独一无二的精妙。"春花秋月何时了""小楼昨夜又东风""雕栏玉砌应犹在",都是在写不变之景:四季轮回春常在,阴晴圆缺月总在,冬去春来又东风,雕栏玉砌原地待。"往事知多少""故国不堪回首月明中""只是朱颜改",又都在写变化之物:往事消逝不再来,故国失守不复在,红颜易衰岁不待。隔句呼应,既有对自然界万物循环轮回规律的揭示,又在面对变化的伤感中寄托亡国之痛和对逝去美好时光的追忆。小词的寥寥几句蕴含了全体人类的共同情感:从国家来看,无论是政通人和还是腐败黑暗,哪一个封建王朝能够绕开由盛转衰的更迭?从个人来看,无论是达官贵人还是平民小卒,哪一个可以逃避生老病死的规律?发展的实质永远是事物的前进和上升,是新事物的产生和旧事物的灭亡。

这样的发展观不仅体现在词中,还可以推广至诗、赋等其他文学体式。

在拥有"孤篇盖全唐"美誉的《春江花月夜》中,张若虚这样看待变与不变:"人生代代无穷已,江月年年只相似。"此句与刘希夷的名句"年年岁岁花相似,岁岁年年人不同"有异曲同工之妙。一句感叹江水不绝，明月常照，但人生短促；一句感慨年年花开，风物依旧，但人生亦老。然而，在叹岁月易逝的同时，两人都在伤感中隐含了一种深远的欣慰——个人的生命虽然是短暂易逝的，但整个人类的生命却如同江月一般永恒存在。正如宗璞在面对紫藤萝瀑布时发出的人生感悟："花和人都会遇到各种各样的不幸，但是生命的长河是永无止境的。"滚滚时代洪流之中，每一个生命都在同一条河流，赴同一个梦想。文人以发展观为起点，已经上升至对人类观的探索与发现。

"唐宋八大家"之一的大文豪苏轼在他的《后赤壁赋》中也有对变与不变的阐述："盖将自其变者而观之，则天地曾不能以一瞬；自其不变者而观之，则物与我皆无尽也。"这句原本是为了表达作者在逆境之中依然开朗豁达、随遇而安的乐观心态，但同样揭示了人类的普遍情感——消极者属于"自其变者而观之"，认为世间的生命都是转瞬即逝的，积极者属于"自其不变者而观之"，认为就人的一生来看，生命就是永恒的。站在不同长度的时间线上，我们可以观测出整个世界运动、变化、发展的规律。

从发展的状态来看，任何事物的变化发展都是量变与质变的统一。但是，在历史的长河中，每个个体的生命都如"寄蜉蝣于天地"一般转瞬即逝，古代文人又是如何于自身所处的微小量变中，悟出远超寿命的、属于人类群体的质变的呢？

这源于中国古人思想观念中的一个共识：宇宙意识。他们站得很高，从宇宙视角审视人类，将时空尺度和生命经验无穷扩大，对磅礴宇宙、生命本质展开拷问，自然能够对人类的普遍思想、普遍情感有深刻、精准的把握，将发展的观点融入作品之中。

四、矛盾律

唯物辩证法的实质和核心——矛盾对立统一规律，提出了矛盾的基本属性：同一性和斗争性。在对古人的词作进行解读时，后人的理解往往会与作者的本意相悖。同一个客体，被不同的个体引向了不同的释义，用矛盾律分析，可以让我们深入理解词作的丰富性与可塑性。

矛盾的同一性，是矛盾双方相互吸引、相互联结的属性和趋势。矛盾的同一性是相对的。这里有两层含义。

一是矛盾双方相互依赖，一方的存在以另一方的存在为前提，双方共处于一个统一体中。我们都听说过王国维在《人间词话》中提出的"成大事业、大学问者"的三种境界，却很少有人知道他在末尾补充的"以此意解释诸词，恐为晏欧诸公所不许也"。意思是说，虽然自己用古人的词为基础解读出了三种境界，但他知道词人创作时想要表达的原意多半并非如此。矛盾的双方意义截然不同，却同处于原作这一"统一体"，相互依存。

二是矛盾双方相互贯通，即相互渗透、相互包含，在一定条件下可以相互转化。王国维在做出解读后还追加评价道"此等语皆非大词人不能道"，也就是说，尽管词人创作时没有想到"成大事业、大学问者"的境界，但如果不是词人本身的伟大，词作也无法蕴藏如此多元的含义，给后人感发、联想和二次创作的空间。王国维也是在深刻剖析了词作原意的基础上，才做出了更进一步的挖掘和阐释。

矛盾的斗争性，是指矛盾双方相互排斥、相互对立的属性，它体现着对立双方相互分离的倾向和趋势。矛盾的斗争性是绝对的。

第一境界的"昨夜西风凋碧树。独上高楼，望尽天涯路"，原本写的是独登高楼、望眼欲穿；第二境界的"衣带渐宽终不悔，为伊消得人憔悴"，原本写的是思念成疾、日渐消瘦；第三境界的"众里寻他千百度，蓦然回首，那人却在，灯火阑珊处"，原本写的是踏破铁鞋、寻得佳人。而王国维却将它们归为成大事者的三重境界，将词中的一句从词作原本的意境中完全抽离，书中将此举描述为一种"断章取义"。这种断章取义，形似引用词作原句，神却与原作完全背离，相互对立。

纵观古今，这样的以断章取义的方式制造矛盾的解读并不少见，孔子与弟子谈诗论道时经常如此。比如，孔子的一个学生卜商曾这样问道："'巧笑倩兮，美目盼兮，素以为绚兮'，何谓也？"诗经中写，女子笑起来有酒窝，眉目间美丽动人，又说白才是绚丽光彩的，是为什么呢？孔子回答："绘事后素。"要先有一张白纸，才能画好一幅画。仅截取一个"素"字，将话题从女子的外貌转至绘画的要求。卜商听后接话道："礼后乎？""礼"是不是也应该像画画一样，不能建立在一个凌乱肮脏的本质上，要有一个好的内在作为前提，才是有意义的？再次仅截取"后"这一字，从绘画引申到为人处事、道德修养。

张惠言在《词选序》中写道："意内而言外谓之词。其缘情造端，兴于微言，以相感动。"后人读词时，一闪而过的灵感、同频共振的感动，都是从"微言"兴发的，而对微言的感知，正是来自所谓的"断章取义"。潜心读词，我们便可以感受到矛盾的普遍性。它存在于一切事物中，贯穿于每一事物发展过程的始终。

学 者 点 评

　　秦同学从马克思主义哲学的唯物辩证法视角去理解叶嘉莹《小词大雅》这一精彩的文学评论作品。具体而言，作者从"认识论""联系观""发展观"和"矛盾律"四个维度去理解词学，可谓是举一而能反三、好学而又深思。

　　就"认识论"而言，作者实际上谈到了"知"的不同层面，情感之"体知"不同于知识之认知。就"联系观"而言，作者实际谈到了"解释学循环"（hermeneutic circle），尤其是文本（text）与语境（context）之互动关系的问题。就"发展观"而言，作者又注意到中国传统文学中很多对"常"与"变"二者并行不悖的宇宙人生之书写。就"矛盾律"而言，作者主要谈到"断章取义"的解释学问题。

　　总的来说，作者实际上通过对叶嘉莹《小词大雅》这一词学著作的研读，从具体文学"案例"的感受、评论和反思出发，给出了哲学理论上初步的归纳、提炼与论证，由具体而抽象，实为难能可贵的阅读、思考和写作。

上海财经大学人文学院副教授　王格

《钢铁是怎样炼成的》（1933）是作者根据自己的亲身经历写成的一部优秀小说。主人公保尔·柯察金所走过的道路，反映了苏联第一代革命青年不怕困难、艰苦奋斗、勇夺胜利的大无畏精神，鼓舞了一代又一代有志青年去实现自己的理想。

《钢铁是怎样炼成的》，［苏联］奥斯特洛夫斯基著，梅益译，人民文学出版社 2015 年

作者自述

李润果，男，上海财经大学商学院工商管理专业2022级本科生。

本人平时兴趣广泛，涉猎丰富，胸中总怀一颗热烈而攒动的心，渴望变得卓越而伟大。而阅读，则让我的这颗心在文字的世界里，获得片刻的沉静与安宁。在这个喧嚣而焦躁的时代，我希望在书中保持自己的本心与纯真，守护那一片净土。

在充满怀疑与不确定性的时代
重拾《钢铁是怎样炼成的》

　　"当他回首往事的时候，他不会因虚度年华而悔恨，也不会因碌碌无为而羞耻，这样在临死的时候，他才能够说：'我的整个生命和全部的经历，都献给世界上最壮丽的事业——为人类的解放而斗争。'"也许很多人都能从老师的教诲或课本的拓展中熟知保尔的故事，能在脑海中的某个地方印下"奥斯特洛夫斯基"这个名字，能一气呵成地背诵出"人的生命只有一次"这段名言，却很少有人能认真捧起这本书，并把它完整地读完。也许是因为它的年代离我们过于遥远，旧苏联的风雪刮不到新时代的神州大地，那些革命、阶级、战争、政治等宏大叙事又与今天祥和的中国景象略显格格不入。但是我知道，在那些迅疾翻过的哗哗书页中，静静矗立着一位永久的少年——保尔·柯察金。

　　从小到大，我读了很多经典作品，从诸子百家到鲁迅老舍，从法国的雨果到美国的福克纳，但是回忆自己阅读的经历，《钢铁是怎样炼成的》永远令我印象最为深刻。它不仅是我看过的第一本长篇小说，同时也是看过次数最多的书——几乎每年都会重新翻开。在小学二三年级时，我有幸从同学家借来了这本书，让那个认知还停留在抗日电视剧和四大名著的我第一次接触到来自异国他乡的风土人情、冒险故事。就像爱丽丝掉进了兔子洞、来到了仙境，我也通过《钢铁是怎样炼成的》与历史和世界接轨，世界文学的广阔大门第一次为我开启。那时的我如痴如醉地阅读，为冬妮娅与保尔的分别唏嘘不已，为保尔的奋勇战斗敬佩感叹，为他失明瘫痪却仍然坚持写作而震撼良久。书中的坚强少年、缠绵爱情、伟大革命也许并未让当时年幼的我产生怎样的共鸣，却种下了一颗种子，一颗关于理想与信念、爱情与青春的种子。多年之后，每当我面临人生的困境，总会回想起童年的那个午后，回想着书中的年轻的保尔，他是如何克服悲剧命运的打击的。歌德说："读一本好书，就像和许多高尚的人交流。"《钢铁是怎样炼成的》就是这样的一本书，里面的保尔俨然已经成为好几代中国人心中的英雄，为每一位青年读者指引着人生的道路。

固然，很多人谈到红色经典，总不免被扣上意识形态或者政治方向的帽子，当代人似乎对红色文学越来越不感兴趣了。但是，我却觉得《钢铁是怎样炼成的》值得每一位年轻人阅读。

革命和爱欲永远都是最刺激的题材，凶猛的匪徒与青涩的美人总是能把青少年弄得神魂颠倒、异常亢奋。但是究竟革命更重要还是爱欲更重要，应该为了爱欲而抛弃革命还是为了革命而抛弃爱欲？革命是社会性行为，是为了全人类的福祉；爱欲是个体性行为，是为了个人的繁衍传代。革命是暴力，是一个阶级推翻另一个阶级；爱欲是温柔，是花前月下，"一种温暖、闪烁并变成纯粹辉光的感觉"。也许少了爱情的伏线，保尔的革命理想便少了精彩与魅力；而少了革命精神，纯粹的爱欲的表现便显得臃肿哗然。

人在自己的价值观与世界观塑造的过程中，有时候的确需要一位充满魅力与人性的偶像。保尔生活在十月革命后苏维埃国家初生的卫国战争时期，正是在这样的时期里，保尔走完了自己短暂的一生，以自己的选择和行动回答了"人的一生该怎样度过"这个终极命题。保尔身上有着工人阶级最质朴、最勤劳的本质。出身于工人家庭，自幼丧父，与母亲和哥哥相依为命，被学校开除之后，便被送去食堂当杂役，亲眼见证了社会的不公与人生的艰辛。在朱赫来的引导下，保尔拥抱了共产主义，正式加入了红军，在战斗中成长为一名坚定的共产主义战士，为捍卫年幼脆弱的苏维埃政权而出生入死。哪怕多次负伤，双目失明，全身瘫痪，他也没有放弃斗争的意识，用钢铁般的意志与命运搏斗，提笔写出了长篇巨著《暴风雨所诞生的》。"他日夜盼望的梦想已经实现了！铁环已经被砸碎，现在他又拿起了武器，回到战斗的队伍，开始了新的生活。"无论是小说中还是在后续影视作品中，最令我动容的地方，便是保尔在面临自己丧失战斗能力的时候，他也浮现过自杀的意向，但是他脑海中的自己却在批评自己：自杀就是对革命的背叛，"这是纸糊的英雄主义，这是每个傻瓜随时随地都会做的。这是摆脱困境最胆怯、最浮躁的手段……当生活真变得难以忍受，也要善于生活，让生活过得更有意义。"想起现在的自杀率不断上升的学生群体和职工群体，要是他们从小读过《钢铁是怎样炼成的》，是否在面临学业、就业、感情与职场压力时有了一丝同困境相抗争的力量。《钢铁是怎样炼成的》是我阅读的第一本世界小说，而我阅读的第二本世界小说便是《老人与海》，不知是机缘巧合还是冥冥暗示，这两本书中人物在意志与性格方面有惊人的相似性：他们都不曾向命运屈服，永远凭意志在战斗。许多年之后，当我回想自己的文学阅读之路时，似乎总是偏爱具有理想主义或者浪漫主义的人物，《悲惨世界》里的冉阿让,《巴黎圣母院》里的卡西莫多,这些人或多或少被作者和时代寄予了某种光辉的价值观和高尚的人性。苏联作家普拉东诺夫曾评价保尔:"保尔·柯察金是终于塑造出那种身受革命的培育、给予自己时代的一辈人以崭新的、高尚的精神品质的人的比较成功的尝试之一,并且他成为自己祖国全体青年效仿的榜样。"《钢铁是怎样炼成的》1942 年就在中国翻译出版了,在此后长达半个多世纪的流传中,保尔作为榜样激励和鼓舞着中国青年积极投身于祖国的建设事业。作为在苏联和中国都家喻户晓的人物,保尔的形象早已突破了文学世界的边界,成为他同时代青年群体中传唱的英雄。

每次重读,总是最喜欢描写保尔与冬妮娅初见的场面,书上还配了一张铅笔素描式的插画:少女冬妮娅穿着一身短裙,从弯弯的柳树上面探过身子,好奇而颇有趣味地打量着远处那个皮肤黝黑的赤脚钓鱼少年。这一幅场景,不知道在自己记忆里重现了多少遍。这个时候的保尔对这位富家小姐还颇为厌烦,却又忍不住地盯着眼前的这位少女,"她穿着领子上有蓝条的白色水手服和浅灰色短裙。一双带花边的短袜紧紧裹住了晒黑了的匀称的小腿,脚上穿着棕色的便鞋。栗色的头发梳成了粗大的辫子","这个姑娘像葡萄干一样香甜,别有风味"。初读之时,也仅是惊叹于异国他乡的贵族少女之美,优雅又不失可爱。多年之后,当自己遇到同样"别有风味"的女孩子的时候,流连之间,才懂得了保尔所谓的"香甜"之味。少年时候的情窦初开似乎就是这般,一瞬间的美好,倏忽而至,却戛然而止,朦胧透明,仿佛清晨凝结在花朵上的露珠。冬妮娅热情地邀请保尔去她家做客,带他一起读书交友,与父母一起招待保尔,也制止了同伴们嘲笑保尔。也是从冬妮娅身上,保尔第一次体验到了家人之外的温暖，这份温暖也让他变得成熟：他去理发店剪掉了流浪汉般的头发，用辛苦工作攒下来的钱为自己置办了一身合身整洁的衣服，也开始读冬妮娅推荐的书。最后一夜，即将逃亡的保尔并没有在忧心自己的命运，反而不舍与面前少女的分别，他们的爱情在燃烧，炽热的唇在彼此的面颊留下自己的温度。当保尔的手指无意间触碰到冬妮娅的胸脯，惊慌而局促地缩回，不敢再次伸出手去。"不敢拥抱着睡觉，怕这样睡着了，让母亲看见引起猜疑，就分开了。天已经渐渐透亮，他们才入睡。临睡前他们再三约定，谁也不忘记谁。"保尔与冬妮娅最后的分别，想必为无数的读者留下了长久的遗憾。有人批评，保尔并不爱别人，他很自私，甚至为了自己的理想，残酷地抛弃了爱他、帮助他的女孩子。但是批评者并没有感受到保尔多么爱冬妮娅，他何尝不想与冬妮娅长相厮守，他也在鼓励冬妮娅加入工人阶级的队伍。但，过惯了娇生惯养生活的她，可以爱上一个工人，却无法爱上整个工人阶级。两者的爱情悲剧不是源于个人爱欲的矛盾，而是源于不同阶级之间不可逾越的鸿沟之间的矛盾。两人在风雪夜的最后偶遇，冬妮娅已与资产阶级的子弟结了婚，而保尔还是那个工人阶级的儿子。也许我们怀念的一直都是那个童年时代的冬妮娅，那个单纯善良还带着贵族气质的女孩子，她只属于保尔的童年和我们的童年。他把一生最坚定的追求给了党，给了无产阶级，而给予自己爱人的爱却少得多，对于冬妮娅、丽达、达雅都留有遗憾。理想与私欲的冲突，一直都是作品讨论最多的问题。在两者的冲突上，保尔表现得甚至像不近人情的殉道者，没有过多的卿卿我我，也没有对亲密生活的过多向往，最后与革命伴侣平静地度过一生。在保尔那里，爱情的柔情蜜意终究屈服于生活与革命的浪潮。我相信，作者并不想通过言情小说里面的男女关系来吸引读者，不过感情是年轻人成长中难以避免的问题之一，而如何解决这些问题，才是作者对少年英雄的塑造之核心所在。

马克思曾说："斗争就是幸福。"化作中国的政治话语就是："幸福是奋斗出来的。"赚钱养家，就是与不公的社会斗争；参军报国，投身革命，捍卫政权，就是在与残酷的阶级斗争；双目失明，拒绝自杀，艰苦写作，就是在与命运斗争。保尔精神，就是对奋斗精神最充分的阐释。保尔为之浴血奋战、无私奉献的是马克思主义科学理论所揭示的共产主义社会和全人类的光明未来，而不是苏联模式和苏共领导人的极左政策。在旧苏共领导人的需求下，这部作品被赋予了"政治化"的色彩，我们应该历史地、辩证地看待保尔和《钢铁是怎样炼成的》，不能把保尔对理想与信仰的追求简单地理解为维护苏联的极左政权，相反，这种崇高的理想是全人类最高尚的情怀。我不禁想起，肯尼迪在著名的演讲《我们选择登月》（*We Choose to Go to the Moon*）中也讲道："我们选择登月……我们选择在这个十年登上月球，并完成其他的事，不是因为它很简单，而是因为它很困难。"人类的理想都是多么相似，尤其在我们这个社会主义国家，共产主义的理想自有其独特的高度，超越了一切低俗的趣味。

卢宁新在北大曾做过题为《在怀疑的时代依旧需要信仰》的演讲，"当许多同龄人都陷于时代的车轮下，那些能幸免的人，不仅因为坚强，更因为信仰。不用害怕圆滑的人说你不够成熟，不用在意聪明的人说你不够明智，不要照原样接受别人推荐给你的生活，选择坚守、选择理想，选择倾听内心的呼唤，才能拥有最饱满的人生。"也许像保尔那样追寻实现共产主义的理想在当代已经失去了魅力，生活在蒸蒸日上的中国，大家追寻的不再是充满意识形态的政治信仰，而是对个人价值的实现。但是相比以往那个单纯质朴的年代，当今的世界更加纷繁复杂，"世界百年未有之大变局"，思想与现实混沌争执，个人的理想与成长面临更多的艰难险阻。所以，我们仍然需要呼唤《钢铁是怎样炼成的》这类作品，呼唤作为先进文化体现的保尔精神，在全社会形成共同的精神支柱，同时辩证客观地摒弃落后的苏联极左政策思想，承认人的正当需求。

当每位国民都被时代的浪潮推着往前走时，似乎无暇去思考"人的一生应当怎样度过"这个问题，保尔自然也被大众遗忘了。脱离贫穷奔小康成了绝大多数人的奋斗目标，但也在一定程度上导致了重实利而轻理想、重物资而轻精神的浮躁社会生态。置身其中，难免有人存在思想信念不坚定、价值观混乱的问题，人云亦云，随波逐流，压抑低沉，缺乏生气。而对社会现象具有深切关怀与反思精神的有识之士难免对这类现象深感焦虑，迫切寻找解决之计，于是重新疾呼具有高尚精神追求的优秀作品问世。所以，从20世纪90年代起，又重新掀起了一股"《钢铁》热"，原著不断被翻版重印，也诞生了很多国产的改编影视剧。这种回归的内核并非所谓的"怀旧情怀"，而是源自对现实、对青年一代的"忧患意识"，保尔对于"人的一生应当怎样度过"的回答依然是我们当今面对的问题。保尔为我们提供了一面关于价值与选择的镜子，让我们在新的文化视野里重新思考该以怎样的态度对待生活和人生。令人振奋的是，有越来越多的当代人站了出来，以保尔一般的姿态投身到为人类社会光明未来奋斗的征程中，不管是在脱贫攻坚的战场上，还是在祖国边疆的哨所里，还是学术探索的实验室里。哪怕并不生活在公众的闪光灯下，每一位青年都在自己的小舞台上发光发热。

虽然保尔的时代已经过去，但他曾经真诚向往的马克思的社会主义，在中国改革开放的新征程中，在"中国特色社会主义现代化"的伟大旗帜下，不断发展与完善。所以，从这个意义上来讲，我们在某种程度上正是保尔信念的传承者，是实现全人类真正解放的接力奋斗者。那个永远的少年，实际上从未消失，而是一直在注目着我们这一代！

学 者 点 评

　　李润果同学的文章以"在充满怀疑与不确定性的时代"为切入点，分享了他在今天重读苏联作家尼古拉·奥斯特洛夫斯基（1904—1936）所著长篇小说《钢铁是怎样炼成的》的感受与思考。

　　奥斯特洛夫斯基出生在俄罗斯帝国（今乌克兰）沃伦省奥斯特罗格县，幼年做过童工，少时参加红军，后来加入乌克兰共产党、苏联作家协会等。他是一个作家，同时也是革命者，在负伤几至全身瘫痪的情况下开启自己的文学创作生涯。《钢铁是怎样炼成的》是其代表作，也是一部具有国际影响力的红色经典。

　　李润果同学在文章里介绍了《钢铁是怎样炼成的》一书的基本情况，并讨论了它在过去对苏联以及中国青年所产生的深刻影响，以及后来人们对它的批评乃至否定。在此基础上，他结合自己的阅读经验以及对人生、时代的思考，认为：该小说的最大宝贵之处在于保尔面对并思考了"人的一生应当怎样度过"这一重要问题，且他在爱欲与革命之间做出了坚决选择，并用一生去实践了为全人类而革命的伟大理想。今天的世界正处在充满怀疑与不确定性中，每个国民都被时代浪潮推裹挟，无暇去思考这些，保尔自然也被大众遗忘了，但也正因此，该小说的价值显得弥足珍贵。该文旁征博引、行文晓畅，总的来说是一篇不错的读后感。当然，人生、理想、生活、个体与群体、时代与革命等都是十分庞大而复杂的问题，青年对之自当壮怀激烈，但对于漫漫前路而言，一本小说不足以道人生，一篇短文更不足以尽理想，磨砺、沉思仍在前方，且没有终点。

上海财经大学人文学院副教授　陈成吒

《理解媒介：论人的延伸》是"20世纪为数不多的重要思想著作之一"。麦克卢汉将传播媒介作为主要动因，以异乎寻常的方式解释历史。他认为，媒介是塑造历史和社会的隐蔽力量，常常被人忽视；媒介的"讯息"在于其如何"扭曲"现存的社会秩序；由于忽视媒介，我们常常对其熟视无睹，被其遮蔽，这是"书面文化"或西方式感知能力的失败。书面文化执着于媒介的内容，它必须在新的电子环境里革故鼎新。麦克卢汉邀请我们抛弃旧的思维习惯，采纳感知和知识的新标准。

《理解媒介：论人的延伸》初版于1964年，麦克卢汉借其登上世界舞台，成为我们时代最杰出的公共知识分子之

《理解媒介：论人的延伸》，［加］马歇尔·麦克卢汉著，何道宽译，译林出版社 2011 年

一。在这部极富胆略的著作里，他把媒介解释推向新的高度。他向我们发出挑战，让我们与他一道纵身投入他所谓的"创新认知过程"。

作 者 自 述

吴金桂，男，上海财经大学人文学院数据新闻专业 2022 级本科生。

求学十余年，我却未曾品过读书的甘甜。为了分数，我埋头于题海，深陷内卷，虽也有收获，却不知何为丰腴之精神，也不懂何为高尚之操行，就像一只被遮住眼睛、任人驱使的水牛。幸好有良师，把我从内卷的泥潭里拉了出来。这时，我才发现泥潭之外，还有一片碧蓝碧蓝的大湖。我在湖水中看见了借着微光、在矿洞里向工友朗读《牛虻》的孙少平，看见了乱世之中刚毅果断、越难越要活的中国母亲上官鲁氏，看见了思维发散如星汉、对媒介保持敏感的麦克卢汉。望向远方，湖面波光粼粼，是古今中外圣贤学者的思想在跳舞，在向我招手，他们欢呼着，说着："来吧！一头扎进阅读的海洋吧！"

理解媒介，成为技术的主人

20世纪90年代，随着麦克卢汉的预言在互联网时代——成真，《理解媒介》再次进入大众的视野。对于麦克卢汉，有人认为他是"江湖骗子"，他的理论"没有一处值得推敲"，也有人认为他是继牛顿、弗洛伊德之后，另一个对学科范式起着根本转折作用的人。对于《理解媒介》，有人认为其为"天书"，晦涩难懂，也有人认为其"包罗万象"。

诚然《理解媒介》一书晦涩难懂，但是，"世之奇伟瑰怪非常之观，常在于险远，而人之所罕至"。麦克卢汉可以被称作哲学家，因为他对于媒介的研究并没有停留在媒介传播的内容，而是转而研究媒介本身，研究媒介如何塑造人类，他将媒介研究升华了。麦克卢汉认为，在电视机控制的时代，我们的思维不再是线性的了，而是整体的、连续的。古人说读一本书要"提纲挈领"，这是符合线性思维的。但是麦克卢汉打破常规，用"电视机时代"的思维来构思《理解媒介》，有的人从头到尾将书读完，一无所获；有的人随便翻读一页，就能明白麦克卢汉的思想精髓。这就是《理解媒介》，它不仅用内容告诉读者应该怎样去理解媒介，也用自己的形式呈现特定媒介环境下人的思维形态。

媒介是人的延伸

在麦克卢汉的语境里，媒介不再被局限在语言、文字等传统内涵中，而是被扩大了。麦克卢汉认为，汽车、道路、计算机等都是媒介。这是可以理解的，就拿汽车来说，汽车运输货物，就是将两地联结起来，传输着信息。那么，为什么说媒介是人的延伸呢？在车尚未被发明的古代，无论距离远近，我们总是用双腿走路，用我们的腿跨越距离。但是汽车的发明使我们减少了双腿的使用，而是用轮子替代双腿走路，即轮子是双腿的延伸。然而这种延伸是有代价的，轮子延伸了我们的双腿，我们的双腿被深度卷入，造成我们双腿的麻木。为什么"卷入"会带来"麻木"？因为汽车的发明使我们的速度获得极大提升，我们能跨越比过去长得多的距离，这是一种极强的刺激，我们的双腿在强大的刺激下麻木了。

这种"麻木"虽是为了保护我们，但也不全是好事。古希腊神话中，美少年纳西索斯被水中自己的倒影迷住了，以致听不到回音女神的话。我们就像纳西索斯一样，而我们的技术就是我们的倒影，我们迷恋技术，就像纳西索斯迷恋自己的倒影一样，是麻木性自恋。当有一天，我们完全麻木了，完全沦为技术崇拜者，忽略了我们人类主体地位，人类该何去何从？

麦克卢汉说电子技术正形成人大脑的延伸，我们的大脑被外化，失去任何保护，这个预言在今天被兑现了。由于短视频的出现，公众的情绪越来越容易被引导，通过大数据分析实现内容精准投放让公众陷入信息茧房，将自己的大脑交给算法。此外，ChatGPT更是让人类陷入迷茫。一个高学习能力的对话系统，能帮我们解决大部分问题，我们解决问题的能力因此而大幅提高，要是我们的大脑也麻木了，人类和机器的区别又在何处？但是我们永远不能抗拒技术，我们要理解媒介并掌控媒介。因为一个新媒介的出现，往往预示着社会形态的更迭，谁抗拒新媒介，谁就是拒绝踏入新时代。

媒 介 即 讯 息

媒介即讯息，就是说媒介能带来社会的更迭。要理解"媒介即讯息"，我们可以先理解波兹曼提出的"媒介即隐喻"。何为"隐喻"？我们写作时常常使用比喻的修辞手法，是为了让某个事物能够被人理解。媒介也是我们理解社会的一把钥匙。试想在古希腊城邦中，尚且没有大规模分工，也没有一条条道路，人民集聚在城邦中。在那时，人们有许多集体活动，比如公开演讲、公开选举等，这些都预示着古希腊城邦是一个整体社会。然而，商业的发展、手工工场的出现促进了专门化分工的出现。同时，车轮与道路的出现促进了城市间功能的分化和社会的进一步专门化发展。而印刷机的出现，更是进一步改变了人类社会的形态。纸张改变了过去由口授传播知识的方式，变为用视觉的方式。同时，纸张更易保存与传播，纸张的视觉卷入也改变了人类的思维方式。一排排字是线性的、片段的，影响了人的思维，呈现出理性的、专门的、独立的思维。这种种媒介最终塑造了麦克卢汉所谓"印刷机时代"。在这个时代，人们的工作是专门化的，人就像机器一般，只需专注本领域的工作。在政治领域，出现了权力的分化，三权分立便是证据。此外，理性思想占据主导。媒介即讯息，是指媒介在向我们传播着社会的讯息。媒介塑造着社会，那么了解社会的钥匙便是这个社会占主导地位的媒介。

当代社会，手机是占主导地位的媒介。手机是电视发展到电脑，电脑又进一步发展的产物。麦克卢汉认为在"电视机时代"，人们又回到了整体的时代，这就是"再部落化"，因为"印刷机时代"之前的人类社会也是整体社会。我们怎么理解"电视机时代"是整体时代呢？我们从"电视机时代"的发展——"手机时代"来看。在短视频时代，全民目击。短视频的高速传播性，让大家都成为内容生产者，发生在世界任何一个角落的事，都能在一秒之内向全世界传播，人类的生活被紧紧联系在了一起，真正成为"地球村"了。在知识层面，"知识融合""跨学科交叉"等词汇逐渐出现在人们的视野中。信息传播的简便性，打破了学科之间的隔阂，各个学科学者逐渐发现彼此学科的联系，并试图进行学科融合，从而产生新学科，这就是学术上的"内爆"。在过去，人类社会发展是呈线性向外延伸的，就像原子弹的裂变。然而现在，人类在已有成就中，又发现了新的可能性，通过将过去线性的转变为整体的，实现"内爆"，正如氢弹的聚变。当今社会，我们已经迈向了整体的时代，如果还不转换线性的、陈旧的思维模式，如何应对整体的、内爆的社会呢？在这之前，我们必须理解媒介，但是理解总是困难的，媒介也是多变的。

媒介能逆转

"手机时代"是"电视机时代"的发展，更准确地说，手机是电视机媒介的逆转。逆转的过程，就是现有媒介对原有媒介继承与创新的过程。"电视机时代"是"印刷机时代"的继位者，然而印刷机消失在历史长河中了吗？我们看到印刷机仍然在飞速运转，只不过人们的注意力被电视机吸引了。此外,印刷机在电视机中也被体现。电视机的字幕、滚动推送都是印刷时代的遗物。而手机又被视为电视媒介的逆转。过去,家庭的娱乐生活是围坐在一起看电视,而现在则是各自玩手机。这深刻地说明,手机已经取代电视机的地位,成为社会的主导媒介。同样,手机也是继承了电视放映、图像化的特点。

值得一提的是,麦克卢汉将媒介分为"热媒介"与"冷媒介",并且认为两者能互相逆转。根据麦克卢汉的定义,冷媒介是指低清晰度的、提供信息少的、参与程度高的媒介;热媒介是高清晰度的、提供信息多的、参与程度低的媒介。然而,麦克卢汉的逻辑似乎是不能自洽的。麦克卢汉在赞叹电视机传播信息速度之快的同时,又认为其为提供信息少的冷媒介。在这里我想提出我自己的想法。我认为,冷热媒介的区分标准应该为人的卷入程度。冷媒介使人的卷入程度低,热媒介使人的卷入程度高。冷媒介有手写稿、电话、电视、口语等,热媒介有拼音文字、印刷品、广播、电影等。拿电影来说,大家经常听到一个词:视听盛宴。在电影院中,人们往往渴望深度卷入——视觉完全卷入电影画面,听觉被电影音效充斥,并且讨厌外界的一切打扰。又比如拼音文字,人们在阅读文字时往往不希望被打扰,所以会压抑其他感官。就像在自习时,同学们都希望能最大化视觉的功能,而压抑听觉,使自己不受打扰。而对于电视来说,这是一个不大不小的屏幕,而且很少在全封闭的空间观看,也就是说,人们在看电视时,感官是打开的,卷入程度低,是冷媒介。然而媒介是能逆转的。电视向手机逆转,就转换成了热媒介。手机屏幕小,就如稍有弯道的高速路能提高司机注意力一样,更容易吸引人的注意力;同时,手机内容的连续性,也使人的大脑深度卷入，这些都证明手机是一种热媒介。

我们对于媒介的认识，能使我们更加客观地去对待媒介。人们对短视频的警惕性越来越强，这是好事，说明人们从麻木状态中清醒过来了。短视频的连续性、碎片化，使人的大脑高度卷入。人在短视频中大量投入精力与时间，而没有投入更有收益的事，不利于人的全面发展。但是，短视频的发展加强了世界的联系，比如因为短视频爆火的乡村旅游地。手机已经深深地塑造了我们的社会，我们不可能将其驱逐出我们的社会，我们只能适应。适应的前提是我们是清醒的，没有陷入"麻木性自恋"中。

麦克卢汉的思想是深奥的，但在阅读过程中，我依然尝试用马克思主义理论去解释媒介。

首先，我依然坚信经济基础决定上层建筑。生产力的发展依旧是决定社会面貌的根本因素。人和动物的区别在于人有自己的语言，这一观点被众多传播学家推崇。但是人的语言来自何方？在渔猎采摘的实践中，人类逐渐建立起对事物的认知，事物的含义逐渐被剥离到分散的语言中，分散的语言串珠成线，逐渐形成语言系统。在古希腊城邦中，奴隶经济与海外贸易的发展扩大了商业贸易的规模，生产力发展，公民为了扩大市场，试图加强与其他城邦的联系，于是推动了道路与车轮的出现，专门化的社会雏形也就出现了。在中世纪的末期，地中海沿岸的城市在海外贸易中，商品经济发展迅速。资本主义的发展需要更加自由的氛围。而印刷机的出现，又为资产阶级提供了宣扬自由思想的媒介。这些自由思想，承载着手工工场发展所需的专门化、理性的思想。进而，欧洲摆脱了黑暗的中世纪，走向了理性的光辉。生产力因素比媒介因素更加根本。

其次，麦克卢汉"部落化""非部落化"思想也可以用"整体与部分"的观点进行分析。整体由部分构成，整体离不开部分，而部分又不能脱离整体存在，整体决定部分。在"印刷机时代"，我们的思维是线性的、片段的。但是正如辐射状的公路一样，每条公路一端都汇聚在一个广场，站在这个广场中央的就是这个时代的主导媒介，即印刷机。虽说"印刷机"时代是片段的，但是这个片段也不能脱离其媒介环境这个整体而存在，一条条线性文明依旧构成了人类文明的整体。在"电视机时代"，整体的主导地位更加突显。电波传送信息的高速度，将每一个人的情绪、生活联系在一起，人们逐渐达成思想共识。此外，日益高速的传播推动各国商业贸易紧密相连，全球化浪潮进一步发展。我国顺应历史潮流，践行"人类命运共同体"思想，积极推动构建"一带一路"，将各国变成紧密合作、休戚与共的伙伴。

还有，麦克卢汉关于"媒介逆转"的思想正是马克思主义"发展观"的体现。马克思主义认为，发展的实质是辩证的否定，辩证的否定的实质是"扬弃"。我们认为，新事物的发展总是基于旧事物的。新事物在吸收旧事物的有利因素的基础上，研究新问题，使用新思路，开辟新境界，创造出新的顺应时代发展规律的有利因素。麦克卢汉的"媒介逆转"思想认为新媒介是在旧媒介的基础上产生的。手机继承了电视高速传播、实时播放的优点，并且提高了便携性、交互性，成为不同于电视的新媒介。

理解媒介，正确使用媒介

在这个"内爆"的时代，人类已经进入延伸"思维"的阶段。就像迷恋水中自己倒影的纳西索斯一般，我们也在自己的技术中陷入了麻木性自恋。我们疯狂地追捧着技术，却忽视了我们人自身的主体地位。现在，大家往往特别钦佩徒步旅行的人。因为这样的人太少了，所以值得钦佩。随着交通技术的发展，人的双腿的卷入加深，腿的功能性也就大大减弱。在过去，腿就是人行走的全部工具，是必需之物，而现在只是轮子与机械的结合就将双腿的主体地位排除在外。四肢的卷入尚无大碍，大脑的卷入尤为可怕。人的大脑在劳动中形成并发展，使人逐渐区别于动物。如果人的大脑也麻木了，人类就彻底丧失了主导地位。现在 ChatGPT 方兴未艾，其强大的交互性功能可以解决大量问题，为人节约脑力活动。而现在的 ChatGPT 只是第四版，在未来，随着各大厂的加入，ChatGPT 的发展将会更加迅猛。在那时，人的大部分活动都可以交给人工智能来做。这虽便利，却带来危机。当人的大脑不再转动，人就会容易遭受控制，变成人工智能的奴隶，人类也就没有了希望。

但是，警惕技术不等于排斥技术。有历史为鉴，排斥技术的清政府丧失了兴业救国的时机，给中华民族带来百年屈辱史，清政府最终走向灭亡。在 ChatGPT 大行其道的今天，我们能清楚地看到，其引发的现有工作方式的革命性变化，使我们的工作可以变得更高效，我们的产业将会进一步新陈代谢，低端服务业将会被淘汰，取而代之的是使用 ChatGPT 的更高效的服务业。我们的生产效率将会进一步提升，学习成本将会进一步降低，人力资本的优势将会体现得淋漓尽致。所以，我们当前的工作，就是尽快建立关于 ChatGPT 的伦理原则，并在此框架下，大力推进 ChatGPT 的发展。

媒介即讯息，理解媒介就是理解人类社会。媒介让我们的器官延伸，但是我们不能陷入麻木性自恋，要把握媒介的性质与发展趋势，理解媒介，顺应媒介，成为媒介的主人，在时代的浪潮中占据主动。

学 者 点 评

《理解媒介：论人的延伸》是加拿大学者马歇尔·麦克卢汉的成名作，作者的"奇思妙想"和"旁征博引"在学术界引起毁誉参半的评论。这部作品思想深邃、表达风格独特，对于从事传播学研究的学者和学生来说，是一项挑战。正如吴金桂同学在读后感开篇所指出的，"麦克卢汉可以被称作哲学家"。

《理解媒介：论人的延伸》研究的是人的延伸而不是我们日常所理解的媒介。吴金桂同学准确地把握了麦克卢汉的媒介研究的分析视角，即超越媒介研究的内容取向，关注作为人的延伸的媒介对人类思维、人类文明、人类发展造成的影响。吴金桂同学关注到麦克卢汉反思人与媒介技术关系的核心话语——麻木性自恋，并能够联系汽车、短视频、ChatGPT来谈论当前我们如何看待和使用媒介技术这一话题，说明他对该作品的理解是透彻的。吴金桂同学结合"冷媒介""热媒介""逆转""内爆"等概念分析了手机媒体的影响，这是非常可贵的学术探索。

最后，吴金桂同学从马克思的辩证法思想、唯物史观的立场评析了麦克卢汉的媒介技术观念、"部落化"思想。这种学术批判和反思意识正是阅读经典的意义所在，也是《理解媒介：论人的延伸》这部作品的魅力所在！

上海财经大学人文学院副教授　刘晓红

小威廉·休厄尔以兼顾历史学、社会学和人类学的思考著称。《历史的逻辑》认为，只有把历史学家对时间性的复杂理解与社会学家深刻的理论思考结合起来，才能催生出令人满意的社会理论。在本书中，他透露了这种结合可能是怎样的形态，也展现了如此结合能为哪些议题提供指引，以及此举将如何影响历史学和社会学这两个不同的学科。

　　本书不仅开启了历史学、社会学、人类学等学科间的前沿理论对话，更以众多研究实例展示了这种学科"破壁"的可能性。休厄尔在本书中提出的"三种时间性"，更是成为今天历史学与社会学的跨学科产物——历史社会学的理论指引。

《历史的逻辑》，［美］小威廉·休厄尔著，朱联璧、费滢译，上海人民出版社 2021 年

作 者 自 述

　　韩琨，男，上海财经大学人文学院社会发展研究专业 2021 级硕士研究生。

　　对叙事形式的苛求并非我阅读的主要关切，比叙事形式更重要的是作者的思想和情感通过文本的呈现与再现——当作者已然做到将思想和情感融于文字之中的时候，叙事形式便不再是问题，这样的想法也可以推及对那些用以作出"表达"的任何艺术形式的审美，而不仅仅是阅读。这就是我认为的阅读及其美感所在，"表达"与我们的鲜活生命会在此刻一同迸发出来。

以历史诠释的角度看待
"真实的历史"问题

　　社会史是一种强调社会学视野的史学研究，注意史学哲学和社会学哲学及方法之间的差异是学习过程中的必经之路，无论是站在史学一方还是站在社会学一方都很容易感受到两个学科之间系统的差异却又无法否认双方可以存在的交叉。比如对于休厄尔的《历史的逻辑》一书，从社会学角度可以概括地了解到史学善于诠释、善于叙述；但从史学角度阅读却会有不一样的理解——这本书用了很简单而概括的语言解释了现代史学多重视角的诠释哲学，这是很难得的事情。

　　史学和社会学之间的对话由来已久，无论是历史哲学的独立呈现，还是史学与社会学的对话下对历史哲学的对比呈现，都有利于丰富我们对历史学、历史事实、历史叙述的认知，而这样的认知也往往适合更广泛的领域，可强化我们的历史阅读的层次感。因此，要建立史学与一般历史阅读之间的对话，我们可以专门挖掘《历史的逻辑》一书中所提及的概念，借助这些概念所组成的清晰的结构，来将我们对史学及其基本哲学的认知系统化。

一、时间与因果——"历史如车轮滚滚向前"

　　时间，对于历史学来说是一个重要的维度，影响了史学的思维。简单来看，历史就是把这些过去的事件进一步在时间的流动之中组成轨迹而形成的一个"过程"。而在历史中，时间和连续这两个概念的存在本身就有相互同一的倾向，要想表述时间，就得从"连续"谈起。

　　那么连续则意味着这样的轨迹的外观——假设历史有实在外观的话——它并不是一个笔直的圆柱体，而是一柱流线的、各条线路交错的、整体上有方向的、连续无缝的"螺旋"，如图1所示。引用休厄尔的话来说，这种连续就描述为"每一个行为都是另外一个

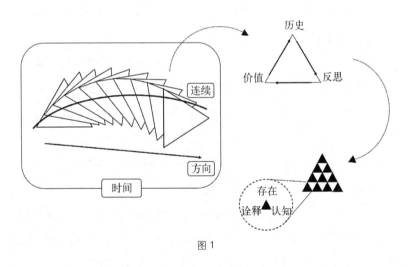

图1

行为的结果"①。这就是说，连接在这条线路上的所有存在本质上

---

　　① ［美］小威廉·休厄尔著，朱联璧，费滢译. 历史的逻辑［M］. 上海：上海人民出版社，2021：6—7.

都是行为，而不预先去划分何为原因、何为结果。

这个"螺旋"暗含着一组三角结构，即"历史—反思—价值"的系统，而在现在说来，历史哲学受诠释学的影响非常大，因此得用诠释学来进一步解释这个三角。在还原之后，这个大三角最后可以还原为现象学、诠释学意义上的"存在—认知—诠释"的形态。也就是说，在可以被视为近乎颗粒化的时间片段里，人们通过自己意向性的意识去组织了一些文本——有关他们个人或者是表述为呈现于他个人的那些存在的文本。而这些被呈现的存在之文本之间的同一性，便组成了一个主体间性的世界，而这个主体间性的世界在无限的体验流（处于无限的绝对运动的时空流变）之中的感官结果和判断，化为了连续的历史也就是那些过去的时间。

这也就是说，所有的个体上的"存在—认知—诠释"这个小三角在主体间性的组织之下变成了"历史—反思—价值"这么一个大三角，最终呈现了如图 1 所示的一个大三角螺旋向前堆积的面貌。

而且，每一个三角都会在前一个既成三角的基础上再造自己，从而堆叠向上，形成一个连续的形态，这就是时间流动的可视化后的状态，而这个螺旋本体的整体就是历史的"时间"。直线箭头是"方向"，是一个试图去认知它的人，为它预设的具体方向。在史学对于时间的理解里，时间是一个整体之物，而不是一个独立于连续的历史事件、用来定位历史事件的工具。时间更像是一个以颗粒化的形态内在于历史以及历史中的人的东西，每个人都在用意识和行动去建构时间、体验时间的流动，我们与流动的时间共在。

举个日常而又极端的例子，尽管会有陷入相对主义的危险。一个人在书写的时候，刚开始写第一页内容的作者和完成最后一页内容的作者绝对"不再是同一个"作者。最后一页的写作思路和理念必然会受到前一页完成结果的积累的影响,于是同一本书中每一页的完成环境都有微妙的不同,体现出时间的有方向的堆积。

而历史的进程也同样如此,每一个阶段的"存在—认知—诠释"三角在时间流中都是不重复的,每一页被完成的前一页的内容都是既有的存在之文本,这个文本既是成文的,也是非成文的,是附带在字符上的意义。前一页的内容作为"前一页的内容"的存在呈现于作者的眼前时,意识已经形成了。而诠释则存在于他开始动笔写下一页,下一页的写作行为本身就是对前一页给作者带来的意义的诠释①,历史也因此而表现出流变以及时间的异质性。

这样说来,史学之所以如此在乎把一个现象还给当时的历史环境去再历和发生历史解释,如此在乎一些事实发生的时间上次序,也就是对"历时性"的重视,往往是因为它对诠释的连续感和时间上的异质性的强调。正因为连续,所以细节是必要的;又因为异质性,所以还原到那个历史环境对研究来说也是必要的。历史的时间、连续的偶然、建构的因果在其中完成了一体化。而在每一组三角结构之间,都内含着某种因果关系的存在,也就引出下一个问题,即如何理解"因果"。

所有的历史事实在时间的轨迹里都是有连续的相互联系的,通过历史解释、诠释,人们可以从历史事实的因果关系建立中形成某种"宏观规律"的认知,并将这个"宏观规律"套入可以有限地去预测的未来当中。但是历史的特殊性和人类经验的异质性的积累,又决定了历史是很难完全重复的。这些偶然性和特殊性事件,

---

① [美]罗伯特·索科拉夫斯基著,高秉江、张建华译. 现象学导论 [M]. 武汉:武汉大学出版社,2009:128—138.

总是脱离"历史一般规律"的框架，这似乎是否定了预测的科学性，又让历史的"贤哲"看起来那么地狭隘，但也可以说，史学是一门注重细节的学问。

回到刚才的一句话："每一个行为都是另外一个行为的结果。"① 那么，为什么不强调原因呢？

因为对过去的建构是具有意向性的，是有一个明确的有关时间的方向感的。这就是说，从因导向果是一种预测性的，而从果导向因则是一种阐释性的，很多史学作品看起来是一种顺序描述，但其中暗含的原始逻辑是从结果开始顺藤摸瓜，再把已经倒推出来的、清晰的脉络用正序表达。因此可以看见，"因"是在一切已知范围内的事件和行为里被选择出来而成为那个"因"的，这几乎是一种很难不包含史学人主观的推测行为，甚至是某种所谓的"臆断"。于是就有了"秉笔直书"的史德要求，并且前文也提到了因果关系的建构合理与否非常依赖历史学人的经验，或者一些常人经验，或者是充足和挖掘程度不同的那些史料。这些主观性的强调从而让史学总也免不了"历史是任人打扮的小姑娘"这样的指摘，这又带来了下一个史学问题，也就意味着是时候史学该解释"人是什么"这个疑问了。

二、历史的人与人的历史——历史是任人打扮的小姑娘

"历史"是经过人筛选的历史吗？无论是现实的攀谈还是网络上的

① ［美］小威廉·休厄尔著，朱联璧，费滢译. 历史的逻辑［M］. 上海：上海人民出版社，2021：6—7.

交流，人们总会对"真实的历史"即"real history"争论不休，并怀疑这些强调绝对客观理性、真实、毫无扭曲的历史是否真的存在过。

还有一句类似的话"历史是由胜利者书写的"，这句话跟上述一起，它们看似将史学的学科基础直接剥夺掉了。但是还应当注意的是，历史作为一门人文学科，从来不需要也不应该否定人的主观意志的切实存在——只是会在"在何种程度上存在"这方面产生一些争议，以及如何面对对主观意志的诠释问题。这就是历史学和一些社会科学之间界限分明的地方。

其实对"历史真实性"的质疑本身混淆了两个层次的问题：史料的真实性和历史诠释的真实性。

如果要解释历史诠释的真实性，那么依照"历史—反思—价值"这样一个简易结构，价值和诠释最终回到了历史和存在上，历史的记载会在"历史事实发生"和"历史意义赋予和选择"之间游离。这么看来，历史事实的记载是受到人的主观意志和价值选择的影响的，历史学家、国际政治学科创始人爱德华·卡尔也曾强调过"历史学家不是睥睨人群的鹰，他们也是人群中的人"①。所以问题就在于：这样是错误的吗？或者更根本的，这样做是没有反映所谓历史真实的吗？

事情可能并非如此简单，无论是哪一个历史阶段，都会有基于前人历史和前人价值，并结合其共时的主体间性②的世界，所表现出来的价值观和道德感。

因此，这些历史记载的选择暗含当时的社会价值的选择，更是

---

① ［英］E. H. 卡尔著，陈恒译. 历史是什么？［M］. 北京：商务印书馆，2017：34—35.

② ［美］罗伯特·索科拉夫斯基著，高秉江，张建华译. 现象学导论［M］. 武汉：武汉大学出版社，2009：150—153.

体现他们所记载的历史事实对他们的集体或者个人是存在意义的，而历史诠释的任务，看似是在文本上舞文弄墨地组织一场历史现象的因果，实际上在这些叙述的背后，暗含着解释"这些历史记载为什么会被前人和前人之后的我们认为有记载意义"——这是一种建构和诠释，我们是基于被这些记载和诠释所建构的世界而去解释我们"何以被这些记载建构"以及"何以站在历时性的角度回溯去判断有些事情为什么是这么记载"。

而如果要探讨史料的真实性问题，从唯物的角度来讲，也存在检验这些记载的途径，这就要托付给考古学、校勘学、考据学、训诂学等。因此看起来，正如一个行为是另一个行为的结果一样，是一个历史存在选择了另一个历史存在；说得准确一点，是体现了价值观连续的历史记载推动那些承载着这些价值的史学人选择了被记载的历史事实。

因此，历史本身就是人类行为的意义的堆积，也是人类对意义的反思的堆积。正是历史社会中的人们不间断地赋予价值观和进行选择，每一个后来者都会承载着前人所塑造的事实对自己的意义，并对居于首要位置、有重要影响力量的事实进行诠释。而这个后来者记载的历史，或许又会间接地影响他所在的社会环境和社会心态，从而去酝酿下一次历史的流变，而这也体现了历史的作用。

所以，历史是人类的历史，是人类继承和塑造的历史，一个本身就难以排除主观建构和诠释的历史。克罗齐曾言"一切历史都是当代史"①。我们现在怎样去看待、解释一个既成的历史事件，反

---

① ［意］贝内戴托·克罗齐著，［英］道格拉斯·安斯利英译，傅任敢译. 历史学的理论和实际 ［M］. 北京：商务印书馆，1982：1—3.

映的其实就是当代的价值观从一个共时性的角度去阐释历史，它最终是回到了我们现在所在的世界，而不是那种具有绝对性的"真实的历史"。谁去追求它，谁就是作茧自缚①。

历史的变化，是无数的偶然的衔接协调和向"既成"的转化，最终产生的变动结果。而历史是人的产物，人所具有的有限理性对历史发展的影响是一个有趣的话题。

从整体上说，历史的进步就是人本身产生的进步；伴随着历史进步的，是每个时间阶段所产生的史料，相对于前一个时间阶段里的更加充足的文献堆积。每一阶段的史料会在前人史料的堆积里看见更多的东西，每一阶段的社会价值观和道德观念都会在前人的社会价值的基础上丰富化、精致化。因此，史料和历史事实在各个阶段的不断累积，正是人类技术和知识进步、价值多样化的反映。

这样来看，历史中的人们在他们所生活的历史时空里，往往是很难看到历史的全貌的，他们对历史的"决定作用"，并不发生在他们所处的现在，这种"决定作用"，是发生在事情全貌已经被洞悉之后，在历时性的基础上，由后人所诠释、赋予的。哪怕是所谓伟人，同样也是"生活在当下"，生活在他们的时空局限和运动当中，生活在其个人史的影响下。其伟大是后人赋予的，而非其自有或者与生俱来的。而他们创造的"进步"，在某种程度上，也可以视为人类历史经验的有方向的堆积，这样理解下来，可能暗含着历史确实是存在某种规律。但这也是一个体量庞大的题外话，关于这点，在这里也不做过多论述。

---

① ［德］汉斯-格奥尔格·伽达默尔著，洪汉鼎译. 诠释学：真理与方法［M］. 北京：商务印书馆，2017：581—583.

在经过有关时间和连续、历史的人和人的历史两组对认识史学来说非常重要的命题论述之后，接下来就要回答"史学到底有什么用"的问题了——也就是过去与未来之间的关系。

三、历史与未来——"读史明智"

首先我在这里需要借助一个例子来解释一下"历史是怎么建构出我们的现在的"，那就是"封建社会"这个提法。

在现在的生活里，我们都知道"封建社会"已经成了一个很常见的、耳熟能详的词语，几乎不用定义就知道这个词该怎么使用、怎么理解。但是很少有人想过"封建社会"到底是什么。在我国，"封建社会"这个词在最广义的范围内，指的是从周跨越到清代的古代社会架构。

而学习过高中历史就应该记得一个叫作"封土建国"或者"封邦建藩"的词，这里的"封建"指的是先秦社会。那么，我们可不可以说"封建"这个词有多重含义？当然不行，这是一种直接舍弃历史思考的讲法。我们不如从封土建国这个说法谈起。

根据已有史料，"封建"这个词最早见于《诗·商颂·殷武》的"命于下国，封建厥福"，指帝王以爵位分封给小宗，授土授民。而封邦建国这个认知直到柳宗元时代都大体保持一致，后来的明朝杨升庵、清代魏默深都发表过对于封建制的讨论，统统基于封邦建国的含义。

而此时的西方有一个词叫"feudal"，被翻译为"封建"，指的是层层分封、拥有家邑采地的世袭贵族对国王承担军事和赋税义务又具备一定的政治独立性。因为这跟中国先秦时期的封邦建国现象非常相似，于是当时专于引进西学的严复把 feudal 与"封建"对应，形成了互通的翻译。直到梁启超、孙中山的笔下，"封建"这个词依然没有被泛化，而秦汉到明清的社会则被称为"宗法专制帝制社会"。"封建"最终被泛化，是由于 20 世纪 20 年代初共产国际术语的传播。

1920 年，列宁在共产国际第二次代表大会上将中国称为"封建关系和宗法关系占优势的比较落后的民族国家"，另外在 1923 年出版的《新青年季刊》的第一期刊载了一篇翻译的《东方问题之题要——共产国际第四次世界大会通过》，提及东方国家实行的是"封建宗法制度"，也就把所有的东方国家的古代史都笼统划进了"封建社会"的范畴里。

1929 年的中国社会史论战则把"封建社会"怎么划定的争论推向了高潮。而在论战的另一侧，当时中国的进步青年和进步杂志已经将"封建社会"泛化后的范畴传遍了大街小巷，并且影响了大众语汇，于是在 20 世纪 30 年代初，这个新生的"封建社会"概念进入了语文和历史教育之中。更不要说后来新中国成立之后的教育将"封建"一词的范畴彻底确定，形成了为我们现在所理解的"封建社会"。①

也就是说，"封建"的概念通过一场历史政治运动而嬗变，并将这个嬗变后的概念注入了国民的历史认识当中，去铺垫和推动中国的历史发展。而接受过义务教育的人对"封建"这个词的敏感性也一直延续至今，这个词的泛化赋予了我们剖析西周到明清社会的一个便利的视角，对这段历史存在一定的解释力，并且至今都没有

① 冯天瑜. 史学术语"封建"误植考辨［J］. 学术月刊, 2005（3）: 5—21.

更好的概念替代它来重新概括秦汉到明清的社会形态。其影响力已经涉及社会的方方面面，儒学、婚俗、女性观、中医药、迷信、传统习俗都可以冠上"封建"二字，为质疑这些现象赋予合理性，以寻求相对应的社会进步。

从上面的例子我们可以看出，我们的历史观念或是现实生活，正是被历史所塑造的。哪怕仅仅是一个词语的推广，也可以看见这些词语本身意义的改变，在流动之中塑造、建构了后来人的认知世界、主体间世界，更具体地讲，就是所谓的历史观。

历史的作用就是以一种倒推历史的堆积的思路回望过去，可以重新建构共在之下的自身，在这之后，过去向未来发生了某种倒映和延伸。当然，这绝对不是说历史可以用来预测未来，时间的方向感已经意味着没有什么东西是值得被重复的，偶然性和连续性隐含的颗粒感也让未来是难以被演绎的。只能说，怎么看待历史，就会怎么看待和建构相关的未来。

在中国近代的发展史上，以梁启超为首的新史学学派构建了"中华民族"这个概念。他们引入了科学也就是赛先生视野、民族史观、进化史观，几乎颠覆了传统史学的那种按朝代、皇室家族来看待和塑造历史的观点——也就是那种只有朝代和天下而没有民族国家和社会且认为历史是循环往复的历史观。并进一步把这个东西颠覆为"从炎黄到如今俨然是一个发生在民族共同体之内的演变"的一个历史观，从而形成一场集体记忆，把中华民族、民族进步彻底融入了我们的认知里。[①]

这种民族和进步观融入了包括教科书在内的各种话语里，并表

---

① 瞿林东. 中国史学史纲 [M]. 北京：北京师范大学出版社，2010：792—801.

现为我国互联网里民族主义者和逆民族主义者之间的争斗。但无论是"中国正在进步并且永远在进步"的民族主义观还是"中国从里到外毫无进步可能性"的逆民族主义观，都没有离开过"中国-民族"和"进步-进化"的框架框定。甚至很多悲叹着"历史的轮回循环往复"的言说，表面上是历史循环论，实际上深究起来，仍是基于"历史进步观在一些地方的应用失败了"的经验而产生的动摇。这种循环论依然不可避免地带着进步观、进化论的底色，而不是他们在文本上所直接言表的那回事。

历史记载和历史诠释本身所传达的道德观、价值观以及文本描述的灵活运用，更深地潜入了其中体现的历史观、历史哲学层面，几乎就是建立认知环境的文字武器，而对一个社会的、历史的事实在文本描述上的、概念界定上的差异，推动的也是相互不一样的时空中的历史进程——这种偶然性美丽而又充满了风险，但它终究会成为我们要反思、记载和诠释的那些事实。负责任地去对某一个现象和事实建构合理的故事和概念，是一件可以影响"从宏观到微观所有层面"的事情。

同样，伴随着历史所建构的现时事实的改变，有关一个社会群体或者社会实践的价值观和道德观也会不断地产生变动，而这种变动赋予了我们在过去、现在、未来去一遍遍地、不断地书写历史的必要性，也就是所谓历史与"民族的脊梁"。这也曾被《百年孤独》所强调。

因此，如同新中国成立后《新华字典》的编辑工作就被提上日程一样，当历史也作为一种用来建立共同记忆、集体记忆、共识世界的学科之一，被赋予了这样一种联系过去与未来的作用的时候，那么，中国传统文化里的治史之德似乎得到了一个新的延续，再次强调克罗齐那句"一切历史都是当代史"，哪怕微观到喜怒哀乐，哪怕宏观到流血江河，如何用历史的诠释去锻造一个群体的精神意志，就是史学、历史叙述的义正所在，这也是史学一天到晚看不惯这、看不惯那，时刻怀有饱满的批判精神去审视世界的缘由所在吧。

本文的表述和诠释可能非常不专业而且很危险地用了一些文艺一点的东西，但我个人认为：史学就是介于科学和艺术之间的东西，它可以两边都沾一点也可以两边都不沾，但它到底是人文学科，是有关人文关怀的世界。

学 者 点 评

　　《西方史学史》作为一本通史型著作，概览了西方历史学的发展历程，显然韩琨同学的品读是断想式的，在小威廉·休厄尔的《历史的逻辑》和爱德华·卡尔的《历史是什么?》等著作基础之上，对历史学的时间问题、历史与人、历史与未来的关系提出了自己独立的思考。唯其如此，这类断想尤显珍贵。

　　年鉴学派史家马克·布洛克认为历史学是关于时间中的人的科学，雅克·勒高夫认为历史学是时间的科学，然而时间之于历史（学）正如人类抬首凝望灿烂星河，亦如人类低头凝视无底深渊，引人探求亦令人迷惑。韩琨从"存在—意识—诠释"这一诠释学角度比拟"历史—反思—价值"，从而从主体间性的角度讨论历史的时间之流，辩证虽则稚嫩，也未对时间的多义性进行区分，但其思考已初现峥嵘，难能可贵。

　　第三部分历史与未来的关系实则涉及历史学的社会功能，这部分的阐述逻辑初见该生专业特长，从"封建"一词的本义、历史流变以及如何转为当今人们日常生活中的含义，进而讨论历史是如何塑造观念、影响现实与未来的，其引用得当，分析有理有据。

　　品读经典，不必收束规整，由前人思维精华激发思考，激荡文字，是为经典之用也。韩琨同学的读书报告正体现了品读经典系列活动的意义。

上海财经大学人文学院副教授　汪丽红

叁
"阅读之星·悦读达人"
校友优秀作品选

《新教伦理与资本主义精神》是韦伯最知名的著作。一些人认为这本书不是对新教的详细研究，而其实是对韦伯后来的著作的介绍，尤其是他对于许多宗教思想和经济行为之间的互动的研究。在《新教伦理与资本主义精神》中，韦伯提出了一个知名的论点：清教徒的思想影响了资本主义的发展。一般宗教的传统往往排斥世俗的事务，尤其是经济成就上的追求，但为什么这种观念没有发生在新教里呢？韦伯在这篇论文里解释了这个悖论。

《新教伦理与资本主义精神》，[德] 马克斯·韦伯著，于晓等译，生活·读书·新知三联书店1987年

韦伯将"资本主义的精神"定义为一种拥护追求经济利益的理想。韦伯指出，若是只考虑到个人对于私利的追求，这样的精神并非只限于西方文化，但是这样的个人（韦伯称呼他们为英雄般的企业家）并不能自行建立一个新的经济秩序（资本主义）。韦伯发现这些个人必须拥有的共同倾向还包括试图以最小的努力赚取最大的利润，而隐藏在这个倾向背后的观念便是：工作是一种罪恶，也是一种应该避免的负担，尤其是当工作超过正常的分量时。"为了达成这样的生活方式而自然吸纳了资本主义的特质，能够以此支配他人"，韦伯如此写道，"这种精神必定是来自某种地方，不会是来自单独的个人，而是来自整个团体的生活方式"。

作 者 自 述

　　王锋，男，2011年上海财经大学工商管理硕士专业毕业，高级经济师，现就职于金融行业，山西省作协会员、太原市作协会员。

　　本人热爱文化创作，创作体裁主要集中于散文、杂文、随笔、诗歌等，作品散见于《都市》《火花》《太原日报》《人大代表报》等，累计撰写超过20万字。创作文学作品先后获得山西省银行业协会建国70周年、建党100周年、清廉金融文化建设等全省征文大赛一等奖，撰写文章被中国金融思想政治工作研究会《中国金融业党的建设与思想文化建设调研成果库》全文收录。热爱读书分享，曾参加临汾市图书馆荐书直播活动，推荐的书籍为《曾国藩》。开创图书馆银行新模式，将市图书馆引入银行，成为当地文化书香的集散地。

虔诚、商业和自由

所有人心中潜藏的一种孤独感，能够得到永久的拯救必然是生活中最重要的事情，这一时代的人只能独自走下去，勇敢地面对自己那个早已被决定、永恒不变的命运，而且得不到任何人的帮助。

——《新教伦理与资本主义精神》

《新教伦理与资本主义精神》是现代西方社会科学的三大"奇书"，而作者马克斯·韦伯更是社会学领域神一样的存在。这本书没有我在读的其他商业书籍里的有趣案例和引人入胜的人物故事，更像是充满思辨的论文集。

读完这本书，痛苦远大于快乐，枯燥的论文体、陌生的宗教沿革，让我在阅读的过程中断断续续，几欲放弃。在苦读完这本经典书后，作者对制度深邃的思考、对宗教特别是基督教之于资本主义的意义的深刻洞察，给了我很大的启发。

为什么世界三大宗教中，唯有基督教国家的经济取得了快速发展并引领世界走向？为什么在基督教国家中，新教国家的经济充满活力？基督教的圣徒们是如何阐释经典教义，为资本主义大发展提供信仰和道义上的支持的？为什么资本主义国家一边深陷失业、贫富差距的矛盾，一边孕育创新、积极慈善，仿佛有一个内在的稳定器，使资本主义国家在历经经济金融危机后仍能在困顿中重生？《新教伦理与资本主义精神》这本书就是打开以上疑惑之门的一把钥匙。

基督教经过第一次变革产生东正教，经过马丁·路德的宗教改革产生新教。天主教、东正教和新教基本上构成了现在的基督教格局。而新教中加尔文教派对于经典教义的重新解释，让教徒甚至整个社会对工作、财富、享乐等有了全新的认识，促成了资本主义质的发展，可以说是一次革命性的突破。

世俗生活与神性的合一

新教教义改变了人们对工作、劳动的态度。阶层排序压制了工商业者的热情。此前在西方社会，工商阶层处于第三等级，而僧侣阶层、教士处于高高在上的第一阶层，国王贵族也只能屈居其次。而在宗教改革后，新教提出工作是上帝的旨意，也是为了服务上帝。带着这样的目的，就可以受到上帝的引领和祝福。自基督教新教问世以来，它对待工商企业阶层另眼相待，工商业主逐渐走上历史舞台，寻找代言人来行使自己的意志。马克斯·韦伯认为，上帝应许给人的唯一生存方式，不是让人以苦修的禁欲主义超越世俗道德，而是要人在世俗社会里根据自己的社会身份完成他应尽的责任和义务，这是人的天职。因此，在新教思想的引领下，西方欧洲宗教国家逐渐由宗教国家向世俗社会转变，正式走向现代社会。以土耳其为代表的部分伊斯兰国家进行了世俗化的改革，社会面貌和经济成果取得了快速的发展，其他一些中东国家也在经受是维持神权还是世俗化的炙烤。

用神意来解释追逐利润

新教教义改变了人们对待财富和金钱的态度。财富是什么？财富从何而来？财富又用向何处？这是宗教中存在争议的地方。在新教的诠释中，财富是通过努力、竞争获得的，并用于扩大经营、公益事业，造福更多人类，便是荣耀上帝；反之反是。人的生命是上帝所赐，而财富同样是上帝所赐，人类只是财富的使用者，而上帝是财富的最终所有者。换言之，人类就像一个银行，你有为客户保管财富并为客户的财富保值增值的责任，但你绝对不能对财富动心思。这样，财富的获得和使用得到了道义上的支持。社会对待财富的态度就是，财富越多，责任越大。因此，在当时的西方社会通过努力获得财富，不再遮遮掩掩、避人耳目，而是正大光明、争相为之。与之形成对比的是，伊斯兰教反对金钱产生的利息，认为那是带着血腥的罪恶，导致金融机构先天营养不良，不能为社会经济很好地供血造血。这样的观念就制约了财富的创造、市场的活力和经济的发展。

虚掷时光是罪恶

新教教义改变了基督教的享乐观。基督教强调禁欲主义，而在新教中提出的理性的禁欲主义，不是反对一切的享受，而是反对奢靡浪费，不是用于满足个人私欲，而是用于满足投资、公益等社会需求，是为了荣耀上帝。这实际上是在禁欲和纵欲之间找到了一个平衡，关于如何使用财富，再一次用上帝赋予的方式，给出了一个有利于推动社会进步的答案。这样就形成了共识：财富越多越好，公益越多越好；你承担的社会责任越大，给上帝增添的荣耀越多。如果只是为了一己之私，为了自身的物欲享受，那就超出了理性的禁欲主义的范围内，最终只会落得"输了你，赢了世界又如何"。

资本主义马车上的两个轮子

可以看到，有了加尔文主义或者新教伦理，所有的财富活动都有了上帝的合法性、神圣性和正当性，为资本主义在神学思想和伦理道德上提供了支持。西方资本主义这架马车有两个车轮。一个是法治或法治精神。资本主义的经济行为是一种依赖于交换机制以谋取利润的行为，或者说是一种依赖于形式上的公平交易的行为。而法治精神恰恰是为交易提供了一系列的机制和制度，减少了不确定性，降低了人与人之间的不信任。另一个就是信仰。信仰是表达了人与上帝的关系和人对上帝负责的问题。有了信仰，人才能产生所谓的良知，产生敬畏感，不敢轻易逾越规矩。信仰对人类有内在约束，可以控制肆无忌惮的拜金欲，产生的作用类似我国孟子所言"人皆有恻隐之心""辞让之心""是非之心"以及"人皆有不忍人之心"。法治精神让西方资本主义社会保持稳定，而背后深藏的信仰和价值观则让社会可以不断自我纠错、自我迭代、自我净化。

制 度 的 弹 性

从小学政治课学起，就知道资本主义垂死挣扎，但长久以来是垂而不死。马克思曾揭示，资本来到人间，从头到脚，每个毛孔都流着鲜血和肮脏的东西；资本如果有百分之五十的利润，它就会铤而走险；如果有百分之百的利润，它就敢践踏人间一切的法律；如果有百分之三百的利润，它就敢犯下任何罪行，甚至冒着被绞死的危险。

一方面，通过媒体报道，我们看到资本主义的残酷、血腥和压榨等，感慨资本主义社会的发展有日渐式微的趋势。另一方面，资本主义在自我克制、自我改良。诸如，北欧等国的幸福指数在全世界排名前列。意大利国家经济衰落，人民也是出了名的不勤劳，但当地人民追求美学艺术，当地中小企业追求工匠精神，打造出普拉达、菲拉格慕、法拉利、兰博基尼等手工精品，给世界传递了凡意大利出品，必属精品的观念。日本的 7－11、无印良品、优衣库、漫画、汽车电器等，结合东方的禅宗文化，形成了独具特色的一以贯之、深层次、沉浸式的东方匠人文化。而当年的那些逃离欧洲大陆的新教徒坐上五月花号乘风破浪，经过恶劣航行的洗礼，最终双脚站在美洲大陆，凭借荣耀上帝的信仰，在荒芜的大陆上筚路蓝缕，造就了今日之经济强国。今日美国的硅谷、华尔街、好莱坞等地区又是全世界科技、金融、文化创新的发源地和输出地。以上种种，让我们看到了资本主义社会的无限可能。他山之石，可以攻玉。这些纷繁可能的背后也许正是值得我们去思考的地方。

对于商业世界的启示

我以商业经营为例。商业的运营，不仅要有制度作为管理依据，更要有信仰和价值观自我约束。制度是形，信仰是神。制度可以不断降低成本、提高利润，有了共同的信仰和价值观，才会吾日三省吾身，在沧海横流中保持自我本色。

在经营企业的过程中，也许有的企业规章制度健全、流程严密，按照泰罗的科学管理设计工作流程和生产流水线，按照法约尔的一般管理理论和马克斯·韦伯的科层制保证了大规模高效率运营；层层反馈、环环制约，严密控制每个环节的风险；根据人性设计了激励约束机制，基本满足了马斯洛的底层需求，在企业内部挥舞绩效考核这把利器，用物质收入和职位晋升等极大地调动了员工工作的积极性，充分发挥了人的潜能。

以上种种设计，看似天衣无缝，可以让企业主高枕无忧，实则在精妙的企业管理背后暗潮涌动。绩效考核是一个潘多拉魔盒，把人内心的恶在不经意中释放出来，并不断放大。追求财富的进程就像穿上了安徒生的红舞鞋，"一直跳到你发白和发冷，一直跳到你的身体干缩为一架骸骨"，即使头上悬着一把达摩克利斯宝剑，也在所不惜。从满怀情怀的经营天使滑落到利欲熏心、上下其手的魔鬼，高级管理者个人职业观的转变是背后疯狂的绩效考核在蛊惑。而在危机关头，许多企业员工大难临头各自飞。

企业主一副无辜表情，认为其制度设计用心良苦，系统流程与时俱进。我们通过阅读马克斯·韦伯的《新教伦理与资本主义精神》，可以发现是背后的信仰和价值观出了问题。

我们认为从事一份职业主要是为了养家糊口，满足自己的私欲，因此在职场中我们和财富的关系、我们对财富的使用很容易出现偏差或扭曲。在一段时间拼命工作或者遭受生活磨难后，很容易产生报复性消费，而不是像禁欲主义者那样自我克制、自我约束，将财富转向再投资或公益活动。

企业的信仰是什么？企业的价值观是什么？我想应该是达成共识的企业文化，一种由内而外、自我约束的心理契约。当前，很多企业的企业文化更多是从领导意志出发，停留在响亮而无实际内涵的口号上，看似铿锵有力，实则不能掀起员工内心一丝波澜。

从加尔文派对新教的注解，我们可以理解为这样一种企业文化：有人格魅力的企业领导者，有传奇色彩的企业故事，有号召力、鼓动人心的企业愿景，将企业披上一层神秘主义面纱，带有类宗教色彩，这种神圣感和使命感让员工树立自我赋予价值的职业观和天职观。企业领导人的行为示范以及企业在社会中承担的社会公民责任往往可以给员工树立自我规范的财富观。

再规范的制度也有百密一疏的漏洞，再精准的流程也有先天性的缺陷，因为执行的载体是人。员工是一个个细胞，如果员工主动融入，企业就如肌体自我更新；而如果员工把自身作为异类（把企业当做赚钱的工具），不免会与企业发生排异反应，甚至发生突变。全员参股或合作人的企业股权结构，从目前的制度设计来看，是理性的禁欲主义在企业经营管理中比较好的一种体现，员工与企业在社会契约的基础上增加了心理契约和认同感。当员工看待企业、工作时，是在理性思辨的基础上增加了一份感性的依托和情感的归属，企业将走上一条自我进化道路。

当前，国内一些头部民营企业在企业与员工的关系探索上，在信仰价值观、发展愿景、股权结构、制度设计等方面各具特色，员工被深深地打上了企业文化的烙印。《华为基本法》、阿里巴巴要活102年的公司愿景、海底捞你学不会的温暖的家文化、德胜的工匠精神等，其背后的价值观塑造值得我们观察和思考。当然，中学为体，西学为用，《新教伦理与资本主义精神》这本书不仅对企业的经营管理有启发，在社会治理、家庭和谐、个人立身处世以及国家的复兴方面也能引发深刻的思考。

学 者 点 评

　　王锋校友的读书随笔思考了韦伯命题中新教伦理的诸多特质，及其如何促进西欧工商业的发展。可贵的地方在于，王锋的解读并没有局限于原著本身，而是结合了最新的企业管理和业界案例，提出韦伯命题与当下的关系，即观念层面的价值追求对企业建立良性制度规则的重要意义。这种关注当下的解读引出了《新教伦理与资本主义精神》的未竟事业。

　　韦伯命题指出资本主义一旦建立，便抛弃了早期促进其发展的价值目标，工具理性替代了价值理性，将现代社会禁锢在理性的牢笼中。此后大量的学者在此基础上去论证现代社会与价值的关系。其中社会学领域的标杆性学者帕森斯认为，社会秩序的核心是对普遍价值的认同，并不会因为资本主义的不同阶段而弱化价值力量的存在，反证现代性侵蚀了价值。帕森斯最重要的学生默顿指出，现代社会发生失序问题的原因之一，在于人们共同接受的价值目标，与行动主体所处的社会结构位置提供的机会空间产生了矛盾，使得一些群体为了达到目标而做出不符合价值规范的行动。因此，价值目标不是问题的关键，关键在于价值目标与社会结构之间的隔阂和断裂。

　　价值、观念、认知如何影响社会秩序和组织发展，是由韦伯开启的一条文化解释的路径，直到今天仍是学术研究的前沿领域，并在人们认识到经济、政治两种解释变量的局限性后，愈加吸引学界关注。以中国的企业管理为例，虽然我国在价值观上以历史唯物主义为指导，但在企业管理上依然常见价值引领的作用，如军人出身的企业家取得的成就，不得不使我们思考军事伦理与企业家精神的关系。王锋校友的读书随笔展现了他在实践领域的思考，也让我们看到了终身阅读和持续成长的价值。通识教育埋下的种子，在自我长期地浇灌下，成长为各自内心的道。

上海财经大学人文学院讲师　范文

《写作这回事》一半是恐怖小说之王的人生回忆录，一半是国家图书奖终身成就奖、文学大师的创作经验谈兼写作大师班。手把手教有志于写作的文学青年要备好哪些必要的装备，如何像发掘一架恐龙化石一般将一个好故事发展成形，如何"关门写作，开门改稿"，甚至少用被动语态、"通往地狱的路是副词铺就的"等。而且作者全部从自己的创作经历出发，将自己众多杰作的创作过程公之于众，坦陈自己的私心好恶。

《写作这回事》，［美］斯蒂芬·金著，张坤译，上海译文出版社2009年

除此之外，本书在斯蒂芬·金的人生和创作生涯当中还具有独一无二的重要意义：1999年6月19日，斯蒂芬·金在外出散步时遭遇车祸，伤势危及生命。而这本回顾和总结自己的一生和创作经验的书还没写完，差一点真成了斯蒂芬·金的盖棺定论。在鬼门关转了一遭后，斯蒂芬·金在髋部粉碎性骨折、身受巨痛的情况下重新捡起笔来，艰难地续写《写作这回事》，坦陈："写作对于我来说好比是一种信念坚持的行动，是面对绝望的挑衅反抗。此书的第二部分就是在这样的精神中写成的。正如我们小时候常说的那样，是我拼着老命写出来的。写作不是人生，但我认为有的时候它是一条重回人生的路径。"

作 者 自 述

　　王鹏程，男，2018年本科毕业于上海财经大学公共经济与管理学院劳动与社会保障专业，同年参加工作，现在国家电力投资集团在沪央企从事干部人才工作。

　　业余爱好文学创作，钟情诗词，专长小说。新人作者，初出茅庐，发表字数不足十万，作品散见于文学刊物，小说处女作获首届师陀小说奖（中篇小说类）。

　　作为对抗虚无的一种消遣，比起逛街、玩手机，读书无甚高级之处，但是启发心智、龙场悟道，唯有通过读书实现。一篇读罢头飞雪，但记得斑斑点点，几行陈迹。人的生命太短暂，何不放下手机，奋起读书？

穿越泪水抵达洋葱中央

一条河盘曲成生命的航道，每晚都要停泊，每天都会出发，那些曾经漂荡的水路，或许回头便消散进茫茫的水汽，和前程、和远方、和未来，一个模样。但正是它一层又一层的波纹，推得我们远别。

——题记

四年的本科生涯，不算"佛"也不够"卷"，绩点平平过得去，在舞文弄墨上倒是花了些工夫。回溯往事，羁绊最深的要数人文社科协会举办的清源文学奖。打开"SUFE 人文社科"，上次更新已经是三年前了，回想起曾经支撑它的股肱庭柱，甚至他的模样我还依稀记得，很像最近风靡的一个种地综艺里名为"耕耘"的少年。除了相貌，他们做的事本质上也是相似的，在一片实用主义的土壤里种下浪漫的种子。目录里的"清源文学奖"，点进去还有第八、九届清源文学奖，我的名字忝列其中。再往近翻，2020 年的新年贺词中酝酿的第十届是最后一篇推送，再没下文。看来第九届就是终章了，十分有幸我参加了这一届。天地之至数，始于一，终于九焉。终于第九届，是一个不错的结局。

在大二时我第一次关注到人文社科协会组织的"清源文学奖"。那时是第七届，不限主题、文体与字数，我把成文已有三年的中篇小说处女作投了过去，可惜当时没能上榜。那时目空一切的我只觉得珍珠蒙尘，后来再经过几年的挫折和碰壁我才开始思考文学创作的意义是什么。在遇到张定浩之前，对这个问题的答案我是茫然的。

财大的桂花是很香的，那是一种让人无处遁形的香，从国定校门入校经过一教门前的花廊时香气最浓，经过如入幻境。当时两句诗就跳进了我的脑子里——"木犀香九里，群芳湮无味"……我立刻回到寝室，坐在电脑前沉吟未久，又写下了剩下的 14 句，这种涌出来的灵感和一挥而就的创作豪情过去好几年也没有再遇了。第八届清源文学大赛，我将这篇打油诗《赏桂有感》送评，没想到一鸣惊人得了一等奖，十分有幸被人文学院邀请参与颁奖礼，在同新楼跟同好们交流分享，当时的院党委副书记刘凯老师对这篇打油诗评价颇高。那是一个热烈的夜晚，我常能记起那一晚刘凯老师真挚朴实的寄语："我们的生活离不开文学，我们的生活需要创作。"这是激励我坚持写下去的动力。

客散酒醒深夜后，更持红烛赏残荷。再忆起第九届的颁奖，像是堕在一场梦里。2017 年，财大一百岁了，这一年的校里校外都洋溢着热闹。在读学生、校友，大家都满腔赤诚地赶赴财大参加建校百年、觥筹交错的盛会，那一届的命题自然也是庆贺财大百年校庆，受到"厚德博学，经济匡时"校训的感召，我写了一篇三十句的贺诗：

……

立德树人传薪拨火，

数风流桃李竞出墙。
博学厚德经世济国，
长袖善舞匡时安邦。

新旧人天涯共此时，
贺校庆故厦换新装。
历百年岁月固不居，
煌煌上庠再著华章。

在财大豪生酒店，杰出的校友们鱼贯上台朗诵他们为母校创作的组诗，台下毕业生们推杯换盏，"耕耘"也在其中，我看向他，仿佛已经看到了未来的一位商界精英。刘凯老师有些发福，气质像一位小卖店老板。那时候的我想入非非：离开学校之后会走上一条什么样的职业道路，取得什么样的成绩？会有这个荣幸成为一个可以留下名字的校友吗？几个月后我就要毕业，跟清源的三年之谊就此画上句点。那三年我真正交游了文学，也交游了真正的文学。

迷茫，迷茫是毕业生的通病。毕业前夕的我少了些迷茫，多的是烦躁与悸动。大三那年，实习公司给我发了 offer，我自然地接受了命运的馈赠，无所事事地等待毕业，离开学校，踏入社会。

我开始很少听课，虽然每堂课我会去，但注意力只能集中十分钟，十分钟后就会开始玩手机直到下课，每堂课后脑袋空空的感觉让我感觉很不适。

这样浑浑噩噩地过了一段时间后我深觉不该如此，但是对碎片化、娱乐化，能够获得即时满足的垃圾内容的依赖积重难返，我只能尝试用一种极致对抗一种极致——我制订了手机戒断计划，只要想玩手机就拿出一本书来读，把每天手机的屏显时间控制在一个小时以内，把阅读锻炼成肌肉记忆。读书破万卷，下笔如有神，重塑阅读的习惯，才能积累创作的素材。

起初这是非常磨人的，阅读于我成了一种障碍，纸张翻阅的动作加重了我的烦躁，我经历了一个长期的过程，但度过了那段时期后阅读成了我对抗虚无的最好的伙伴。

我从图书馆累计借来了约有 100 本书，2016 年的 9 月到 12 月我读完了 20 本书。2016 年的最后一天我在图书馆读完了《时间旅行者的妻子》，闭馆时走出图书馆，颇有种"一篇读罢头飞雪，但记得斑斑点点，几行陈迹"的酣畅兴味。歌未竟，东方白，那时的感动与震撼让我觉得最美妙的跨年方式莫过于此了。

2017 年的 1 月到 5 月我读了 21 本书，这一年我的兴趣由浪漫转向了现实，那段时间我读书的速度惊人，试图通过阅读把那些占据脑海的碎片化、娱乐化的信息和图像赶出脑海，我像一块被扔进泳池的海绵，沉淀，唯有沉淀才能给我轻飘的身躯塑造血肉。

我找来茅盾文学奖从创立至今的所有能在图书馆借到的获奖作品，东野圭吾的侦探小说被我翻烂，从《闪灵》开始啃完了斯蒂芬·金的全部小说，也是从那时起，我对斯蒂芬·金产生了浓厚的兴趣。

斯蒂芬·金在《写作这回事》① 里说了一段话："从来没有人问起我们的语言。他们会问德里罗，问厄普代克，问斯塔隆，可他们绝不会向流行作家提出这样的问题。可我们这些普罗大众也在意语言，虽说方式卑微，但我们仍然热切关注写故事的艺术和技巧。"

不难看出，主流文学是将他拒之门外的（对某些别的通俗小说

---

① ［美］斯蒂芬·金著. 写作这回事［M］. 上海：上海译文出版社，2009：145.

家可能更加宽容，这也是对我长期产生的一种垂影自怜心境的安慰）。严肃文学作家也严重质疑他的写作水平。2003年，斯蒂芬·金获得美国国家图书奖，在文学界引起了很大争议，同年获奖的雪莉·哈泽德直接当众在领奖台上对斯蒂芬·金不屑一顾。耶鲁大学一名教授甚至刊文说："金的作品中少有任何文学价值、美学成就或启人心智的东西。"

"少有任何启人心智的东西"这个论断是错误的，《穹顶之下》①就是最好的反证，这部2009年推出的长篇小说在2014年被改编、拍成电视剧，引起了不小的轰动。斯蒂芬·金野心勃勃地直面"9·11"事件之后的美国社会，试图呈现一种广义上的道德、信仰、环保意识与危机下的贪婪人性、腐败和对抗集权政治等主题。《穹顶之下》浓缩了金写作事业的发展。他刚开始写这本书的时候，还没有出版过任何作品，而37年后这本书出版的时候，他的名气已经高涨到甚至让这本小说的电子书引发了一场价格战。《穹顶之下》对他个人的意义可见一斑。

《穹顶之下》有1074页，在金的作品里排名43，内容上十分厚重，或者说十分絮叨，这是典型的金式风格，不同人物的视角下有丝毫不吝惜笔墨的心理和背景描写，构建了一种群像式的末世浮世绘。随着阅读的深入，每个人物的形象都渐渐清晰，让人佩服金是怎样做到刻画这么多人物而没有丝毫紊乱串场。性格拿捏一贯是他的强项，要潜入那么多人物的内心（很多还非常恶毒）实在是一件劳命伤身的活计，因为在逼出人物内心的同时，自己也有可能被侵蚀。各种专业知识的储备与整理，比如毒品与导弹的发射过程，

---

① ［美］斯蒂芬·金著. 穹顶之下［M］. 北京：人民文学出版社，2016：221.

以及气象气候变化等都让每个画面历历在目。

《穹顶之下》被贴上的是科幻小说的标签，但除了穹顶这一点是科幻的成分，其余的并不是天马行空的联想，而是细致入微地刻画了赤裸裸的人性——从这一点来说，这其实是一部现实主义的小说。穹顶只是一个符号，一个缩影，它指代的可以是战争、是饥荒、是世界末日，是一切人类无法抗衡的力量，是一切给人以压力的可能。

在穹顶上升的那刻，我自己仿佛也吸到了久违的空气。在经历了疫情后看穹顶下的生活感觉更有共鸣。封闭环境下缺少了监督和约束，像 Big Jim 这样狂热的权力爱好者就会开始暴走，一群原本理智的人一夜之间变成人偶，文明社会变得容易被煽动、崩塌，只有疯子才残存理智，社会底层人群要无条件承受并化解所有矛盾关系所带来的一切后果……"初听不识曲中意，再听已是曲中人"，不论在什么时候，个人都不能放弃自己的理性思考，在危难关头尤是如此。一个人放弃了自己的理性思考，可能便从此浑浑噩噩地活在蒙蔽里；一群人放弃自己的理性思考，便为奸狯之人提供了专权的土壤。放弃理性思考确实可悲，但更为可悲的是原本拥有理性思考的人，在经过深思熟虑后为了自己的利益而助纣为虐。

小说进入结尾时节奏越来越快，就像有人在用鼓点作为背景音乐，鼓点越来越强、越来越密集，让人欲罢不能。在穹顶内横扫一切的大爆炸发生后，仿佛听得到生命在滴滴答答地流逝，过程漫长而煎熬。结尾处那句"欢迎回到美国"的美式主旋律感强烈，快到碗里来，其实还都在碗里罢了。

没人能抵抗住斯蒂芬·金世界的诱惑，因为实在是太精彩，太让人欲罢不能。如果是第一次接触斯蒂芬·金，我会先推荐他的

《闪灵》和《它》，里面的细节描写、情节铺垫和情感铺陈十分精彩。他的独特风格植根于他本人的经历、痛苦和恐惧。斯蒂芬·金将故事地点从大都市搬到了蛮荒之地，缅因州是他的大本营。他在一次采访中说："人们很容易在缅因州消失，也很容易回来，有时候回来的人跟活死人一样。"肖申克监狱、下水道有小丑栖身的德里、宠物公墓、81英里路标……这些地方都设置在缅因州。

此外，在主题表现、人物塑造等方面，我们都能看到金本人的影子，随便举几个例子：他的小说里有很多跟成瘾症作斗争的角色，而他自己就曾是酒鬼和瘾君子；在他的小说里，机械特别是汽车大多是邪恶的存在，这是因为像大多数经历过石油危机和核战争威胁的20世纪70年代的美国人一样，金也不喜欢机械设备；还有疯狂的书迷、棒球、学校、教堂，也都是他小说里的常客……斯蒂芬·金小说里的孩子们组团行动，大胆勇敢又互帮互助，总能在没有大人帮助的情况下完成使命、达到目标。这也与金的童年经历有关。所以他小说里的细节描写和情感描写有一种让人觉得毛骨悚然的真实。

至于金的写作技巧和文字功底，与许多严肃小说家相比也是毫不逊色的。在《写作这回事》这本书里面，金从自己的创作经历出发，公布了自己的创作过程、心得和技巧，他的文学创作目标就是讲一个好故事，一个能吸引读者的好故事。在这个目标引领下，辞藻优美、主题先行这些都要靠边站（这对于陷入创作空白期的我是一个重要的指引）。他成功地达成了目标，被誉为"全世界最会讲故事的鬼才"，将恐怖、怪诞、神秘等恐怖要素玩到了极致。在斯蒂芬·金的小说里可以找到纯文学喜欢用的意识流手法，找到道德两难情境，找到对人性善与恶的探讨，找到真实的世界……

但我觉得普通读者读他的作品，爽就完事，不要去寻找什么了不起的写作技巧，又或者强行挖掘作品对人性的灵魂拷问。当然如果悟出了这些也很好，通俗文学也可以深入探讨人的精神问题，也可以强烈观照人类命运。正如美国国家图书基金会给斯蒂芬·金颁发终身成就奖时所说的，斯蒂芬·金的作品"继承了美国文学注重情节和气氛的伟大传统，体现出人类灵魂深处种种美丽的和悲惨的道德真相"。

离开校园成为打工人后，我陷入了很长一段时间的创作空白期，我认识到传统文学更看重现实意义，这跟我浪漫主义的创作风格背道而驰，我开始结合自己的见闻经历尝试创作一些现实题材的虚构作品，无奈频频被拒稿，这对我打击颇深。

2020 年，机缘巧合下我在单位处得不错的一位老大哥给我引荐了他的同乡张定浩——《上海文化》副主编，作协、思南读书会骨干。那天张定浩骑着一辆电动车就来了，因为几个月居家的缘故他的头发留长了，很像披头士，见面赠了我一本他翻译的《悼念集》，另一本就是后期被我当成写作指南用的《职业和业余的小说家》①。我也回赠了他我唯一一篇得奖发表过的作品《忘川》。

我们在攀谈中聊到了平时喜欢读什么的话题，在这次饭局之前我已经有段时间没读过什么书了，我自然先把我大学期间的阅读经历又陈述了一番。他听罢表示首肯，翻了翻我赠的那本小册子，感受了一下文字风格，谈到创作首先要从模仿开始，一篇三万字的小说没有有意无意的借鉴和模仿也是不容易一挥而就的。

我呷了一口啤酒开始回忆。我记忆中这篇小说的创作过程可以

---

① 张定浩著. 职业和业余的小说家［M］. 济南：山东文艺出版社，2017：223—237.

算得上是一挥而就的，语言风格是有点像鲁迅那样的冷峻（或许显得刻意或者拙劣），由于题材的缘故，情节桥段上的编排自然不可避免地有点像《红楼梦》。两年文科班的精读，《红楼梦》的风格已经融进了我的基因里，再说其他，我只觉得读是读了，好像也看不出谁的影子了。

张定浩又问我的创作动机，创作动机这个话题，我又呷了一口啤酒，竟然一时给不出答复。创作动机？我的动机是什么呢？2014年我写第一篇小说的时候刚开始我的初恋，那是一种卖弄的初心，为了向年轻的情人展示我的飞扬文采。后期的创作是为了什么呢？我感觉是沽名钓誉，我幻想在传统文学领域著作等身，有机会评个职称、进个作协什么的，除了这两点，我想不到一个高大上的初心，我如实回答了他这个问题——为了得到主流的认可。

张定浩对我这个答案显得不太满意，在得知我把得奖的作品还注册了著作权后更表现出一种难以置信，但他还是保持礼貌地认可了我这种版权意识，同时委婉地劝诫我没有必要。张定浩跟我分享起他的创作之路（文艺批判和翻译），在这条路上，创作从来不是一件孤立的事，虽然文艺批判和翻译是他的工作，就是不断地阅读。张定浩的阅读才真正是一种生活方式，他将阅读融入了生活。早年在论坛和豆瓣发表一些"豆腐块"，他的文字深度很快被同好和编辑发现，他们一起交流探讨，一直到现在的著作等身，他从来也没有注册过一篇文章、一本书的著作权，这衬得我的敝帚自珍更小家子气。一言以蔽之，搞文学创作一需要阅读积累，二需要与同龄的读者、作者交流，最重要的是，不能急功近利，要耐得住寂寞。

我在张定浩的建议下把作品发表在豆瓣上，又结识了一些同龄的职业青年作家——王文鹏、李杏霖、废斯人、于则于……2022年我们一起搞线上读稿会，我知道了真正的青年作家的生活中发生了什么，他们在思考什么，在创作什么。有些可惜的是，近三年我没有发表新的作品，手头满意的废稿也只有一短一中两篇，但可喜的是，我开始像张定浩书里写的那样，思考生活何为，小说何为。我认识到对此的思考和探索应该是写作者最为重要的行为。

生活的意义乃至小说的意义是以何种形式呈现，在不同写作者那里又各有不同。张定浩比较服膺罗兰·巴特曾使用过的一个类比，即洋葱与桃杏。有些人觉得生活应该是像桃杏那样的水果，在果肉内部一定有某种坚定存在且让人心安的核心，生活的意义就在于找到这样的核心，甚至不惜代价建构一个这样的核心；而另一些人则认为生活是如洋葱般一层层展开的生活，"没有心，没有核，没有秘密，没有约简的原理，有的只是本身外壳的无限性，包裹的无非它外表的统一性"。

曾经我是站在桃杏一边的人，随着生活的推移，我同张定浩一样，渐渐成了站在洋葱这边的人。一个认真生活的人，一个诚实的写作者，他们在穿越一层层的泪水抵达洋葱中央之际，其实遭遇到的也不会再是虚无，而会是一个更好的自己。

学 者 点 评

　　《穿越泪水抵达洋葱中央》是一篇关于阅读、写作与生命的散文。它在告诉我们，怎样使阅读和写作成为生命存在的一种方式。

　　文学作为一种以情感为中介的人类存在方式，能够让人从日常生活的琐碎中脱身，到达一个相对形而上的境界，返身凝视我们的现世存在。《穿越泪水抵达洋葱中央》讲述了阅读与写作在作者生命历程中的不同角色。从大二时的征文比赛所带来的成就感到大三时以疯狂的阅读来对抗生命中的沉沦再到工作之后对阅读与写作的专业化理解，作者不仅在谈论阅读与写作的技巧，而且在讲述个体生命从青涩到成熟的过程。文章第二部分讲述自己对美国著名通俗作家斯蒂芬·金的阅读体验，看似应制之作，其实也有着作者自己对学院派或者说精英派文学活动的不同体验。他的体验也许可以商榷，但其中对权威的冒犯、怀疑精神，却正是文学的活力之源。

　　作者的职业状况我不了解，不能判断阅读、写作这些文学活动与其职业的关系是怎样的。我希望他同时也是一位成功的职场人，而不仅仅是一个狂热的文学爱好者，我甚至不希望王鹏程有一天成为一位专业的写作者。说实话，我们现在缺少的不是专业的写作者。同时，文学的源泉和活力不在文学内部而在生活和生命本身的历程中。王鹏程的写作之所以有吸引力，正是因为他是作为个体生命真实地存在着。正如本文的最后一句："一个认真生活的人，一个诚实的写作者，他们在穿越一层层的泪水抵达洋葱中央之际，其实遭遇到的也不会再是虚无，而会是一个更好的自己。"是的，阅读与写作本身不是目的，生命才是。我们的生命就是穿越一层层泪水，努力去抵达一个目标，也许它的重点是一个空，但寻找的过程就是我们生命的意义。

　　我在一次学校的人才培养相关的会议上曾经冒昧地表达了如下一点浅见：我们学校被人戏称为"五角场炒股职业学校"，这是对我们培养的人才缺乏人文素养的一种批评。我们不仅应该培养专业的财经相关的人才，更应该培养真正的经济学家。而要使我们学校培养出来的人成为影响世界的经济学家，没有深厚的人文素养显然不行。很幸运的是，我们学校对人才培养的人文基础十分重视。教务处设有专门的通识教育中心，连续出版《品读经典》等都是有力的举措。《穿越泪水抵达洋葱中央》的作者王鹏程是我校2014级劳动与社会保障专业的校友。他在毕业5年之后充满激情的写作证明我校人才培养过程中人文素养培育是成功的。

上海财经大学人文学院教授　徐仲佳

附　录

上海财经大学 2023 年通识经典阅读书目

1.《周易注校释》，王弼注，楼宇烈校释，北京：中华书局，2012.

2.《道德经》，老子著，韩宏伟、何宏注译，合肥：安徽人民出版社，2005.

3.《论语》，孔子弟子及其再传弟子编撰，朱熹集注，金良年导读，胡真集评，上海：上海古籍出版社，2007.

4.《理想国》，［古希腊］柏拉图著，郭斌和、张竹明译，北京：商务印书馆，1986.

5.《沉思录》，［古罗马］玛克斯·奥勒留著，梁实秋译，南京：译林出版社，2009.

6.《传习录译注》，王守仁撰，王晓昕译注，北京：中华书局，2018.

7.《道德情操论》，［英］亚当·斯密著，宋德利译，南京：译林出版社，2011.

8.《往事与随想》，［俄］赫尔岑著，巴金、臧仲伦译，南京：译林出版社，2009.

9.《查拉斯图拉如是说》，［德］尼采著，楚图南译，合肥：安徽人民出版社，2013.

10.《自卑与超越》，［奥］阿德勒著，李心明译，北京：光明日报出版社，2006.

11.《新教伦理与资本主义精神》，〔德〕马克斯·韦伯著，于晓等译，北京：生活·读书·新知三联书店，1987.

12.《西方哲学史》，〔英〕罗素著，何兆武、李约瑟译，北京：商务印书馆，1963.

13.《中国哲学简史》，冯友兰著，赵复三译，北京：生活·读书·新知三联书店，2013.

14.《哥德尔、艾舍尔、巴赫：集异璧之大成》，〔美〕侯世达著，郭维德等译，北京：商务印书馆，1996.

15.《简单的逻辑学》，〔美〕D.Q.麦克伦尼著，赵明燕译，杭州：浙江人民出版社，2013.

16. *《儒教中国及其现代命运》，〔美〕约瑟夫·列文森著，郑大华、任菁译，桂林：广西师范大学出版社，2009.

17.《诗经选》，余冠英注译，北京：人民文学出版社，1979.

18.《红楼梦》，曹雪芹、高鹗著，俞平伯校，启功等注，北京：人民文学出版社，2000.

19.《约翰·克利斯朵夫》，〔法〕罗曼·罗兰著，傅雷译，上海：上海三联书店，2018.

20.《飞鸟集》，〔印〕泰戈尔著，郑振铎译，上海：上海译文出版社，1981.

21.《毛泽东诗词集》，中共中央文献研究室编，北京：中央文献出版社，2003.

22.《百年孤独》，〔哥伦比亚〕加西亚·马尔克斯著，黄锦炎译，杭州：浙江文艺出版社，1991.

23.《伯罗奔尼撒战争史》，〔古希腊〕修昔底德著，谢德风译，北京：商务印书馆，2009.

24.《史记》，司马迁著，北京：中华书局，2013.

25.《资治通鉴》，司马光著，北京：中华书局，2009.

26.《旧制度与大革命》，〔法〕亚历西斯·德·托克维尔著，冯棠译，北京：商务印书馆，2012.

27.《震撼世界的十天》，〔美〕约翰·里德著，郭圣铭等译，北京：东方出版社，2005.

28.《国史大纲》，钱穆著，北京：商务印书馆，1996.

29.《中国文化要义》，梁漱溟著，上海：上海人民出版社，2018.

30.《全球通史：从史前史到 21 世纪》，〔美〕斯塔夫里阿诺斯著，吴象婴等译，北京：北京大学出版社，2012.

31.《八月炮火》，〔美〕巴巴拉·W.塔奇曼著，张岱云等译，北京：新星出版社，2005.

32.《枪炮、病菌与钢铁：人类社会的命运》，〔美〕贾雷德·戴蒙德著，谢延光译，上海：上海译文出版社，2014.

33. *《叫魂：1768 年中国妖术大恐慌》，〔美〕孔飞力著，陈兼，刘昶译，北京：生活·读书·新知三联书店，上海：上海三联书店，2012.

34.《生活的艺术》，林语堂著，长沙：湖南文艺出版社，2012.

35.《审美教育书简》，〔德〕弗里德里希·席勒著，张玉能译，南京：译林出版社，2012.

36.《西方美学史》，朱光潜著，北京：商务印书馆，2011.

37.《古文观止》，吴楚材、吴调侯编，王文濡校勘，北京：中华书局，2018.

38.《我们赖以生存的隐喻》，〔美〕乔治·莱考夫、〔美〕马克·约翰逊著，何文忠译，杭州：浙江大学出版社，2015.

39.《美的历程》，李泽厚著，北京：生活·读书·新知三联书店，2009.

40.《艺术的故事》，[英] 贡布里希著，范景中译，北京：生活·读书·新知三联书店，1999.

41. *《利维坦》，[英] 托马斯·霍布斯著，韩晓龙导读、注译，上海：上海译文出版社，2021.

42.《政府论》，[英] 约翰·洛克著，杨思派译，北京：中国社会科学出版社，2009.

43.《社会契约论》，[法] 让-雅克·卢梭著，何兆武译，北京：商务印书馆，2003.

44.《共产党宣言》，[德] 马克思、[德] 恩格斯著，中共中央马克思恩格斯列宁斯大林著作编译局译，北京：中央编译出版社，2018.

45.《大转型：我们时代的政治与经济起源》，[英] 卡尔·波兰尼著，刘阳、冯钢译，杭州：浙江人民出版社，2007.

46.《正义论》，[美] 约翰·罗尔斯著，何怀宏等译，北京：中国社会科学出版社，2009.

47.《科学的反革命：理性滥用之研究》，[英] 弗里德里希·A.哈耶克著，冯克利译，南京：译林出版社，2012.

48.《科学与假设》，[法] 昂利·彭加勒著，李醒民译，北京：商务印书馆，2006.

49.《科学史及其与哲学和宗教的关系》，[英] W.C.丹皮尔著，李珩译，北京：商务印书馆，2009.

50.《科学革命的结构》，[美] 托马斯·库恩著，金吾伦、胡新和译，北京：北京大学出版社，2012.

51.《国富论》，[英] 亚当·斯密著，郭大力、王亚南译，北京：商务印书馆，2015.

52.《资本论》，〔德〕马克思著，中共中央马克思恩格斯列宁斯大林著作编译局译，北京：人民出版社，2018.

53.《就业、利息和货币通论》，〔英〕约翰·梅纳德·凯恩斯著，徐毓枬译，北京：商务印书馆，1983.

54.《博弈论与经济行为》，〔美〕冯·诺伊曼、摩根斯顿著，王文玉、王宇译，北京：生活·读书·新知三联书店，2004.

55.《经济分析史》，〔美〕约瑟夫·熊彼特著，朱泱等译，北京：商务印书馆，2001.

56.《市场如何运行：非均衡、创业和发现》，〔英〕伊斯雷尔·M.柯兹纳著，沈国华译，上海：上海财经大学出版社，2019.

57.《集体行动的逻辑》，〔美〕曼瑟尔·奥尔森著，陈郁等译，上海：上海三联书店，上海人民出版社，1995.

58.《创新与企业家精神》，〔美〕彼得·德鲁克著，蔡文燕译，北京：机械工业出版社，2019.

59.《管理思想精粹——世界顶级管理大师告诉你》，〔美〕凯罗·肯尼迪著，吴小丽译，上海：上海财经大学出版社，2005.

60.《启蒙经济：英国经济史新论》，〔美〕乔尔·莫克尔著，曾鑫、熊跃根译，北京：中信出版社，2020.

61.《思考，快与慢》，〔美〕丹尼尔·卡尼曼著，胡晓娇、李爱民、何梦莹译，北京：中信出版社，2012.

62.《千年金融史》，〔美〕威廉·戈兹曼著，张亚光、熊金武译，北京：中信出版社，2017.

63.《社会与经济：信任、权力与制度》，〔美〕马克·格兰诺维特著，王水雄、罗家德译，北京：中信出版社，2019.

64. *《贫穷的本质：我们为什么摆脱不了贫穷》（修订版），［印］阿比吉特·班纳吉，［法］埃斯特·迪弗洛著，景芳译，北京：中信出版社，2018.

65. *《制度、制度变迁与经济绩效》，［美］道格拉斯·C.诺思著，杭行译，韦森译审，上海：格致出版社，上海三联书店，上海人民出版社，2016.

66. 《文化与组织：心理软件的力量》，［荷］吉尔特·霍夫斯泰德、［荷］格特·扬·霍夫斯泰德著，李原、孙健敏译，北京：中国人民大学出版社，2010.

67. 《统计学的世界》，［美］戴维·穆尔、［美］威廉·诺茨著，郑磊译，北京：中信出版社，2017.

68. 《论法的精神》，［法］孟德斯鸠著，许明龙译，北京：商务印书馆，2012.

69. 《洞穴奇案》，［美］彼得·萨伯著，陈福勇、张世泰译，北京：生活·读书·新知三联书店，2015.

70. *《论犯罪与刑罚》，［意］切萨雷·贝卡里亚著，黄风译，北京：北京大学出版社，2008.

71. 《学术与政治》，［德］马克思·韦伯著，冯克利译，北京：生活·读书·新知三联书店，2005.

72. 《乡土中国》，费孝通著，北京：人民出版社，2008.

73. 《风险社会》，［德］乌尔里希·贝克著，何博闻译，南京：译林出版社，2004.

74. *《生命 3.0：人工智能时代人类的进化与重生》，［美］迈克斯·泰格马克著，汪婕舒译，杭州：浙江教育出版社，2018.

75. 《信息简史》，［美］詹姆斯·格雷克著，高博译，北京：人民邮电出版社，2013.

76.《理解媒介：论人的延伸》，[加]马歇尔·麦克卢汉著，何道宽译，南京：译林出版社，2011.

77.《战争论》，[德]克劳塞维茨著，中国人民解放军军事科学院译，北京：解放军出版社，2004.

78.《孙子兵法》，孙武著，郭化若注译，北京：中华书局，1962.

79.《心理学与生活》，[美]理查德·格里格、[美]菲利普·津巴多著，王垒等译，北京：人民邮电出版社，2016.

80.《惊人的假说》，[英]弗朗西斯·克里克著，汪云九等译，长沙：湖南科学技术出版社，2012.

81. *《失控：全人类的最终命运和结局》，[美]凯文·凯利著，张行舟、陈新武、王钦等译，北京：电子工业出版社，2016.

82. *《从一到无穷大：科学中的事实和臆测》，[美]G.伽莫夫著，暴永宁译，吴伯泽校，北京：科学出版社，2002.

83.《自然哲学的数学原理》，[英]艾萨克·牛顿著，赵振江译，北京：商务印书馆，2017.

84.《什么是数学：对思想和方法的基本研究》，[美]R.柯朗、[美]H.罗宾著，[美]I.斯图尔特修订，左平、张饴慈译，上海：复旦大学出版社，2012.

85.《天才引导的历程：数学中的伟大定理》，[美]威廉·邓纳姆著，李繁荣、李莉萍译，北京：机械工业出版社，2013.

86.《新物理学的诞生》，[美]I.伯纳德·科恩著，张卜天译，长沙：湖南科学技术出版社，2010.

87.《狭义与广义相对论浅说》，[美]阿尔伯特·爱因斯坦著，张卜天译，北京：商务印书馆，2017.

88.《量子之谜》，[美]布鲁斯·罗森布鲁姆、[美]弗雷德·库特纳著，向真译，长沙：湖南科学技术出版社，2013.

89. *《深奥的简洁：从混沌、复杂到地球生命的起源》，［英］约翰·葛瑞本著，张宪润译，长沙：湖南科学技术出版社，2008.

90.《宇宙最初三分钟》，［美］史蒂文·温伯格著，张承泉等译，北京：中国对外翻译出版公司，2000.

91.《瘟疫与人》，［美］威廉·H.麦克尼尔著，余新忠、毕会成译，北京：中信出版社，2018.

92.《中国自然地理纲要》，任美锷主编，北京：商务印书馆，1992.

93.《DNA：生命的秘密》，［美］詹姆斯·沃森、［美］安德鲁·贝瑞著，陈雅云译，上海：上海人民出版社，2011.

94.《哥伦布大交换：1492 年以后的生物影响和文化冲击》，［美］艾尔弗雷德·W.克罗斯比著，郑明萱译，北京：中信出版社，2018.

95.《终极算法：机器学习和人工智能如何重塑世界》，［美］佩德罗·多明戈斯著，黄芳萍译，北京：中信出版社，2017.

96.《科学与方法》，［法］昂利·彭加勒著，李醒民译，北京：商务印书馆，2006.

97.《科学研究的艺术》，［英］W.I.B.贝弗里奇著，陈捷译，太原：北岳文艺出版社，2015.

98.《社会研究方法》，［美］艾尔·巴比著，邱泽奇译，北京：华夏出版社，2018.

99.《风格感觉：21 世纪写作指南》，［美］史蒂芬·平克著，王烁、王佩译，北京：机械工业出版社，2018.

100.《如何阅读一本书》，［美］莫提默·J.艾德勒、［美］查尔斯·范多伦著，郝明义、朱衣译，北京：商务印书馆，2004.

［注］：加 * 为新增图书。

《品味经典》第一辑目录

《品味经典》第二辑目录

《品味经典》第三辑目录

《品味经典》第四辑目录

图书在版编目（CIP）数据

品味经典. 第五辑/徐飞主编. —上海：复旦大学出版社，2023.9
（趣讲堂）
ISBN 978-7-309-16603-3

Ⅰ.①品… Ⅱ.①徐… Ⅲ.①推荐书目-世界 Ⅳ.①Z835

中国版本图书馆 CIP 数据核字（2022）第 204440 号

品味经典（第五辑）
PINWEI JINGDIAN（DI WU JI）
徐　飞　主编
责任编辑/张美芳

复旦大学出版社有限公司出版发行
上海市国权路 579 号　邮编：200433
网址：fupnet@ fudanpress. com　http：//www. fudanpress. com
门市零售：86-21-65102580　　团体订购：86-21-65104505
出版部电话：86-21-65642845
上海四维数字图文有限公司

开本 890×1240　1/32　印张 11.125　字数 258 千
2023 年 9 月第 1 版
2023 年 9 月第 1 版第 1 次印刷

ISBN 978-7-309-16603-3/Z·119
定价：69.00 元